Travel Agency Management

개정신판

여행사 경영론

—여행업무를 중심으로

고종원 · 류기환 공저

백산출판사

머리말

더운 여름의 뜨거움과 채취를 장대비가 식혀주고 있다. 더워야 하는 것이 여름이지만 땀과 지침으로 인해 힘든 계절임에는 틀림없다. 곡식도 이런 더위와 햇볕을 통해서만 결실을 맺는 것처럼 우리 인생도 힘든 시기만큼 완성도가 커진다는 진리를 생각해 본다.

여행업경영론은 2001년도 처음 공식적인 출판을 시작한 공저자가 다시금 10여년의 시간이 지나서 함께 역할을 분담하여 여행업무를 중심으로 한 여행사경영론이라는 저서를 출간하게 되었다. 10년이면 강산도 변한다는 말처럼 여행업의 현실도 많이 변화하였다. 여행사의 핫이슈로서 부각된 항공사 수수료의 삭감, 경기침체로 인한 여행수요 격감, SARS, 조류독감, 현지쇼핑의 감소, 특별관심관광의 증가, 여행객의 경험증가, 개별여행자의 수요 증가, 종이항공권의 폐지와 전자항공권으로 변환, 전자여권의 등장, 미국비자 폐지 등 일련의 현상과 사건들이 이어진 시기와 변화기간이 아니었는가 정리해 본다.

여행사경영론이라는 과목은 여행업계 진출 종사자를 위한 차원에서만이 아니라 여행이 증대되고 선호되는 현 상황에서 기본적으로 상식적인 차원에서도 필요하며 중요하다. 아울러 관광산업의 매체 가운데서도 여행사의 역할과 기여를 거듭 강조하여도 지나치지 않을 것으로 사료된다.

본서의 기존 여행사경영론과 차이점은 여행상품과 여행업 및 항공사의 광고와 변화상황을 차별적으로 기술하고 정리하였다. 또한 현지안내원 업무, 수배업무를 비중있게 다루었다. 아울러 참고적인 사항은 부록에 첨부하였다.

1장은 여행의 역사, 2장은 여행업의 개념과 특성, 3장은 여행의 법적 요건, 4장은 국내외 여행업의 종류와 사업, 5장은 여행상품, 6장은 여행마케팅, 7장은 여행사의 주요 업무(업무별), 8장은 항공업무, 9장은 여행항공광고와 여행업 변화 그리고 부록으로 구성하였다. 여행사 경영에 관련한 내용을 전반적으로 다루었으며 특히 여행업무를 중심으로 본문 내용을 기술하였다.

여행업계는 현재 온라인산업의 발전과 함께 많은 변화를 가져왔다. 기존의 여행업의 전문성이 고객들의 용이한 정보의 접근으로 인해 더욱더 고도의 전문성과 서비스를 요청받고 있는 상황이 되었다. 항공사의 수수료의 폐지 방침에 따라 부가가치가 있고, 참신하고 독창적이며 고객이 만족하는 상품의 개발이 부각되고 요청되고 있는 상황이다. 이에 부응하는 여행업계와 관련 종사자의 노력과 과제달성이 대두되고 있는 것이다.

이러한 여행업계의 과제와 발전적인 요소를 구축해 나가야 한다. 아울러 항시 요청되는 것은 여행업계 종사자의 서비스 마인드와 자세라고 사료된다. 여행업의 컨텐츠 가운데서도 인적서비스야 말로 가장 중요한 대고객 만족요소이며 중요한 내용이라 하겠다. 고객상담, 고객안내를 통한 고객감동은 인적인 서비스를 통해 이루어지기 때문이다. 또한 수배의 중요성도 여행상품의 성공적인 관건이며 고객만족과 긴밀하게 연결되어 있다고 판단된다.

여행사경영은 회사의 대표자가 중심이 되어야 하지만 소속된 내부 종사자의 역할이 무엇보다 중요하다고 본다. 고객만족을 통한 자신의 발전과 회사의 발전을 꾀하는 종사자가 많은 회사가 궁극적으로는 성공하고 발전한다고 믿는다.

우리나라 관광산업의 발전을 위한 매체로서 여행사의 역할은 시간이 갈수록 더욱 중요하며 역할이 증대되고 있다고 평가된다. 지속적인 발전과 역할의 증대가 있기를 기원하면서 여행업경영의 머리말을 이상으로 정리하고자 한다.

『여행사경영론』이 나오기까지 주위의 여러분들이 주신 도움에 감사를 드린다. 우선 백산출판사의 진욱상 사장님과 영업담당자 조경연 이사께 감사를 드리고자 한다. 그리고 출간된 『여행사경영론』을 가지고 강의를 해주실 각 대학과 교육기관의 교수님들과 학생들께도 감사의 인사를 전하고자 한다. 부족한 내용에 대해서는 좋은 건의와 질타를 부탁드린다. 모든 사람이 행복해 하는 관광산업의 주춧돌인 한국 여행사의 발전을 기원한다.

2014년 2월 14일 연구실에서 수리산을 바라보며

여행사의 역할과 기여를 통해 한국관광산업의 발전을 기원하며

공저자 대표

차 례

제8장 항공업무 · 223

제9장 여행항공광고와 여행업 변화 · 253

부 록 · 285

1

여행의 역사

FINLAND
STOCKHOLM
LATVIA
LITHUANIA
POLAND
BELARUS
MINSK
MOSCOW
Kazan'
KIEV
UKRAINE
CZECH REP.
SLOVAKIA
AUSTRIA
HUNGARY
MOLDOVA
ROMANIA
BULGARIA
TURKEY

제1장 여행의 역사

01 선사시대(先史時代)의 여행

여행의 역사는 이동이라는 관광의 본질에서 출발하는 것이 적절하다. 즉 관광의 본질이 이동하는 것을 근저로 하여 출발한 것이기 때문에 인류역사상 이동의 발생이 관광의 시초였다고 할 수 있겠다. 관광의 전제가 되는 과정을 보면 관광의 원점은 이동이라 할 수 있다.

태고적부터 인간은 생활을 위해 물자나 토지를 구해서 이동하였고, 정주하고 있던 사람들도 어떤 목적을 가지고 미지의 세계로 이동을 하였다. 생명유지와 종족보전을 위한 본능적인 차원에서 이동이 일어났다. 즉 인류의 역사가 시작되면서 거리에 상관없이 이동은 시작되었다고 볼 수 있다. 시기적으로 보면 약 1만 년 전에서 40~50만 년 전까지의 구석기시대를 첫 단계로 볼 수 있다. 이 시대의 특징은 수렵과 채집생활을 하였다. 특히 돌을 타격하여 제작한 타제석기 및 동물의 뼈 등으로 가공 제작한 연모인 골각기(骨角器)를 사용하였으며 집단적으로 모여 유목 및 동굴생활을 하였다. 유목(遊牧)생활은 가축의 먹이인 풀과 물을 찾아 이동생활을 한다는 것 측면에서 생활을 위한 이동으로 간주된다.

이후 약 5천 년에서 1만 년 전의 신석기시대에 와서 기술이 진보하였고 돌을 갈고 다듬어서 만든 도구나 무기인 마제석기가 출현하고 토기를 제작하여 사용하는 시기이다. 정착생활의 증거로 여러 가지 문양과 회화의 토기가 발견되었다. 구석기 말부터 신석기시대에 걸쳐 일종의 조개더미인 패총(貝塚)이 많이 발견되는 것으로 보아 사람들이 해안지방에 많이 거주한 것으로 보인다. 특히 당시에는 목재를 가공하여 가옥과 배 그리고 뗏목을 만들었다. 그래서 하천이나 호수와 바다로 나아갈 수 있게 된다. 또한 취락도 형성하였다. 이러한 관광이동이 현대적인 관점에서 사회적・경제적・문화적 그리고 교통적 측면에서 미숙한 이동이지만 이동이라는 의욕을 싹트게 한 여행의 시작이었다는 데 의의가 있다 하겠다.

결국 이러한 원시적인 이동은 물물교환으로 인한 상인의 이동과 신의 숭배로 인한 순례의 이동 등으로 발전하는 모체가 되며 위험과 모험이 수반되는 여행(travel)형태를 보이고 있다.

02 고대시대의 여행

선사시대 이후는 고대시대의 여행의 역사이다.

기원전 5세기에 그리스 역사가 헤로도투스(Herodotus)는 고대 그리스 이집트역사를 저술했는데, 고대에 있어서 가장 위대한 여행자라는 칭함을 받았으며, 그리스를 중심으로 중동・유럽남부・북아프리카 각지로 여행해 각 시대 각 지방에 존재했던 여행에 대해서 기술하고 있다. 이에 의하면 관광적인 여행의 가장 오래된 형태는 신앙(信仰)을 위해서 행해졌다고 한다. 이 시대에는 그리스 신들의 신전이 각지에 세워지고, 그 신전에 참가자가 많았던 것으로 알려지고 있다(前田 勇, 김진탁 역, 1996 : 41).

고대(古代) 이집트에서도 신전(神殿)에 대한 순례의 형태를 취한 관광이 존재하고 있다는 것이 고문서에 기술되어 있다(鈴木忠義, 1996 : 16~17)고 한다.

그리스의 델포이(Delphoi)에 있는 '아폴론'의 신전과 아테나이(Athenai)의 '제우스'나 '헤라이스투스'의 신전이 유명하였다. 그리스의 여행자는 민가에서 투숙하는 것이 보통이었고, 민가의 주인은 이러한 외래객을 모두 '제우스' 신의 보호를 받는 '거룩한' 사람으로 간주해서 후대하는 습관이 있었다. 이 당시 민가에서 숙박하는 전통이 민박이라는 개념이 생성되게 된다. 민박은 오늘날도 숙박의 주요 형태의 하나이다. 특히 그리스시대 중 기원전 4세기 중엽 이후는 인간존중의 정신이 지배한 '헬레니즘'시대로 '호스피탈리타스(Hospitalitas)'도 여기서 근원을 갖는다고 역사가 토인비(A. Toynbee)도 언급하였다.

또한 관광이 유럽에서 본격적인 모습으로 나타난 것은 그리스시대였다. 1896년 제1회 근대올림픽으로 개최된 아테네올림픽은 고대 그리스 제전경기의 하나인 올림피아제(祭)에 근원을 두며 근대에 부활된 것이 올림픽이다. 2004년에도 다시 아테네에서 올림픽이 열렸다. 그리스 관광은 여러 문헌을 통하여 볼 때 체육(體育)·보양(保養)·종교(宗教)의 세 가지 동기에서 비롯되었다고 판단된다.

이후의 고대 로마시대는 공화정·제정 양 시대를 통해 신앙과 함께 예술감상·보양·음식을 즐기는 등 여러 가지 관광이 다양해졌다. 로마시대에는 관광이 한층 성행했고, 로마인들은 그리스 사람들보다도 훨씬 미식가였는데, 각 주의 포도주를 마시고 다니면서 미식을 즐기는 식도락을 '가스트로노미아(Gastronomia)'라 불렀으며, 하나의 관광형태로 진행되었다. 이와 같은 미식은 비만형의 사람을 많이 만들어 온천요양을 필요로 하는 병자를 많이 발생시킴으로써 요양관광(療養觀光)이라고 하는 형태를 낳게 하였다(鈴木忠義, 1996 : 17~18). 이러한 부작용은 치료의 목적을 갖는 동기로서 현대 의료관광의 시초인 요양관광이라는 형태를 낳게 하였다. 로마시대의 한층 발전한 관광여건의 배경으로는 로마를 중심으로 한 도로망의 정비, 교통기관(馬車)의 발달, 숙박시설의 증가, 화폐경제의 정착, 치안유지 등을 들 수 있다. 사실 도로는 군사목적으로 정비된 것이 많았고, 그 중에서도 '가도(街道)의 여왕'이라고 불려진 앗피아가도는 로마와 그리스를 연결하는 중요한 통로였다. 이 시대에도 여행자를 환대하는 정신(호스피탈리티)이 남아 있었고, 이같은 사실은 이 시대의 관광에 많은 영향을 끼쳤다(前田勇, 1996 : 42). 앗피아가도는 로마의 국도로 전체 길이가 약 540km이며 도로의 여왕으로 불린다. 도로와 마차는 로마가 세계 최강국으로 위치하는데 큰 역할을 하였다고 하겠다.

또한 제정시대에 들어서는 기독교 12사도들의 묘소도 중요한 관광대상이 되었다. 당시 관광이란 극히 일부의 상층계급에만 한정되어 이루어졌지만, 발전된 배경 가운데 학문의 발달로 지식수준이 향상되어 미지의 세계에 대한 동경심이 증대되었다는 점도 지적하지 않을 수 없다(鈴木忠義, 1996 : 19).

그리고 기원전 4세기 무렵 그리스 알렉산드로스 대왕이 지중해 동부에서 인더스강까지 지배하는 등 일찍부터 정치적 통일과 함께 서남아시아세계라는 하나의 문화권을 형성하고 있었다는 것도 기억해야 할 것이다. 이 서남아시아문화권과 중국문화권을 처음으로 연결했던 길이 비단길이다. 중앙아시아를 횡단하는 고대의 동서교통로인 Silk Road는 고대 중국의 특산인 비단이 서쪽으로 운반되었기에 붙여진 이름이다(http://100.empas.com).

03 중세의 성지여행

중세(中世)유럽에서는 성지순례를 중심으로 한 순례관광(巡禮觀光)의 시대라 할 수 있다.

1096년부터 약 200년간 몇 차례에 걸쳐 편성되었던 십자군 원정은 이슬람교도로부터 성지 예루살렘을 탈환할 목적으로 시작되었다. 그러나 시간이 지나고 횟수가 거듭될수록 상업과 관광의 색채를 갖게 된다. 결과적으로 십자군 원정은 당초의 목적을 달성하지 못했지만, 이슬람교도에게 그리스도교도의 예루살렘 순례를 인정케 함으로써 예루살렘을 중세의 최고 목적지가 되게 하였다(前田勇, 1996 : 43 참조).

십자군은 그리스도를 본받아 십자가를 진다는 의미로 죄를 용서받기 위해 전쟁에 참여한 사람들로 재단사, 구두수선공, 와인상인 등 다양한 직업을 가졌다.

십자군이 열광적인 종교심과 더불어 각종의 호기심・모험심의 산본뿐만 아니라 귀국한 병사들이 들려준 동방의 풍물에 대한 귀향담과 '베네치아'나 '제노바'의 선주들이 병사들의 수송귀로에 들고 들어온 인도의 향료나 페르시아의 융단 등의 동방산물은 한층 더 동방에 대한 여행의 꿈을 키웠다는 것도 중요한 사항이라 하겠다.

중세유럽의 관광은 중세세계가 로마 교황을 정점으로 한 기독교 문화공동체(基督教 文化共同體)였던 만큼 제2의 순례지로 교황이 좌정하고 사도 베드로(Peter)와 바울(Paul) 등의 순교의 땅인 로마에 성황을 이뤘고, 중세기를 통해 신앙의 중심지였다. 제3의 순례지는 스페인의 산티아고 드 콤포스텔라(Santiago de Compostela)였다. 이곳은 11세기에 12사도의 한 사람인 야곱의 유골이 발견되었다고 하며, 1082년에 대성당이 건립되고 성지로 지정된 이래 각지로부터 많은 순례자가 찾아오게 되었다(鈴木忠義, 1996 : 20~21)고 한다. 현재도 스페인의 산티아고는 순례의 길 또는 사색의 길로 영적인 사유를 추구하는 많은 사람들이 참여하고 있는 상황이기도 하다.

중세의 숙박시설은 기도원과 수도원이 많았고, 병원시설을 포함하고 있었다.

옛날에 예루살렘 성지순례를 한 사람들은 대부분 유럽에서 지중해를 거쳐 욥바로 오던지, 혹은 애굽(이집트)을 거쳐 시내반도를 지나 가자지방으로 오는 해안길을 따라 예루살렘에 왔다. 1102년의 성지순례 기록에는 욥바에서 예루살렘까지가 2일이 걸렸고 매우 험한 산길이어서 도적떼와 짐승으로 위험했다고 한다.

아랍인들이 팔레스타인 지역을 점령하고 있던 때에는 기독교인이나 유대인이 성지순례를 오는 경우에 아랍의 지도자들에게 통행세를 지불하였다. 특히 예루살렘(Jerusalem)이나 갈릴리(Galilee)와 같이 중요한 순례장소에는 통과세를 꼭 지불해야 보내주곤 했다. 옛날에 성지순례의 교통수단이라고는 걷거나 당나귀와 낙타를 이용하는 것이었다(박수자, 1985). 지금도 이스라엘에는 갈릴리 지방을 제외하고는 기독교 유적지가 있는 곳이 대부분 아랍인들이 거주하는 지역에 속하고 있다(박용우, 1993 : 15).

04 근세의 여행

근세는 이탈리아의 탐험가인 콜럼버스가 1492년 최초로 아메리카 대륙을 발견하여 삶의 지평을 넓히는 위대한 발견의 공적을 이루게 된다.

16세기에는 종교개혁의 영향으로 성지순례는 감소한 반면, 르네상스[1)]의 영향을 받아 지식을 넓히기 위한 관광이 성행하게 된다. 종교개혁은 중세 가톨릭 교회를 분열시키고 프로테스탄트 교회를 수립하게 하였다. 특히 18세기 후반에서 19세기 전반에 걸쳐서는 유럽의 귀족이나 작가・시인들이 지식과 견문을 넓히기 위해 여러 나라를 빈번히 돌아다녔다(前田 勇, 1996 : 45~46)고 한다. 유럽에 있어서는 19세기에 들어가서 커다란 변화가 나타났는데, 이미 중세기 말에 생긴 여관(inn guild)이 발전하였으며, 그 숫자도 많은 편이여서 여행하기 쉬워진데다 한편에서는 문예가 성해지고 괴테(J. W. V. Goethe), 셸리(P. B. Shelley), 바이런(G. G. Byron) 등 저명한 작가・사상가들에 의해 대륙을 여행한 후 발표한 작품들이 관광여행의 자극제가 되었다. 이 시기는 낭만과 향유 그리고 학습이 내포된 관광형태로 발전하였다.

역사가는 이 시대를 '교양여행(教養旅行)의 시대'라든가, '그랜드 투어의 시대'라고 부른다(鈴木忠義, 1996 : 21). 이 시대에는 아직 일반대중의 참가는 보여지지 않지만 사람들이 자유롭게 이동하기에 필요한 기초적인 조건이 점차 정비되었다. 우선 산업혁명[2)]의 진행으로 경제활동이 활성화됨에 따라 상업에 종사하는 사람들의 왕래가 증대되어 이들을 수용하기 위한 숙박시설이 정비되었다는 점을 들 수 있다. 그 중에는 원래 순례자를 위한 숙박시설이었던 것이 상업활동이

1) 재생・부활의 뜻으로 불어 'Renaire'(다시 태어나다, 다시 창조되다)가 유래이다. 신흥시민계급인 지식인에 의한 이전시기인 로마・그리스의 휴머니즘 회복과 중세 그리스도교의 신성에 대한 저항으로 인간정신의 회복을 추구하였다.

2) 1760년 영국에서 시작된 산업혁명은 수공업에서 기계공업으로 변혁시켰고, 공장에서 대량생산이 가능하게 된 역사적인 사건으로 의의가 있다. 이후 증기기관의 발명으로 대량수송의 획기적인 운송수단인 철도가 출현하게 되었다.

성행해짐에 따라 상인을 위한 숙박시설로의 성격을 띠게 된 것도 있다(前田 勇, 1996 : 46). 기도원이나 수도원 같은 성전이 변형된 것이라 하겠다.

19세기가 되어 온천지(溫泉地)를 중심으로 호화로운 객실이나 유희시설을 갖춘 것이 나타났는데, 이것을 호텔이라고 부르게 된다. 남독일 바덴바덴(Baden-Baden)에 있는 바디세 호프(Der Badische)나 하이델베르그(Heidelberg)의 유로파쉐 호프(Der Europaiache Hof), 파리시의 그랜드 호텔(Grand Hotel)들이다. 다음으로 도로망이 정비되어 마차여행이 용이하게 되었고, 산업혁명이 가져 온 기술혁신의 하나인 철도의 발달은 특히 영국에서 두드러져서 1850년에는 주요 철도망이 완성되었다는 점을 들 수 있다(鈴木忠義, 1996 : 21~22). 19세기는 관광으로써 여행이 준비되고 시작된 기점으로 볼 수 있다.

05 근대의 여행

1840년부터 제2차 세계대전이 일어나기 전까지의 시기인 근대(近代)여행의 특징은 대중이 즐기기 위해서 여행에 참가할 수 있게 됨에 따라 관광량이 크게 확대되었다는 점에 있다. 유럽에 있어서 철도망의 급속한 확대는 사람들이 여행을 쉽게 하도록 만들었고, 산업화의 발전은 새로운 부유층을 창출하게 하였다. 즉 즐기기 위한 여행을 가능케 하는 시간적・경제적인 여유를 가진 사람들이 등장하게 되었다.

근대관광은 고대・중세와 달리 종교적인 동기보다는 지식욕이나 호기심이 주된 동기가 되었다. 이 시기의 유럽과 미대륙 간의 왕래도 신세계에 대한 호기심을 갖는 유럽 사람들과 조상의 고향에 대해 동경심을 갖고 있는 미국인과의 교류였다고 할 수 있다. 근대여행은 중세처럼 교회가 여행단체를 조직하고 신앙심의 향상을 노려서 순례를 행한 것과는 달리, 소위 여행업자가 영리를 목적으로 단체여행의 추진을 시작하게 되었다는 점에서 큰 차이점이 발견되는 것이다(鈴木忠義, 1996 : 21~22).

06 현대의 여행

현대 여행은 제2차 세계대전[3] 후에는 민간항공, 관광용 대형버스, 마이카, 렌터카 등이 출현하고 기존의 교통기관의 개량으로 수송조건이 정비되었다. 이때 전쟁으로 인한 각국의 피폐된 경제도 회복되고, 국민의 가처분소득도 증가하게 되었다. 이러한 상황에서 여가의 증대가 시작되었고, 매스컴의 발달은 미지의 세계에 대한 정보를 제공하게 되었다. 또한 도시의 인구집중과 생활의 긴장, 인간성의 상실, 공해문제 등으로 자연으로의 도피욕구가 커지게 된다. 이러한 배경 하에서 제2차 세계대전 후 선진국에서는 대량의 대중에 의한 관광의 시대, 이른바 매스투어리즘(mass tourism)의 시대를 맞이하게 된다.

이후 관광이 갖는 국민후생의 증대와 지역개발의 촉진에 주목한 각국의 정부 및 지방공공단체는 자발적이고 적극적으로 관광을 추진하는 여러 정책을 취하게 된다. 이러한 현상을 소셜 투어리즘(social tourism)이라 부르게 된다. 소셜 투어리즘의 선구인 스위스 여행공고(公庫)(Schweizer Reisekasse)에서는 나라의 재정적인 원조로 30년 이상에 걸쳐 할인된 여행용 스템프를 발행하고 있고, 국민은 이를 매점해서 모아두었다가 여름 바캉스 때에 현금을 대신으로 사용하여 교통편의 차표를 구입하거나 호텔의 숙박료로 지불하였는 바, 소셜 투어리즘의 시초(鈴木忠義, 1996 : 24~25)로 평가된다. 소셜 투어리즘은 사회관광이라고도 부른다. 관광의 대중화과정 중에서 각국의 공적기관은 보다 많은 국민 일반대중이 관광에 참여할 수 있도록 경제면을 포함한 지원적인 정책방안을 강구하고 있는 바, 이와 같은

3) 1939년 9월 1일 독일의 폴란드 침입과 이에 대한 영국·프랑스의 대독선전에서부터 1941년 독일·소련 개전, 그리고 태평양전쟁의 발발을 거쳐 1945년 8월 15일 일본의 항복에 이르는 기간의 전쟁을 말한다.

견해나 동향을 사회관광(social tourism)이라 부르고 있다. 관광의 대중화와 함께 많은 민간기업이 관광분야에 진출하고, 새로운 관광시설이 창출되게 되었으며, 교통과 정보라는 관광매개의 기능도 증강되고 있다. 또한 관광정책・행정이라고 하는 공적기관의 활동이 적극적으로 전개되고 있는 바, 정부나 지방자치단체가 관광객에게 정보를 제공하고, 관광자원을 보호하며, 각종 공적관광시설을 정비하고, 관광관련 기업의 활동을 조성하는 데 힘을 기울이고 있다는 점이다.

현대관광의 특색은 관광의 대중화로 한정된 계층뿐만 아니라 일반대중이 관광에 참여할 수 있게 된 매스 투어리즘(mass tourism)시대라는 점이다. 관광의 대중화는 관광을 경험하는 사람들의 계층이 넓어진 것뿐만 아니라 조건이 허락된 사람들의 여행횟수의 증가, 여행거리의 연장, 목적지에서의 체재시간의 증가, 활동내용의 다양화라는 경향을 수반하고 있다(前田 勇, 1996 : 31~34)는 점을 들 수 있다. 더욱이 19세기 중엽에 등장한 여행사라는 관광사업은 여행자로 하여금 보다 쉽게 관광에 접근하게 했다는 점에서 고무적인 것이라 하겠다. 여행사가 개발한 패키지 투어는 해외여행의 대중화에 큰 공헌과 기여를 하였다는 점도 인식하여야 할 것이다. TV, 라디오, 인쇄물, 신문광고, 인터넷의 발전과 사용인구의 증가는 정보에 용이하게 접근하고 관련지식과 관심을 유발하여 보다 많은 여행객의 양산을 가져오고 있다. 오늘날 최첨단 기능과 기내서비스 등 안전과 고객편의를 지속시키는 항공사의 대고객 서비스가 날로 커지고 발전해나가고 있는 것이 현대 여행의 현실로 수요의 증가가 지속적으로 이뤄지고 있다(고종원 외, 2006, 17~25).

참고문헌

고종원・이광우, 여행업경영실무론, 대왕사, 2006.

김진탁 역, 현대관광총론, 前田 勇, 백산출판사, 1996.

박수자, 이스라엘의 역사와 지리, 양서각, 1985.

박용우, 기독교 성지순례와 역사, 홍성사, 1993.

http://100.empas.com

2

여행업의 개념과 특성

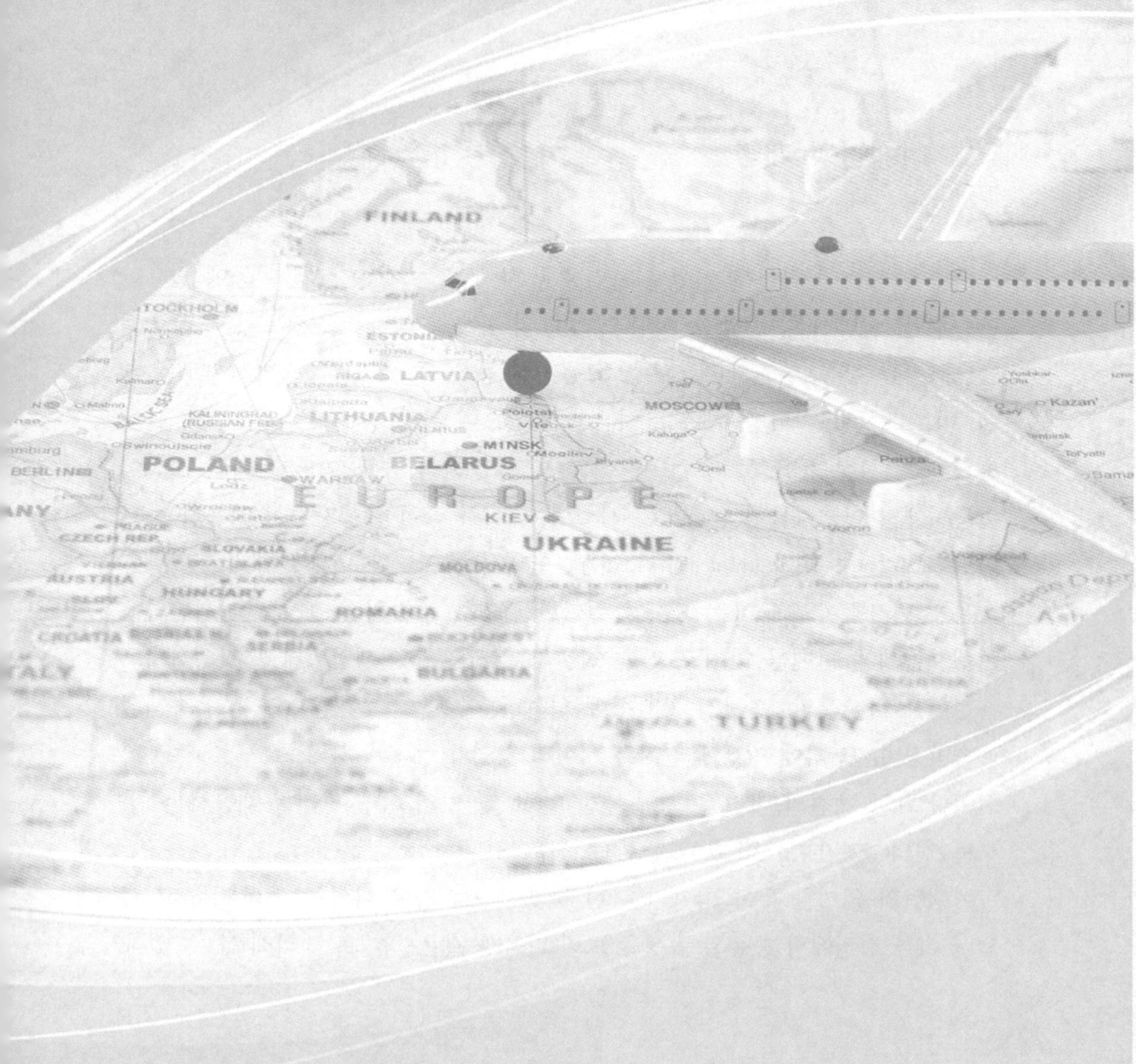
FINLAND
STOCKHOLM
LATVIA
LITHUANIA
MOSCOW
POLAND
BELARUS
MINSK
BERLIN
EUROPE
KIEV
UKRAINE
CZECH REP.
SLOVAKIA
AUSTRIA
HUNGARY
ROMANIA
MOLDOVA
CROATIA
SERBIA
BULGARIA
ITALY
TURKEY
Kazan'

제2장

여행업의 개념과 특성

01 여행업의 개념

여행을 하는데 있어서 여행자가 이용을 하게 되는 것은 크게 이동에 필요한 운송수단, 숙박시설, 관광지, 식당, 쇼핑센터 등으로 생각해 볼 수 있다. 운송수단으로서는 항공, 철도, 도로, 수상 교통시설 등을 들 수 있다. 숙박시설로는 호텔, 리조트, 콘도미니엄, 게스트 하우스가 있으며 관광지로서는 국립공원, 놀이공원, 공연시설 등을 들 수 있다. 식당 및 쇼핑센터 등도 여러 형태의 시설이 관광지에서 여행자들이 이용하는 시설이다. 이와 같이 여행자들이 이용하는 관련된 요소를 여행소재(principal)라 하며, 여행사는 이러한 여행소재를 개별단위 혹은 소비자들이 요구하는 요소를 결합한 다양한 조합의 여행상품을 생산하고 여행자들에게 판매를 하여 수익을 창출하는 사업을 여행업이라고 정의한다.

현행 우리나라의 「관광진흥법」상에 의하면, 여행업은 "여행자 또는 운송시설·숙박시설, 그 밖에 여행에 딸리는 시설의 경영자 등을 위하여 그 시설 이용 알선이나 계약 체결의 대리, 여행에 관한 안내, 그 밖의 여행 편의를 제공하는 업"으로 정의(관광진흥법 제3조 제1항 제1호)하고 있다.

여행업의 의미를 두고 학자와 관련 국제기구들 간에 다양한 정의를 하고 있으나 이들 정의에서 공통된 속성을 보면 다음과 같은 의미로 정리해 볼 수 있다.

여행업은 여행에 필요한 여행소재를 이용하여 여행자가 필요로 하는 여행상품을 기획・생산하여 판매를 하여 수익을 창출하고, 또한 여행자들이 필요로 하는 여행소재를 예약, 공급하여 여행자들에 일정한 수수료를 받고 대행을 하는 사업이라고 할 수 있다. 즉 여행상품에 필요한 관광관련 사업자들의 여러 가지 여행소재를 여행자에게 알선하기도 하고, 관광관련 사업자의 사용권(principle)을 예매, 이를 조합하여 상품을 만들어 판매하여 수익을 창출하고 기타 관광에 필요한 업무를 수행하는 업이다.

한편, 여행업을 크게 구분해 보면 법률, 유통방식, 전문세그먼트, 마케팅 툴에 따라 나눌 수 있다. 법률상으로는 여행업을 「관광진흥법」에서 일반여행업, 국외여행업, 국내여행업으로 구분하고 있다. 일반여행업은 국내 또는 국외를 여행하는 내국인 및 외국인을 대상으로 하는 여행업으로 내국인의 해외 및 국내여행업무, 외국인의 국내여행업무를 알선, 제공하는 종합여행업을 말한다. 국외여행업은 국외를 여행하는 내국인을 대상으로 하는 여행업이다. 그리고 국내여행업은 국내를 여행하는 내국인을 대상으로 하는 여행업이라 규정하고 있다.

유통의 방식에 따라서는 도매업자(Wholesaler)와 소매업자(Retailer)로 구분한다. 도매업자는 여행상품을 개발하여 소매업자에게 이를 판매하게 하고 판매된 여행상품에 대한 여행소재를 확보하여 여행행사를 진행한다. 소매업자는 도매업자와 위탁판매계약을 체결한 도매업자와는 다른 여행사로 여행업 현장에서는 대리점으로 불리고 도매업자로부터 판매지원을 받는 대가로 일정분의 비용을 도매업자로 지불하며 여행상품을 판매하는 경우 도매업자로부터 정해진 수수료를 받는다. 따라서 우리나라의 경우 현재 업계에서 도매업자를 간접판매여행사, 소매업자를 직접판매여행사라고도 한다. 현재 우리나라의 도매업자수는 그다지 많지 않으며 대다수가 소매업자이다. 서구외국에서는 흔히 도매업자를 투어오퍼레이터(Tour Operator), 소매업자를 트레블에이전트(Travel Agent)라고 한다.

그리고 시장의 어떤 세그먼트에 집중하느냐에 따라 해당 부분의 전문여행사로 분류할 수 있다. 우리나라의 경우 현재 업계에서는 신혼여행만을 전문으로 판매하는 신혼여행 전문여행사(Honeymoon 여행사), 개별자유여행자를 위한 상품을 전문적으로 판매하는 개별자유여행 전문여행사(FIT 여행사), 골프여행만을 전문으로 판매하는 골프전문여행사, 기업 및 공공단체, 학교 등의 인센티브 및 출장·연수·시찰 등의 수요에 따른 항공권판매를 전문으로 취급하는 상용 전문여행사, 해외 전시회 및 회의 참가를 전문적으로 판매하는 전시전문여행사, 여러 분야의 동호회, 스포츠, 문화, 다이빙. 음식, 테마여행 등 전문적인 취미 그룹을 대상으로 하는 SIT 전문여행사 등으로 대략 구분할 수 있다. 여기서 골프여행사는 SIT여행사에 포함시켜 분류할 수 있으나, 현재 우리나라 업계에서 골프여행사의 규모는 따로 독립적으로 구분시켜 분리할 만큼 시장규모가 크고 숫자도 많은 반면, SIT전문여행사는 사실 이보다 보편화되지 않고 특수한 소수의 시장규모가 형성된 소비시장을 전문으로 하는 여행사로 정의되므로 SIT여행사에 포함시키지 않고 따로 분류를 하였다. 그리고 도매업자와 대형 여행사의 경우에는 패키지여행을 포함한 모든 전문분야를 거의 다루고 있기 때문에 전문여행사의 구분에는 포함시키지 않았다.

마지막으로 마케팅의 전반적인 툴을 어떤 방식으로 하느냐에 따라 오프라인 여행사(Offline agent)와 온라인여행사(Online agent)로 구분하기도 한다. 온라인 여행사는 인터넷이 전반적으로 보급되기 시작한 이래 시기적으로 1990년대 말 이후에 탄생한 여행사로 주로 포털사이트, 블로그, 커뮤니티 카페 등 온라인을 마케팅의 기반으로 삼고 있다. 오프라인 여행사는 신문, TV, 라디오광고, 케이블 TV 홈쇼핑, 인적영업, 행사(Fair) 혹은 전시회(Exhibition)참가를 통한 판매 등 온라인 시대 이전의 전통적인 마케팅 및 판매방법인 오프라인 방식의 마케팅 및 영업을 주요한 도구로 사용하는 여행사를 말한다. 하지만 인터넷의 보급이 보편화되고 온라인 방식의 마케팅이 중요해짐에 따라 전통적인 오프라인 여행사도 온라인 여행사와 같은 마케팅 방식을 현재는 동시에 적용하고 있어 오프라인 여행사의 경우에는 사실상 온·오프라인 혼합 여행사라고 하는 것이 정확할 수 있다.

법 률	유통방식	전문세그먼트	마케팅툴
• 일반여행업 • 국외여행업 • 국내여행업	• 도매업자 (Wholesaler) • 소매업자(Retailer)	• 신혼여행 전문여행사 • 개별여행 전문여행사 • 골프 전문여행사 • 상용 전문여행사 • 전시 전문여행사 • SIT 전문여행사	• 오프라인 여행사 • 온라인 여행사

[그림 2-1] 여행업의 분류

02 여행업의 특성

1) 부가가치 창출업

여행업은 자신이 원자재를 구매하고 생산요소를 투입하여 제품을 생산하여 판매하는 일반적인 기업과는 다르다. 여행업은 자신이 갖고 있지 않은 다른 기업이 가진 원자재, 즉 운송, 숙박, 관광지 등의 생산요소를 자신이 구매하지 않고 이를 이용하여 제품을 조합해 판매하는 업이기 때문에 타인 의존적이다. 따라서 기대할 수 있는 수익도 자신의 통제 하에 창출하는 것이 불가능하며 이러한 측면에서 볼 때 수익이 크다고 할 수 없다. 따라서 여행업은 이들 여행소재를 어떤 방식으로 구성하고 어떤 방식으로 이용하여 부가가치를 부여할 수 있는 상품을 시장에 공급하여 경쟁력을 확보하고 수익을 최대화하는 것이 사업의 핵심이라고 할 수 있다. 여행업은 이러한 점에서 부가가치를 창출해야 기업의 생존이 가능한 특성을 갖고 있다.

2) 서비스업

서비스에 대한 관심이 본격적으로 이루어지기 전까지 우리는 유형의 상품이 존재하고 소비되는데 중점이 주어진 제조업에만 관심이 있었다. 애덤 스미스(Adam Smith)는 서비스에 대한 생산, 비생산적 논의를 최초로 전개하였는데, 그는 서비스노동은 부를 창출할 수 없기 때문에 비생산적 노동으로 보았다. 그는 자본과 교환되는 노동이나 상품에 실현되는 노동을 생산적 노동으로 생각하였는데, 서비스는 여기에 해당되지 않는다고 보았다(최성용 외, 2009 : 9).

그러나 서비스에 관한 연구가 1960년대 초부터 시작되어 1980년대와 1990년대에 들어와서는 이론적 체계를 갖추었다. 한편, 기업이 판매하는 제품과 함께 서비스에 대한 중요성을 강조하고 이를 소비자들에게 제공하려 노력하고 있다. 소비자들 또한 서비스에 대한 인식도 증가하여 이에 대한 욕구충족의 기대수준도 높아졌다.

서비스산업이 유형의 상품이 고객의 손에 쥐어지는 제조업보다는 무형의 상품인 서비스가 함께 제공되어야만 유형의 상품도 동시에 고객에게 전달되는 형태의 숙박, 여행, 식사 등을 서비스산업이라고 부른다(하대용, 2006 : 84).

이와 같이 관광은 대표적인 서비스산업(Hospitality industry)으로 분류되고 있다. 또한 여행소재와 상품 또한 경험해 보지 않고서는 알 수 없는 무형의 상품의 특성을 갖고 있기 때문에 서비스상품이라고 할 수 있다. 서비스상품의 정의에서와 같이 관광은 여행자를 대신하여 자신의 경험적인 측면을 활용하여 여행소재를 이용, 조합하여 가장 부가가치가 높은 상품을 소비자에게 제공하는 서비스업이다.

3) 중개업

여행업은 유통과정에서 중간에서 중개하는 업무를 하는 위치에 있다. 일반제품의 유통과정을 보게 되면 크게 생산자, 중간유통업자, 소비자의 순으로 유통이 전개된다. 여행상품의 유통에 있어서 이를 적용하게 되면 생산자는 운송업자, 숙박업자, 관광지의 관광시설업자 등이 그 생산요소 및 완전한 제품단위로서 각 개별단위로 존재한다. 여행업자는 이들 생산요소 혹은 개별단위의 제품을 조합하거나 개별상품으로서 여행자에게 알선하여 중개함으로써 수익을 창출하게 된다. 따라서 여행업은 유통과정상에서 볼 때 중개업자로서의 성격이 강하다. 이들 여행요소의 조합 및 개별단위가 최종적으로 시장에 공급되어 소비자에게 판매되는 과정이 여행업의 유통과정인 것이다.

4) 공급탄력성이 작고, 생산과 소비의 동시성, 소멸성상품을 취급하는 업

여행상품을 구성하는 여행소재의 가장 큰 특성은 생산과 소비에 있어서 양과 시간의 측면에서 제한적이다라는 점이다. 예를 들어, 가장 대표적인 여행소재인 항공좌석과 호텔의 경우를 들어 보자. 새로운 항공기를 도입하거나 호텔을 증축하지 않는 경우 그 생산량은 항상 정해져 있다. 한정된 생산량으로 시장에서의 공급량도 늘 동일한 규모로 한정되게 된다. 또한 이들 소재는 생산과 소비가 동시에 이루어지며 소비가 이루어지지 않는 재고를 남기어 나중에 판매할 수 없는 특성이 있다. 즉 항공좌석이나 호텔의 객실은 시장에 공급이 될 때 바로바로 소비되어야만 항공사나 호텔로서는 이윤을 극대화할 수 있고, 반면에 판매되지 않은 재고에 대해서는 기업이 그만큼 손해를 보게 된다. 새로이 공급되는 소재도 이와 같이 생산과 소비의 동시성 그리고 제품의 소멸성이라는 일반 제품과는 다른 독특한 과정이 반복되면서 시장에서의 메커니즘이 지속적으로 이어지게 된다. 따라서 여행업은 대체적으로 공급탄력성이 작고 생산과 소비의 동시성이 있으며, 소비되지 않는 제품을 재고로 이월할 수 없는 소멸성 등의 특징이 있는 상품을 다루는 업이라는 점에서 일반기업과는 다른 점을 갖는다.

5) 차별성이 어려운 사업

여행자들이 많이 방문하는 인기 관광지이거나 여행자들이 적게 방문하는 비인기 관광지이건 간에 관광지는 특별히 그 방문이 제한되거나 소수의 여행자들만이 이용할 수 있게 된 경우를 제외하고는 모든 사람들이 방문할 수 있는 공공재적 성격을 갖는다. 또한 관광지에 있는 박물관, 주제공원, 유원지, 동・식물원, 극장 등의 관광자원도 일반적으로 모든 사람들이 자유롭게 이용할 수 있는 것들이다. 그리고 운송수단인 항공, 선박, 버스, 철도 등과 호텔, 리조트, 콘도미니엄 등도 일반적으로 그 이용에 있어서 특정인들만이 이용할 수 있는 것이 아니고 누구에게나 이용할 수 있어 제한적이지 않다. 여행업은 이와 같이 누구나가 방문하거나 이용할 수 있는 관광지 및 관광지 내의 시설, 운송 및 숙박수단이라는 여행소재를 이용하여 적절히 조합하거나 단품으로 판매하는 업이기 때문에 제품에 있어서 다른 여행사가 판매하는 제품과의 차별화가 현실적으로 불가능하다. 또한 여행업이 생산한 제품에 대하여 특허권 등과 같은 지적재산권의 보호를 받을 수 있는 것도 아니다. 특허권이 없기 때문에 아무리 인기가 좋은 여행상품이 개발이 되어도 소재의 개방성에 따른 다른 여행사들의 모방상품이 판매됨에 따라 차별성이 곧 사라지게 된다. 따라서 여행업은 차별성이 어려운 사업이라는 특성이 갖게 된다.

한편, 여행사들이 차별성이 불가능함에 따라 일반적으로 취할 수 있는 방법은 가격차별화이다. 비슷한 구성의 여행상품이 다양한 가격으로 시장에 판매되고 있는 이유도 여기에서 찾아볼 수 있다. 또한 최근에 차별화를 위한 방법으로 여행소재의 독점화를 기하고 있는 점이다. 여행소재가 공공재적인 성격을 지니고 있어 완전경쟁시장 환경에 있지만 몇 여행소재를 독점화하여 여행상품을 구성하여 시장에 판매하는 것이 그것이다. 이러한 예는 항공기의 전세기 운영 및 일부 숙박업소의 독점계약을 통하여 차별화를 기하고 있는 것을 들 수 있다.

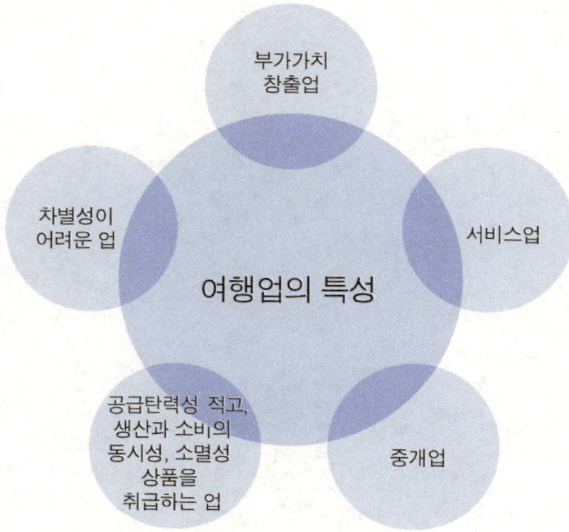

[그림 2-2] 여행업의 특성

참고문헌

최성용 · 김은숙 · 정해경 · 김미현 · 권미영, 제2판 서비스경영론, 삼영사, 2009.

하대용, 서비스경영론, 무역경영사, 2006.

3

여행업의 법적 요건(설립, 등록)

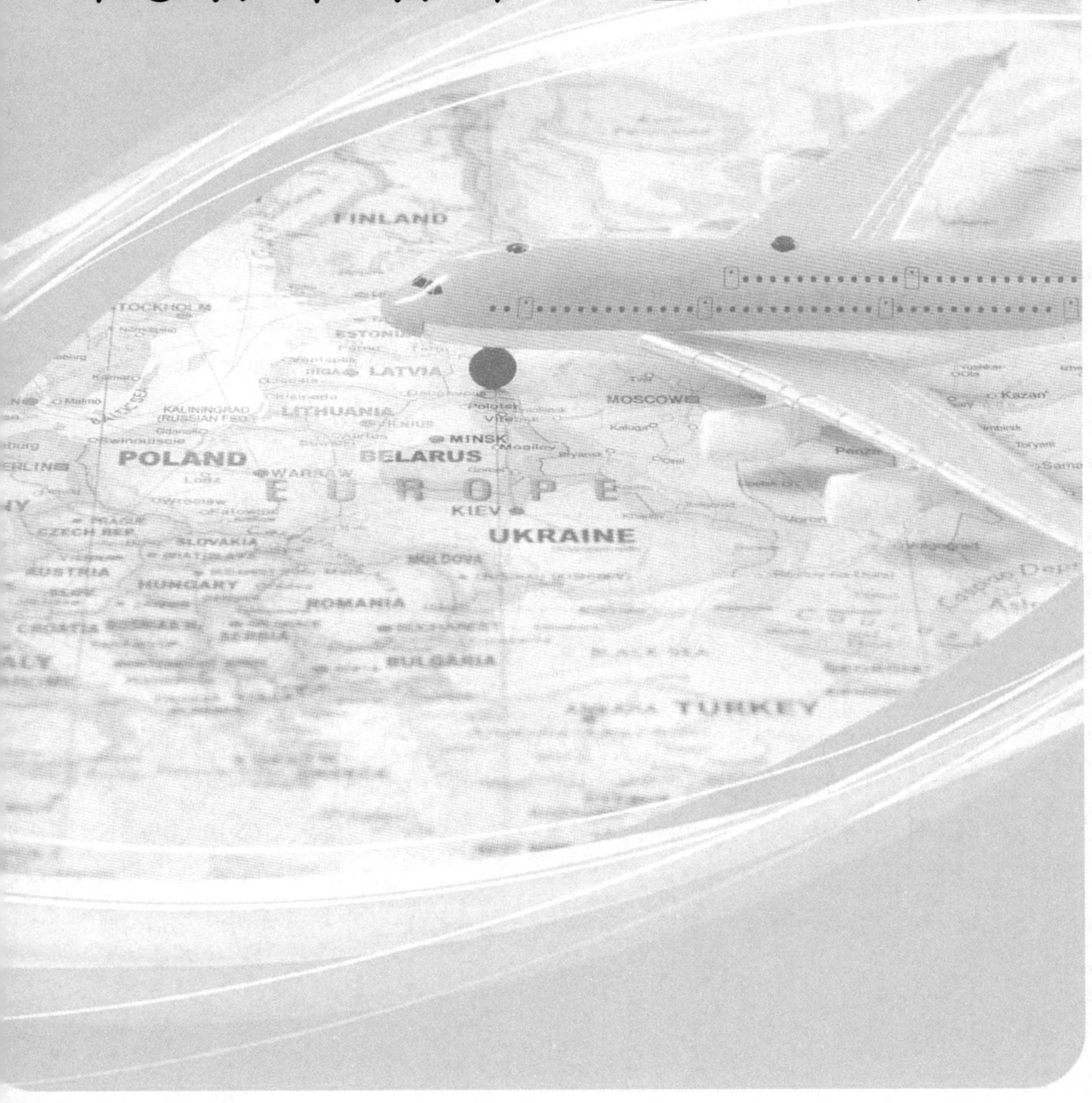

제3장 여행업의 법적 요건(설립, 등록)

01 여행업의 등록

1) 등록대상 여행업 및 등록관청

2009년 3월 25일 개정된 「관광진흥법」은 여행업(일반여행업 · 국외여행업 · 국내여행업 모두)의 등록관청을 특별자치도지사 · 시장 · 군수 · 구청장(자치구의 구청장을 말함)으로 일원화하였다(제4조 제1항).

종전에는 여행업 중 일반여행업만 특별시장 · 광역시장 · 도지사 · 특별자치도지사("시 · 도지사"라 함)에게 등록하고, 일반여행업 외의 여행업(국외여행업 · 국내여행업)은 특별자치도지사 · 시장 · 군수 · 구청장(자치구의 구청장을 말함)에게 등록하도록 되어 있던 것을, 개정법은 등록관청을 모두 특별자치도지사 · 시장 · 군수 · 구청장(자치구의 구청장을 말함)으로 일원화한 것이다.

현행 「관광진흥법」에서의 여행업이란 "여행자 또는 운송시설 · 숙박시설, 그 밖에 여행에 딸리는 시설의 경영자 등을 위하여 그 시설 이용 알선이나 계약체결의 대리, 여행에 관한 안내, 그 밖의 여행 편의를 제공하는 업"을 말한다(동법 제3조 1항 1호).

이와 같은 여행업은 사업의 범위 및 취급대상에 따라 일반여행업, 국외여행업 및 국내여행업으로 구분하고 있다(동법 제2조 제1항 1호).

❶ 일반여행업(General Travel Agent)은 국내 또는 국외를 여행하는 내국인 및 외국인을 대상으로 하는 여행업으로 사증(査證 : 비자)을 받는 절차를 대행하는 행위를 포함한다. 즉 일반여행업은 모든 여행업을 취급하는 종합여행업으로 내국인의 해외여행(Outbound)과 국내여행(Domestic) 그리고 외국인의 한국여행(Inbound)에 대한 업무를 모두 취급할 수 있다.

❷ 국외여행업(Outbound Travel Agent)은 국외를 여행하는 내국인만을 대상으로 하는 여행업으로 사증을 받는 절차를 대행하는 행위를 포함한다. 국외여행업은 우리나라 국민의 아웃바운드 여행(해외여행업무)만을 전담하도록 하기 위해 등장한 것이므로, 외국인을 대상으로 하거나 또는 내국인을 대상으로 한 국내여행업은 이를 법으로 금하고 있다.

❸ 국내여행업(Domestic Travel Agent)은 국내를 여행하는 내국인을 대상으로 하는 여행업으로 내국인의 국내여행 알선 및 안내를 제공하며 관광교통업도 병행하는 회사도 있다. 주요 업무로는 국내선항공권, 철도승차권, 호텔이용권 등을 대행하여 발급한다.

2) 여행업의 등록기준과 등록관청

여행업을 경영하려는 자는 특별자치도지사 · 시장 · 군수 · 구청장(자치구의 구청장을 말한다)에게 등록하여야 한다(관광진흥법 제4조 제1항). 따라서 여행업의 등록관청은 특별자치도지사 · 시장 · 군수 · 구청장(자치구의 구청장)이다.

「관광진흥법 시행령」에서 규정하고 있는 여행업의 등록기준은 다음과 같다(관광진흥법 시행령 제5조 관련 [별표 1] <개정 2009.11.30>).

즉, 자본금은 일반여행업이 2억원 이상, 국외여행업이 6천만원 이상, 국내여행업은 3천만원 이상으로 하며 개인의 경우에는 자산평가액을 기준으로 한다. 사무실은 3종류의 여행업 모두가 소유권 또는 사용권이 있으면 등록기준에 부합한다.

표 3-1 여행업의 등록기준과 등록관청

	등록기준	등록관청
일반여행업	• 자본금 : 2억원 이상 • 사무실 : 소유권 또는 사용권이 있을 것	특별자치도지사 · 시장 · 군수 · 구청장
국외여행업	• 자본금 : 6천만원 이상 • 사무실 : 소유권 또는 사용권이 있을 것	특별자치도지사 · 시장 · 군수 · 구청장
국내여행업	• 자본금 : 3천만원 이상 • 사무실 : 소유권 또는 사용권이 있을 것	특별자치도지사 · 시장 · 군수 · 구청장

3) 여행업 등록신청서류

여행업을 등록하려면 「관광진흥법 시행규칙」의 별지 제1호서식의 관광사업 등록신청서에 다음의 서류를 첨부하여 특별자치도지사 · 시장 · 군수 · 구청장(자치구의 구청장을 말한다)에게 제출하여야 한다(관광진흥법 시행규칙 제2조 1항 개정 2009.3.31, 2009.10.22, 2011.3.30, 2012.4.5).

- 관광사업 등록신청서
- 사업계획서
  별도 서식 없으며, 회사개요, 주요사업내용, 향후 3개년 간 여행알선계획, 향후 3개년 간의 추정손익계산서, 알선업무수행을 위한 기구 및 조직 등을 포함하여 구체적으로 작성한다.
- 신청인(법인의 경우에는 대표자 및 임원)의 성명 및 주민등록번호를 기재한 서류
- 부동산의 소유권 또는 사용권을 증명하는 서류(부동산등기부등본을 통하여 부동산의 소유권 또는 사용권을 확인할 수 없는 경우만 해당한다)
  : 소재지의 등기부등본 또는 임대차계약서
- 공인회계사 또는 세무사가 확인한 등록신청 당시의 대차대조표(개인의 경우에는 영업용 자산명세서 및 그 증명서류)

위의 등록신청서류를 제출받은 특별자치도지사 · 시장 · 군수 · 구청장은 행정정보의 공동이용을 통하여 법인등기사항증명서(법인만 해당), 부동산등기부등본의 서류를 확인해야 한다(관광진흥법시행규칙 제2조 2항 개정 2009.3.31, 2009.10.22, 2011.3.30, 2012.4.5). 그리고 신청내용이 등록기준에 적합하다고 인정되는 경우에는 관광사업등록증을 신청인에게 발급하여 주며 등록신청인은 여행업등록을 마치게 된다.

〈양식〉 관광사업등록신청서

■ 관광진흥법 시행규칙 [별지 제1호서식] <개정 2012.4.5>

관광사업 등록신청서

※ 뒤쪽의 신청 안내를 참고하시기 바라며 색상이 어두운 란은 신청인이 적지 않습니다. (앞쪽)

접수번호	접수일	발급일	처리기간	・여행업 및 관광숙박업 : 7일 ・종합휴양업 : 12일 ・기타 : 5일

신청인	성 명(대표자)	주민등록번호(외국인 등록번호)
	주 소	전화번호

상호(명칭)	업종
주사업장 소재지	전화번호
자본금	
영업개시 연월일	

「관광진흥법」 제4조제1항 및 같은 법 시행규칙 제2조에 따라 관광사업의 등록을 신청합니다.

년 월 일

신청인 성명 (서명 또는 인)

특별자치도지사
시장・군수・구청장 귀하

제출서류 : 뒤쪽 참조	수수료
	30,000원(숙박시설이 있는 경우 매 실당 700원을 가산한 금액)

처리절차

신청서 작성	➜	접 수	➜	심 의	➜	등 록	➜	등록증 발급
신청인		치 리 기 관 (특별자치도・시・군・구)		치 리 기 관 (특별자치도・시・군・구)		치 리 기 관 (특별자치도・시・군・구)		

210mm×297mm[백상지 80g/m^2]

(뒤쪽)

구분	업종	서류
신청인 (대표자) 제출서류	여행업 및 국제회의기획업의 경우	1. 사업계획서 1부 2. 신청인(법인의 경우에는 대표자 및 임원)의 성명 및 주민등록번호를 기재한 서류(외국인의 경우에는 「관광진흥법」 제7조제1항 각 호에 해당하지 아니함을 증명하는 해당 국가의 정부나 그 밖의 권한 있는 기관이 발행한 서류 또는 공증한 신청인의 진술서로서 「재외공관공증법」에 따라 해당 국가에 주재하는 대한민국 공관의 영사관이 확인한 서류) 1부 3. 부동산의 소유권 또는 사용권을 증명하는 서류(담당 공무원이 부동산등기부등본을 통하여 부동산의 소유권 또는 사용권을 확인할 수 없는 경우만 해당합니다) 4. 「외국인투자 촉진법」에 따른 외국인투자를 증명하는 서류(외국인투자기업만 해당합니다) 1부 5. 공인회계사 또는 세무사가 확인한 등록신청 당시의 대차대조표(개인의 경우에는 영업용 자산명세서 및 그 증명서류) 1부
	관광숙박업· 관광객이용시설업 및 국제회의시설업의 경우	1. 사업계획서 1부 2. 신청인(법인의 경우에는 대표자 및 임원)의 성명 및 주민등록번호를 기재한 서류(외국인의 경우에는 「관광진흥법」 제7조제1항 각 호에 해당하지 아니함을 증명하는 해당 국가의 정부나 그 밖의 권한 있는 기관이 발행한 서류 또는 공증한 신청인의 진술서로서 「재외공관공증법」에 따라 해당 국가에 주재하는 대한민국공관의 영사관이 확인한 서류) 1부 3. 부동산의 소유권 또는 사용권을 증명하는 서류(담당 공무원이 부동산등기부등본을 통하여 부동산의 소유권 또는 사용권을 확인할 수 없는 경우만 해당합니다) 4. 회원을 모집할 계획인 호텔업·휴양콘도미니엄업의 경우로서 각 부동산에 저당권이 설정되어 있는 경우에는 「관광진흥법 시행령」 제24조제1항제2호 단서에 따른 보증보험가입 증명서류 5. 「외국인투자 촉진법」에 따른 외국인투자를 증명하는 서류(외국인투자기업만 해당합니다) 1부 6. 「관광진흥법」 제15조에 따라 승인을 받은 사업계획에 포함된 부대영업을 하기 위하여 다른 법령에 따라 소관관청에 신고를 하였거나 인·허가 등을 받은 경우에는 각각 이를 증명하는 서류(제7호 또는 제8호의 서류에 따라 증명되는 경우에는 제외합니다) 1부 7. 「관광진흥법」 제18조제1항에 따라 신고를 하였거나 인·허가 등을 받은 것으로 의제되는 경우에는 각각 그 신고서 또는 신청서와 그 첨부서류 1부 8. 「관광진흥법」 제18조제1항 각 호에서 규정된 신고를 하였거나 인·허가 등을 받은 경우에는 각각 이를 증명하는 서류 9. 시설의 평면도 및 배치도 각 1부 10. 시설별 일람표 각 1부 가. 관광숙박업 : 별지 제2호서식의 시설별 일람표 나. 전문휴양업 및 종합휴양업 : 별지 제3호서식의 시설별 일람표 다. 국제회의시설업 : 별지 제4호서식의 시설별 일람표
담당 공무원 확인사항	여행업 및 국제회의기획업의 경우	1. 법인 등기사항증명서(법인인 경우만 해당합니다) 2. 부동산등기부등본
	관광숙박업· 관광객이용시설업 및 국제회의시설업의 경우	1. 법인 등기사항증명서(법인인 경우만 해당합니다) 2. 부동산등기부등본 3. 전기안전점검확인서(호텔업 또는 국제화의시설업만 해당합니다)

행정정보 공동이용 동의서
본인은 이 건 업무처리와 관련하여 담당 공무원이 「전자정부법」 제36조제1항에 따른 행정정보의 공동이용을 통하여 위의 담당 공무원 확인사항 중 제3호를 확인하는 것에 동의합니다. * 동의하지 아니하는 경우에는 신청인이 직접 관련 서류를 제출하여야 합니다. 신청인 (서명 또는 인)

4) 여행업의 변경등록

등록사항을 변경하려는 경우에는 그 변경사유가 발생한 날부터 30일 이내에 별지 제6호서식의 관광사업 변경등록신청서에 변경사실을 증명하는 서류를 첨부하여 특별자치도지사 · 시장 · 군수 · 구청장에게 제출하여야 한다(관광진흥법 시행규칙 제3조 1항).

변경등록이 필요한 사항은 사업계획의 변경승인을 받은 사항(사업계획의 승인을 받은 관광사업만 해당한다), 상호 또는 대표자의 변경, 사무실 소재지의 변경 및 영업소의 신설 등이다. 사무실 소재지를 변경한 경우에는 변경등록신청서를 새로운 소재지의 관할 특별자치도지사 · 시장 · 군수 · 구청장에게 제출할 수 있다.

5) 여행업의 양도와 양수

여행업을 양수(讓受)한 자 또는 여행업을 경영하는 법인이 합병한 때에는 합병 후 존속하거나 설립되는 법인은 그 관광사업의 등록 등 또는 신고에 따른 관광사업자의 권리 · 의무를 승계한다(관광진흥법 제8조 1항). 또한 「민사집행법」에 따른 경매, 「채무자 회생 및 파산에 관한 법률」에 따른 환가(換價), 「국세징수법」, 「관세법」 또는 「지방세기본법」에 따른 압류 재산의 매각 등으로 여행업의 전부를 인수한 자는 그 관광사업자의 지위를 승계한다(관광진흥법 제8조 2항 개정 2008.2.29, 2010.3.31).

이러한 관광사업자의 지위를 승계한 자는 그 사유가 발생한 날부터 1개월 이내에 별지 제23호서식의 관광사업 양수(지위승계)신고서에 다음의 서류를 첨부하여 문화체육관광부장관, 특별자치도지사 · 시장 · 군수 · 구청장 또는 지역별 관광협회장(이하 "등록기관등의 장"이라 한다)에게 제출하여야 한다(관광진흥법시행규칙 제16조 2항 개정 2009.10.22, 2011.3.30).

- 지위를 승계한 자(법인의 경우에는 대표자)의 성명 · 주민등록번호를 기재한 서류(외국인의 경우에는 관광진흥법 제7조 제1항에서 규정하는 관광사업자의 결격사유

에 해당하지 아니함을 증명하는 해당 국가의 정부나 그 밖의 권한 있는 기관이 발행한 서류 또는 공증인이 공증한 신청인의 진술서로서 「재외공관공증법」에 따라 해당 국가에 주재하는 대한민국공관의 영사관이 확인한 서류)

- 양도·양수 등 지위승계를 증명하는 서류(시설인수 명세를 포함한다)

6) 여행업의 등록 취소

(1) 등록 취소

관할 등록기관등의 장은 여행업의 등록등을 받거나 신고를 한 자 또는 사업계획의 승인을 받은 자가 다음 어느 하나에 해당하면 그 등록등 또는 사업계획의 승인을 취소하거나 6개월 이내의 기간을 정하여 그 사업의 전부 또는 일부의 정지를 명하거나 시설·운영의 개선을 명할 수 있다(관광진흥법 제35조 개정 2007.7.19, 2009.3.25, 2011.4.5).

- 변경사유가 발생한 날부터 30일 이내에 변경등록을 하지 아니하거나 등록한 영업범위를 벗어난 경우
- 여행업자의 지위를 승계한 자는 승계한 날부터 1개월 이내에 관할 등록기관 등의 장에게 신고를 하지 아니한 경우
- 여행사업의 전부 또는 일부를 휴업하거나 폐업한 여행업자가 휴업 또는 폐업을 한 날부터 10일 이내에 관광사업 휴업 또는 폐업통보서를 등록기관등의 장에게 알리지 아니한 경우
- 보험 또는 공제에 가입하지 아니하거나 영업보증금을 예치하지 아니한 경우
- 기획여행[1]의 실시요건 또는 실시방법을 위반하여 기획여행을 실시한 경우

1) '기획여행'이란 여행업을 경영하는 자가 국외여행을 하려는 여행자를 위하여 여행의 목적지·일정, 여행자가 제공받을 운송 또는 숙박 등의 서비스 내용과 그 요금 등에 관한 사항을 미리 정하고 이에 참가하는 여행자를 모집하여 실시하는 여행을 말한다(관광진흥법 제2조 제3호).

기획여행을 실시하는 자가 광고를 하려는 경우에는 다음 각 호의 사항을 표시하여야 한다. 다만, 2 이상의 기획여행을 동시에 광고하는 경우에는 다음 각 호의 사항 중 내용이 동일한 것은 공통으로 표시할 수 있다(관광진흥법 시행규칙 제21조 개정 2008.8.26, 2009.10.22, 2010.8.17).

1. 여행업의 등록번호, 상호, 소재지 및 등록관청
2. 기획여행명 · 여행일정 및 주요 여행지
3. 여행경비
4. 교통 · 숙박 및 식사 등 여행자가 제공받을 서비스의 내용
5. 최저 여행인원
6. 보증보험 등의 가입 또는 영업보증금의 예치 내용
7. 여행일정 변경 시 여행자의 사전동의 규정

- 안전정보를 제공하지 아니하거나, 여행계약서를 여행자에게 내주지 아니한 경우 또는 여행자의 사전동의 없이 여행일정(선택관광 일정을 포함한다)을 변경하는 경우
- 해당 자격이 없는 자를 종사하게 한 경우

여행업에서 필요한 관광종사원자격은 Inbound와 Outbound업에서의 두 가지 경우이다. 즉 외국인 관광객을 대상으로 하는 여행업자는 관광통역안내의 자격을 가진 사람을 관광안내에 종사하게 하여야 한다. 그리고 국외여행 인솔자로서 여행업자가 내국인의 국외여행을 실시할 경우 여행자의 안전 및 편의 제공을 위하여 그 여행을 인솔하는 자를 둘 때에는 다음 중 어느 하나에 해당하는 자격요건을 갖추어야 한다.

1. 관광통역안내사 자격을 취득할 것
2. 여행업체에서 6개월 이상 근무하고 국외여행 경험이 있는 자로서 문화체육관광부장관이 정하는 소양교육을 이수할 것
3. 문화체육관광부장관이 지정하는 교육기관에서 국외여행 인솔에 필요한 양성교육을 이수할 것

한편, 내국인의 국내여행을 위한 안내는 국내여행안내사 자격을 취득한

자가 종사하도록 권고하고 있다.

- 관광종사원의 교육과 관련하여 관광사업자가 협조를 하지 아니한 경우
- 보고 또는 서류제출명령을 이행하지 아니하거나 관계 공무원의 검사를 방해한 경우
- 관광사업의 경영 또는 사업계획을 추진함에 있어서 뇌물을 주고받은 경우
- 고의로 여행계약을 위반한 경우

(2) 사업의 전부 또는 일부 정지

관할 등록기관 등의 장은 여행사업의 등록을 받은 자가 다음 각 호의 어느 하나에 해당하면 6개월 이내의 기간을 정하여 그 사업의 전부 또는 일부의 정지를 명할 수 있다.

- 자격요건을 갖추지 못한 자로 하여금 국외여행을 인솔하게 한 경우

(3) 영업소의 폐쇄조치

관할 등록기관등의 장은 허가의 취소 또는 사업의 정지명령을 받고 계속해서 영업을 하는 자에 대하여는 그 영업소를 폐쇄하기 위하여 관계 공무원에게 다음 각각의 조치를 하게 할 수 있다.

- 해당 영업소의 간판이나 그 밖의 영업표지물의 제거 또는 삭제
- 해당 영업소가 적법한 영업소가 아니라는 것을 알리는 게시물 등의 부착
- 영업을 위하여 꼭 필요한 시설물 또는 기구 등을 사용할 수 없게 하는 봉인(封印)

단, 관할 등록기관 등의 장은 봉인한 후 봉인을 계속할 필요가 없다고 인정되는 경우거나 당 영업을 하는 자 또는 그 대리인이 정당한 사유를 들어 봉인의 해제를 요청하는 경우가 생기면 봉인을 해제할 수 있다. 게시를 한 경우에도 또한 같다. 관할 등록기관 등의 장이 영업소 폐쇄조치를 하려는 경우에는 미리 그

사실을 그 사업자 또는 그 대리인에게 서면으로 알려주어야 한다. 다만, 급박한 사유가 있는 경우에는 예외가 된다. 또한 영업소 폐쇄조치는 영업을 할 수 없게 하는 데에 필요한 최소한의 범위에 그쳐야 하며, 영업소를 폐쇄하는 관계 공무원은 그 권한을 표시하는 증표를 지니고 이를 관계인에게 내보여야 한다(관광진흥법 제36조).

그리고 관할 등록기관 등의 장은 관광사업자에게 사업정지를 명하여야 하는 경우로서 그 사업의 정지가 그 이용자 등에게 심한 불편을 주거나 그밖에 공익을 해칠 우려가 있으면 사업정지처분을 갈음하여 2천만원 이하의 과징금(課徵金)을 부과할 수 있다(관광진흥법 제37조 제1항).

7) 여행업의 휴업 및 폐업

여행업의 전부 또는 일부를 휴업하거나 폐업한 자는 휴업 또는 폐업을 한 날부터 30일 이내에 별지 제24호서식의 관광사업 휴업 또는 폐업통보서를 등록기관 등의 장에게 제출하여 알려야 한다(관광진흥법 시행규칙 제17조 <개정 2011.10.6>).

02 여행업자의 보험의 가입 등

1) '보증보험등' 가입의무

(1) 여행업의 등록을 한 자(이하 "여행업자"라 한다)는 그 사업을 시작하기 전에 여행알선과 관련한 사고로 인하여 관광객에게 피해를 준 경우 그 손해를 배상할 것을 내용으로 하는 보증보험 또는 한국관광협회중앙회의 공제(共濟)(이하 "보증보험등"이라 한다)에 가입하거나 업종별 관광협회(업종별 관광협회가 구성되지 않은 경우에는 지역별 관광협회)에 영업보증금을 예치하고 그 사

업을 하는 동안 계속하여 이를 유지하여야 한다(관광진흥법 시행규칙 제18조 제1항).

(2) 여행업자 중에서 기획여행을 실시하려는 자는 그 기획여행 사업을 시작하기 전에 보증보험 등에 가입하거나 영업보증금을 예치하고 유지하는 것 외에 추가로 기획여행과 관련한 사고로 인하여 관광객에게 피해를 준 경우 그 손해를 배상할 것을 내용으로 하는 보증보험등에 가입하거나 업종별 관광협회(업종별 관광협회가 구성되지 아니한 경우에는 지역별 관광협회)에 영업보증금을 예치하고 그 기획여행 사업을 하는 동안(기획여행 휴업기간을 포함한다) 계속하여 이를 유지하여야 한다(동법 시행규칙 제18조 제2항).

그러나 직전 사업연도의 매출액이 없는 사업개시 연도의 경우에는 보증보험등 가입금액 또는 영업보증금 예치금액을 직전 사업연도 매출액이 1억원 미만인 경우에 해당하는 금액으로 한다. 직전 사업연도의 매출액이 없는 기획여행의 사업개시 연도의 경우에도 또한 같다. 그리고 여행업과 함께 다른 사업을 병행하는 여행업자인 경우에는 직전 사업연도 매출액을 산출할 때에 발생한 매출액만으로 산정하여야 한다.

2) '보증보험등'의 가입금액 및 영업보증금 예치금액의 기준

여행업자가 가입하거나 예치하고 유지하여야 할 보증보험등의 가입금액 또는 영업보증금의 예치금액은 직전 사업연도의 매출액(손익계산서에 표시된 매출액을 말한다) 규모에 따라 [별표 3]과 같이 한다.

표 3-2 보증보험등 가입금액(영업보증금 예치금액) 기준
(시행규칙 제18조 제3항 관련 [별표 3] <개정 2010.8.17>)

(단위 : 천원)

<table>
<tr><th>여행업의 종류(기획여행 포함) / 직전 사업연도의 매출액</th><th>국내여행업</th><th>국외여행업</th><th>일반 여행업</th><th>국외 여행업의 기획여행</th><th>일반 여행업의 기획여행</th></tr>
<tr><td>1억원 미만</td><td>20,000</td><td>30,000</td><td>50,000</td><td rowspan="4">200,000</td><td rowspan="4">200,000</td></tr>
<tr><td>1억원 이상 5억원 미만</td><td>30,000</td><td>40,000</td><td>65,000</td></tr>
<tr><td>5억원 이상 10억원 미만</td><td>45,000</td><td>55,000</td><td>85,000</td></tr>
<tr><td>10억원 이상 50억원 미만</td><td>85,000</td><td>100,000</td><td>150,000</td></tr>
<tr><td>50억원 이상 100억원 미만</td><td>140,000</td><td>180,000</td><td>250,000</td><td>300,000</td><td>300,000</td></tr>
<tr><td>100억원 이상 1,000억원 미만</td><td>450,000</td><td>750,000</td><td>1,000,000</td><td>500,000</td><td>500,000</td></tr>
<tr><td>1,000억원 이상</td><td>750,000</td><td>1,250,000</td><td>1,510,000</td><td>700,000</td><td>700,000</td></tr>
</table>

3) '보증보험등' 가입증명서류 제출

보증보험등에 가입하거나 영업보증금을 예치한 여행업자는 그 사실을 증명하는 서류를 지체 없이 특별자치도지사 · 시장 · 군수 · 구청장에게 제출하여야 한다(동법 시행규칙 제18조 제4항).

4) '보증보험등'의 가입 및 배상금의 지불절차 등 고시

보증보험등의 가입, 영업보증금의 예치 및 그 배상금의 지불에 관한 절차 등은 문화체육관광부장관이 정하여 고시한다(동법 시행규칙 제18조 제5항).

4

국내외 여행업의 종류와 사업

: 인바운드, 도메스틱, 아웃바운드, 여행수배업

제4장

국내외 여행업의 종류와 사업
: 인바운드, 도메스틱, 아웃바운드, 여행수배업

01 인바운드 여행업

인바운드(Inbound) 여행업은 외래관광객이 한국을 방문하여 이루어지는 관광활동과 관련하여 해외에 소재하고 있는 아웃바운드(Outbound) 여행사 혹은 외국의 개인 여행자들로 의뢰받은 일정에 대한 관광소재의 수배 및 관광활동을 진행하거나 인바운드 여행사가 자체적인 여행상품을 개발하고 외래관광객에게 판매하여 행사를 진행하는 것을 사업범위로 하는 여행업을 말한다. 따라서 한국인이 외국으로 여행을 떠나는 여행상품을 취급하는 아웃바운드업과 외국인이 한국으로 여행을 오는 여행상품을 취급하는 인바운드업과는 업무측면에서 반대의 개념을 갖는다.

사실상 인바운드 여행업은 우리나라 관광역사에서 가장 오래된 사업이라고 할 수 있는 것으로 1961년 8월 「관광사업진흥법」이 제정되면서 외화획득을 목적으로 한 사업으로서 발전해왔다. 최근에도 한류의 세계적인 영향으로 인바운드 여행업은 더한층 발전을 거듭하고 있다.

인바운드 여행업의 업무는 기본적인 조직구조면에서 아웃바운드 여행사와 크게 다르지 않다. 기본적인 업무기능에 따라 일반적으로 판매부, 수배부, 관리부로 구분하여 운영되고 있다.

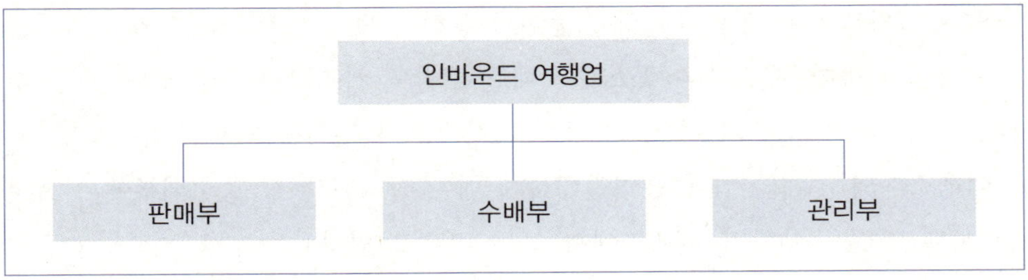

[그림 4-1] 인바운드 여행업의 조직

1) 판매부

판매부의 주요한 기능은 여행상품의 개발과 개발된 상품의 영업이다. 상품의 개발은 새로운 관광자원이 발생하여 이를 이용한 상품이라든지 외국인 관광객들의 최신 선호와 동향을 반영하여 개발하게 된다. 또한 외국여행사가 의뢰하는 상품이 신상품으로 개발되어 판매되기도 한다.

새롭게 개발된 여행상품은 해외지사나 외국의 여행사들에게 소개되어 판매활동을 진행하게 된다. 여행상품이 판매되면 판매된 여행상품에 대한 행사준비로서 여행소재에 대한 예약을 수배부서에 의뢰하게 된다. 수배가 완료되면 이를 외국여행사에게 확정서를 보내고 외국여행사가 이를 수락하면 계약서를 작성하여 체결한다.

행사가 종료되면 행사의 평가를 실시하여 상품에 보완하거나 개선되어야 할 점이 있는가를 파악하여 후에 이를 반영한 상품개발을 한다.

2) 수배부

수배부는 판매부에 의해 판매된 여행상품이나 외국여행사로부터 의뢰받은 여행에 대해 외래관광객들이 이용하게 될 숙박, 교통, 식사, 관광지 등 모든 여행소재에 대한 예약을 하여 행사의 준비를 하는 업무이다. 여행소재에 대한 예약이 완료되면 이에 대한 수배정보를 판매부에게 알린다. 수배부는 해당 여행사의 수익창출과 수배의 용이성을 높이기 위해 이들 여행소재와 긴밀한 관계를 유지하여야 하며, 새로운 여행소재에 대한 개발도 게을리하면 안 된다. 또한 수배 시에는 좋은 조건의 여행소재를 수배함으로써 수익을 창출할 수 있다.

여행소재의 수배와 함께 통역안내사에 대한 관리와 배정도 수배부에서 하는데 이는 여행사에 따라 판매부에서 하는 경우도 있다.

3) 관리부

관리부는 여행상품의 판매나 수배의 두 가지 인바운드 여행업의 주요 기능을 지원하고 이를 위한 관리기능을 하는 부서이다. 행사가 종료되면 통역안내원의 정산보고를 통해 사전에 계약된 조건에 따라 여행이 실시되었는지를 점검하고 전체적인 행사정산을 하게 된다. 행사정산으로는 여행소재에 대한 지불금액처리 및 외국여행사와의 여행경비 정산 등등이 있다.

이외에도 관리부는 지원부서로서 회계, 총무, 인사, 심사 등 경영 전반에 대한 지원기능을 하고 있는 것이 일반적이다.

02 인바운드 여행상품의 개발과 판매

1) 상품의 개발

여행상품은 늘 변화된 새로운 상품이 필요하다. 소비자들인 여행자들은 사회적인 환경이나 시장의 동향, 화제, 유행 및 조류에 따라 자신들이 추구하는 여행상품에 대한 취향과 기호 그리고 선호하는 것도 달라진다. 따라서 여행상품도 일반 상품과 마찬가지로 변하지 않는 고유의 기능을 갖고 있는 것이 존재하지만, 위에서 언급한 이와 같은 최신의 조류를 반영한 상품도 시장에 소개되어야 한다. 또한 새로운 관광지가 시장에 진입하는 경우도 이를 이용한 새로운 상품도 출시되게 된다. 이와 같이 여행상품은 시대에 따른 소비자들의 기호변화와 새로운 관광지 및 시설에 따라 새롭게 탄생하고 이를 반복하게 된다.

새로운 상품을 개발할 때는 다음의 세 가지 특성을 고려한다.

(1) 상품성

새로운 상품은 소비자들이 추구하는 욕구를 잘 반영하여야 한다. 따라서 생산자 지향적인 아이디어에서 나온 상품보다는 소비자들이 요구하는 내용이나 이들이 수용할 만한 가격으로서 상품개발을 해야 한다. 그리고 상품에 포함되어 있는 방문하는 관광지가 방문가치가 있어야 한다.

(2) 편리성

개발된 상품 자체의 지리적 이동에 따른 접근성, 상품 내 각 관광지의 이동성 및 소요시간, 시설의 정도와 수준, 정보제공의 편리성 등이 있는 것으로 상품을 구성해야 한다.

(3) 수익성

개발되어 판매되는 상품은 다양한 여행소재를 결합하여 상품으로서 구성이 된다. 이때 소비자가 선호하고 여행소재업자와 거래관계에 있어 긴밀하여 가격 경쟁력이 있는 곳으로 구성하여 여행상품에 대한 수익을 창출할 수 있도록 개발해야 한다.

2) 상품의 판매

여행상품의 판매는 주로 외국여행사와의 거래관계를 통하여 해당 여행사가 인바운드 여행사로 지속적인 송객으로 이루어지는 것이 일반적이다. 따라서 인바운드 상품판매는 기존의 외국여행사와의 거래관계를 유지하고 판매촉진활동을 적극적으로 전개하고 새로운 외국여행사와의 거래관계 성립도 진행해야 한다. 외국여행사와의 거래관계 성립에 있어서 중요한 것은 판매하는 상품과 가격, 그리고 인바운드 여행사의 여행소재에 대한 수배능력과 신뢰가 중요하다. 그 외에 해외지사를 통한 판매와 인터넷의 홈페이지, 브로슈어 제작 및 배포, 관광전 참가 등을 이용한 판매방식이 있다.

03 인바운드 여행상품의 수배

여행상품이 판매가 되면 외국여행사 혹은 외래여행자로부터 여행에 대한 의뢰를 판매부가 받게 된다. 여행의뢰는 팩스, 전화, 이메일, 서류에 의해서 통상 이루어진다. 여행의뢰에는 단체명, 인원수, 입국항공편 및 출국항공편, 여행기간, 여행일정, 여행예상비용, 특별한 수배사항, 희망하는 숙박시설 및 객실 사용조건, 식사횟수 등이 기본적으로 통보된다.

여행의뢰가 이루어지면 해당 단체에 대한 파일을 만들어 코드번호(Code No.) 혹은 투어번호(Tour No.)를 부여하여야 한다. 이 때 만들어지는 파일은 해당 단체에 대한 모든 정보를 담게 되는 것으로 해외여행업체의 여행의뢰를 시작으로 하여 국내 Inbound 업체가 발송한 모든 문서가 통합되어 있는 서류철이다. 또한 해당 단체에 대한 이력 및 변동사항과 수배사항, 예상견적, 행사지시서, 안내보고서 및 정산보고서 등도 모두 포함되게 된다(고종원 외, 2001 : 259). 코드번호는 해당 단체의 행사시작일을 연도, 월, 일자로 표시하고 추가로 여행단체가 동일한 날에 다수 있을 때에는 이를 위한 구분번호를 부여한다. 예를 들어, 2010년 8월 1일 행사가 시작하고 8월 1일 단체 중 첫 번째 입국단체인 경우 10-0801-1로 표기를 한다.

의뢰한 여행단체에 대한 코드번호가 부여되면 판매부에서는 의뢰받은 여행조건으로 수배의뢰서를 작성해서 수배부로 전달하여 판매된 여행상품에 대한 수배를 하도록 업무협조를 하게 된다. 수배(Arrangement)라는 것은 외국여행업자가 의뢰한 여행일정에 필요한 모든 여행소재를 예약하여 여행자들이 입국해서 실제 이용에 아무런 문제가 없도록 사용권을 확보해 두는 것을 말한다. 이들 여행소재에 포함되는 것은 항공, 버스, 렌터카, 철도, 선박 등 교통수단과 호텔, 리조트, 콘도미니엄, 펜션 등의 숙박시설, 식당, 관광지, 통역안내사 등 여행에 필요한 모든 여행소재를 말한다.

수배부는 수배의뢰서를 접수받게 되면 외국여행사에서 요청한 여행조건 하에서 여행자의 만족을 최대로 시킬 수 있고 가장 부가가치가 높은 여행소재를 예약하여 수배하는 것이 중요하다. 또한 수배는 구매, 예약해야 할 여행소재에 대해 우선순위를 정해서 신속히 진행해야 한다. 이러한 이유는 여행소재가 다른 일반 제품처럼 생산량을 늘려서 시장에 증가된 제품을 공급할 수 있지 않고 항상 한정된 공급이 시장에 이루어지고 있고, 특히 성수기 및 비수기에 따른 계절변동이 크기 때문이다. 외국여행업자가 의뢰한 여행조건으로 수배가 되지 않으면 해당 여행사의 신뢰와 능력에 대한 문제로 나타나게 되며 향후에는 거래관계가 지속될 수 없다. 또한 인바운드 여행사의 이윤은 부가가치가 높은 소재를 수배하면서 시작된다고 할 수 있다. 따라서 수배부와 관광소재의 공급업자와의 긴밀한 관계가 여기서도 중요하다는 것을 알 수 있다.

여행에 필요한 여행소재의 수배가 완료되면 수배확인서를 작성해서 판매부에 이를 통보한다.

수배확인서를 기준으로 하여 관광일정표를 작성하고 지상비를 산출하여 이를 국외 여행업자에게 통보한다. 국외여행업자가 일정과 지상비를 수용하면 여행행사의 계약을 체결한다. 여행계약 체결한 후에는 단체조건 확정통보를 수배부서로 통보하면 수배부서는 행사예산서 및 행사안내지시서를 작성하고 행사실시를 위한 통역안내사 배정, 일정 및 수배의 재확인 등을 통한 행사준비를 한다.

〈양식 1〉 행사지시서

擔當	代理	課長	次長	部長

団体行事指示書

団体番号		参照番号		入國	
団体名				出國	
AGENT名				料金	
人員		支払い区分			

宿泊及び食事

日字	Hotel Name	豫約 Rooms	朝食	晝食	夕食

日程

日字	日　　程

國内線及び列車

國内線		KTX	

参照及び指示事項

特別手配					
Name List					
業所配定					
入國 出國			入國 出國		
ガイド		Airport Tax	國内線		國際線	

04 인바운드 여행상품의 행사진행

1) 행사준비

(1) 여행단체의 특성파악

인바운드 여행의 실질적인 진행은 통역안내사가 해당 단체를 배정받으면서 시작된다. 행사가 배정된 통역안내사는 해당 단체의 성격과 특성을 파악하여 행사의 진행방향을 설정하도록 한다. 일반적으로 미리 파악해 두어야 할 것은 고객의 구성이다. 고객이 같은 기업 혹은 단체의 소속원들로 구성된 단체인지, 아니면 일반적인 패키지 상품의 구매자들인지 구분해야 한다. 한 단체로 구성된 여행객은 행사의 성격과 목적이 분명하므로 해당 단체가 요구하는 사항에 대한 철저한 준비를 하도록 하고 사전에 이들 분야와 여행이 추구하는 목적에 대한 사전지식과 정보를 학습을 통하여 미리 습득하는 것이 보다 만족스러운 행사를 진행하게 하는 길이다. 그리고 일반적인 패키지 여행상품의 여행자들인 경우에는 이들의 성별, 연령, 직업, 국적, 취미 등을 파악하고 전체적으로 이들의 특성과 성격, 취향에 부합하는 행사를 할 수 있도록 미리 행사의 진행방향을 설정한다.

(2) 수배사항 파악

해당 단체의 성격이 파악되면 행사해야 할 일정과 수배사항의 파악을 한다. 파악해야 할 사항은 행사의 일정, 입국과 출국의 교통수단과 시간, 이용하는 호텔과 필요한 호텔의 객실수와 종류, 식당의 이름, 위치와 메뉴, 차량배정시간, 차량번호, 기사 이름과 연락처, 차량렌터 회사명, 쇼핑장소 등이다. 그리고 송객 아웃바운드 여행사의 프로파일을 파악해야 한다. 프로파일에는 송객 아웃바운드 여행사의 해당 국가에서의 크기, 규모, 업계위치, 인바운드 여행사의 거래

역사와 관계 등을 들 수 있다. 또한 인솔자(Tour Conductor)가 있는 경우에는 이름과 직위 등을 미리 숙지해 두어야 하고, 그 외 계약의 내용과 조건도 파악하도록 한다.

(3) 행사준비물

행사를 위한 준비물로는 행사안내지시서, 여행자들에게 나누어주는 일정표와 배치, 객실배정표(rooming list), 공항미팅시와 행사 차량에 부착하는 사인보드 혹은 배너, 여행사의 사기(社旗), 명함 및 개인사무용품, 단체행사비(전도금) 및 바우처 등이다.

2) 미팅(Meeting)

통역안내사는 해당 단체의 도착예정시간보다 1시간 정도 일찍 입국장의 미팅장소에 나아가 여행객들을 맞이할 준비를 해야 한다. 특히 항공기의 경우에는 예정시간보다 일찍 도착하는 경우도 종종 있기 때문에 여유 있게 미리 도착하는 게 좋다. 도착을 하면 행사할 차량을 확인하고 기사와 일정을 논의하고 차량의 청소상태와 마이크 점검 등을 한다. 그리고 나서 입국장으로 가서 해당 단체명이 적힌 사인보드를 들고 해당 단체를 맞이한다. 이때 인솔자와 인사를 나눈 후 인원수와 관광수배조건을 점검한다. 때로는 아웃바운드 여행객의 국가에서 출발 후에도 수배된 조건이 변경되는 경우가 발생하는데 이 경우에는 변경내용과 비용문제 등을 파악한 후 판매부와 수배부에 이를 통보하고 변경된 사항에 대하여는 재수배를 요청하도록 한다. 이러한 것들은 여행객들이 대기된 차량으로 이동하면서 하거나 그 외 시간을 내서 하게 되는데, 이는 여행객들에게 여행에 대한 수배사항이 빈틈없이 잘 준비되었다는 것을 보여주어야 하기 때문이다. 변경된 것이 없다 하더라도 두 경우 모두 인솔자와 관광일정 전반에 대한 협의를 거친다. 관광조건 및 인원수가 확인되면 통역안내사는 인솔자와 함께 여행자를 탑승차량이 대기하고 있는 곳으로 이동하여 여행자를 탑승시킨 후 인원수를 점검한다. 수하물도 이때 같이 차량에 싣도록 한다. 이동을 시작하면서 통역안내사는 자신의 소개를 하고 일정표와 배지 등을 여행객들에게 나누어 준 후 일정 및 여행에 대한 안내를 하면서 행사를 진행하게 된다.

3) 행사진행

(1) 통역안내사의 자질

관광객들이 느끼는 행사의 만족도는 크게 하드웨어적인 측면과 소프트웨어적인 측면에서 발생하게 된다. 하드웨어적인 측면이라 하면 이용하는 숙박시설, 차량, 식당, 관광지 등을 들 수 있고 소프트웨어적인 측면에서는 통역안내사, 인솔자, 차량기사, 해당 방문국가에서 만나게 되는 사람들과의 경험 등을 들 수 있다. 이 중 물리적인 측면과 해당 국가의 사람들과의 경험은 수배를 통하여 혹은 오랜 동안 누적된 국민성에 의해서 이미 결정된 사항들이기 때문에 사실상 예측가능한 수준이다. 이렇지 않은 것이 통역안내사나 인솔자 내지 차량기사의 숙련도나 서비스수준이 가장 큰 영향을 미칠 것이다. 또한 이들 세 가지 요소는 관광객들과 가장 오랜 시간 동안 보내게 되는 인적요인들이다. 따라서 이들 모두가 다 중요하지만 통역안내사의 경우에는 가장 중요한 영향을 미치는 것이라 할 수 있다. 따라서 통역안내사는 다음과 같은 자격이 있는 사람이어야 한다.

첫째, 지식이 풍부해야 한다. 훌륭한 통역안내사가 되기 위해서는 살아있는 백과사전이어야 한다. 이는 통역안내사로서 만나게 되는 여행자들의 계층과 관심, 지식수준은 그야말로 여행자마다 다르며 이에 대한 지식 욕구를 해결해 주기 위해서는 해당 국가의 경제, 사회, 정치, 문화, 역사, 종교, 철학, 건축, 미술 등 다양한 방면에 깊은 지식을 요구한다. 특히 일정에 포함된 관광지나 배경지식에 대해서는 전문가 수준의 지식을 갖추어야 한다. 다양하고 풍부한 지식은 여행객들의 관심을 유발시켜 행사일정 내내 집중도가 높은 여행안내를 제공한다.

둘째, 언어에 능통해야 한다. 통역안내사는 외국여행객들에게 해당 외국어를 사용해서 안내를 하는 직업이다. 따라서 아무리 지식이 풍부해도 전달수단인 언어의 수준이 미흡하면 그 내용을 전달할 수 없기 때문에 무용지물이라 할 수 있다.

셋째, 민간외교관의 자세를 갖추어야 한다. 외교관은 자국을 대표하고 자국에 대한 올바른 이해를 상대국가에게 전달하고, 또한 상대국가의 가치관이나 문화를 존중하여 상호 발전적인 모습으로 진행되도록 하는 직업이다. 따라서 통역안내사는 자국에 대한 왜곡된 정보나 지식을 전달해서도 안 되며 여행객들의 국가에 대해 정치적, 문화적, 관습적으로 그 가치관과 배치되는 일이 없도록 행사를 진행해야 한다.

넷째, 숙련도가 높아야 한다. 통역안내사는 올바른 화법, 고객응대, 서비스정신을 갖추어야 한다. 언어의 구사가 방언이거나 높낮이가 없으면 안 되고 발음이 정확하고 명료하며 해당 언어의 표준어를 구사해야 한다. 또한 고객응대에 있어서도 신속하고 융통성 있게 대처하며 여행업이 하나의 서비스산업의 범주에 들어간다는 점에서 수준 높은 서비스수준을 유지해야 한다.

(2) 호텔업무

관광객들에게 있어 호텔은 집과 같은 곳이다. 외부 일정이 없는 동안에는 호텔에서 나머지 시간을 보내게 된다. 따라서 처음 경험하게 되는 호텔에 대한 정보는 물론 호텔직원들이 제공하지만 해당 단체를 운영하는 통역안내사로서도 충분한 정보제공을 해주어야 한다. 호텔의 이용은 투숙(Check in)을 하게 되면서부터 시작된다. 통역안내사는 인솔자와 함께 프런트(Front), 리셉션(Reception) 혹은 단체데스크(Group desk)에 가서 해당 단체의 코드와 객실배정표(Rooming list)를 제시하고 필요한 절차를 수행한다. 이때 수배된 대로 객실배정이 잘 이루어졌는가, 싱글, 트윈, 더블 등 객실의 종류가 올바르게 배정되어 있는가, 객실의 수가 올바르게 배정되었는가를 확인한다. 모든 것이 올바르게 배정되어 있으면 객실 키를 수령받는다. 그리고 다음날 혹은 퇴실하는 날까지의 기상전화(모닝콜), 조식시간, 출발시간, 그리고 퇴숙(Check out)하는 날의 수하물 수취시간(Baggage down)

등을 호텔 측에 알려준다. 이와 함께 식당의 위치 및 영업시간, 영업장의 종류와 영업시간, 객실 대 객실 전화방법, 시내·외 및 국제전화방법, 수영장, 피트니스센터, 비즈니스센터 등에 대한 정보를 파악하고 여행객들에 이들 정보를 제공한다. 여행자들의 수하물은 벨 혹은 컨시어지 등의 포터서비스를 이용하여 여행자들의 객실로 배달이 되도록 한다. 수령한 객실 키를 각 여행자들에게 나누어 주고 다음날의 기상시간, 식사시간, 출발시간 등에 대한 정보를 여행자들에게 숙지시킨다. 그리고 유선상으로나 각 배정된 객실로 여행객들이 제대로 투숙하고 이용에 불편함이 없는 것을 확인한 후 인솔자에게 귀가를 알리고 업무를 종료한다.

퇴숙하는 날에는 여행자들의 수하물이 수취된 장소와 수취된 수하물의 숫자를 확인하고, 여행자들의 퇴숙절차를 돕는다. 퇴숙절차는 여행자들이 개별적으로 진행하도록 하게 하며 객실 키의 반납과 추가비용 정산인데 통상적으로 객실료는 수배조건에 포함되어 있기 때문에 객실료 이외에 미니바, 전화사용, 룸서비스, 호텔 내 영업장 이용에 따른 청구된 추가 비용에 대해 여행자들이 호텔 측에 직접 비용 정산하는 것이다. 퇴숙절차를 마치면 여행객들로 하여금 자신의 수하물을 틀림없이 수취되어 있는가를 각자 확인시킨 후 차량에 탑승하도록 하고 차량에 수취된 수하물을 적재하면 호텔에서의 업무를 마치게 된다.

(3) 쇼핑과 옵션

여행업에 있어서 쇼핑과 옵션관광은 하나의 사업현상으로 자리잡고 있으며, 이는 국내나 다른 해외국가에서도 동일하다. 쇼핑과 옵션관광을 통해 여행사에게 있어서는 또다른 수익창출을 할 수 있다. 단, 쇼핑과 옵션관광이 여행자들이 희망하는 곳을 방문하고 행하는 것이 아닐 수도 있기 때문에 통역안내사로서는 행사시 고객의 불평사항이 없도록 해야 한다. 쇼핑관광시에는 구매의 강요와 강매는 금물이며 쇼핑 판매액의 결과에 따라 통역안내사의 기분에 영향을 받아서는 안 된다.

옵션관광의 실시할 때에는 미리 인솔자와 충분한 설명과 논의를 거친 후 여행자들에게 실행하게 되는 옵션관광에 대한 충분한 안내를 제공한 후 여행자들의 자의적인 선택에 의하여 실시하여야 한다.

(4) 환송(Sending)

환송(sending)은 행사일정이 완료되고 여행객들이 귀국하는 교통수단과 환송서비스이다. 일반적으로 항공기를 이용하는데, 여행객들에 대한 귀국항공편의 예약재확인은 72시간 전에 항공사에 하여야 한다. 출국당일에는 출국항공편의 운항여부를 확인하고 항공기 출발 2시간 전에 공항에 도착하도록 한다. 여행성수기에는 공항이 출국자들이 많아 시간이 보다 소요될 수 있기 때문에 이보다 일찍 도착하는 것이 좋다. 단체체크인 카운터에서 탑승수속을 인솔자와 함께 하거나 개별적으로 출국수속을 한다. 탑승권(Boarding pass)과 위탁수하물표(Baggage claim tag)를 수령하면 통역안내사는 고객들에게 인사를 하고 출국장으로 안내하면 환송이 종료된다.

05 정 산

행사가 종료되면 통역안내사는 행사(안내)보고서와 경비정산서를 통해 정산업무를 하고 행사에 대한 평가를 하게 된다.

행사보고서는 행사의 전 일정이 어떻게 진행되었는가를 한 번에 파악할 수 있도록 되어 있으며, 각 항목 모두를 사실에 근거를 두고 빠짐없이 기록해야 한다. 이를 통해 행사의 문제점을 보완하고 개선점을 모색할 수 있다.

경비정산서는 행사에 대한 결산보고서로 행사에 대한 지출과 수입을 비교하여 수지를 알 수 있게 하는 보고서이다.

통역안내사가 안내보고서 및 경비정산서를 작성하면 이를 근거로 정산절차를 하게 되는데, 통상 행사비용은 원칙적으로 행사 시작 전에 받는 것이 일반적

〈양식 2〉 **안내보고서 샘플**

案 內 報 告 書

作成 年 月 日 入國人員： 男： 女： + T/C 作成者

日字	宿 泊	交 通	種類	場所	MENU	人員	時間	日 程
行使番號		年 月 日 便			行事名			
入 國					出國	年 月 日 便		
			食 事				行 事 內 容	
月 日 ( )	HTL SGL TWIN DOUBLE TRP	會社：	B					
		種別：	L					
		臺數：	D					
月 日 ( )	HTL SGL TWIN DOUBLE TRP	會社：	B					
		種別：	L					
		臺數：	D					
月 日 ( )	HTL SGL TWIN DOUBLE TRP	會社：	B					
		種別：	L					
		臺數：	D					
月 日 ( )	HTL SGL TWIN DOUBLE TRP	會社：	B					
		種別：	L					
		臺數：	D					
月 日 ( )	HTL SGL TWIN DOUBLE TRP	會社：	B					
		種別：	L					
		臺數：	D					
特議事項								

자료 : 고종원 · 이광우, 2002 : 266.

〈양식 3〉 경비정산서

団体精算書

擔當	代理	課長	次長	部長

団体番号		団体名		Agent名		人員	
日字		入出国便				案内員	

1. 小計 (Rate :　　)

項目	内 容
受託金	KRW :
Option	KRW :
Refund	KRW :
受託金合計	KRW :
前払金/殘高	KRW : KRW :
定算額/後払	KRW : KRW　:
總支出	KRW :
收益金	KRW :
Card計	KRW :
附帶收入	KRW :
損益	KRW :
1人当 損益	KRW : 收益率 :

2. 受託金 & Option

内訳	人員	單価	金額(¥)	金額(W)

INV總額 : ¥	INV總額 : KRW
現地收金 : ¥	現地收金 : KRW
Refund : ¥	受託金總額 : KRW

3. 附帶收入

日字	業所名	人員	売賣額	手數料
	合計			

4. 支出(経費)

項目	日字	業所名	内容	金額
宿泊費				
食事費				
車両費				
営業費				
その他				
合計			KRW :	

이다. 그러나 계약조건에 따라 행사 종료 후에 정산처리를 하는 경우도 있다. 행사비가 미리 입금된 경우에도 미수금이 있을 경우에는 청구서를 작성하여 비용을 청구한다. 행사 종료 후에 결재를 하기로 계약한 경우에도 청구서(invoice)를 작성하여 미수금청구를 하며, 은행송금 등을 통해 경비를 수취하면 정산업무가 종결된다.

06 국내여행업

1) 국내여행업의 개요

국내여행업(domestic travel)이란 국내를 여행하는 내국인을 대상으로 여행상품을 개발하여 판매하는 여행업을 말한다. 국내여행업은 여행자들이 내국인이기 때문에 한 나라 국경 내에서 판매활동을 통하여 직접 고객을 모객하기 때문에 국외여행업이나 인바운드업과 같이 외국여행사로부터 수배와 판매의 의존성에서 탈피하였다는 점이 특징이다. 이러한 이유로 업무 자체가 이들 여행업과 비교했을 때 상당부분이 생략되고 또한 직접적인 수배가 가능하며 업무과정이 단축되어 있다.

국내여행이 국내를 관광지로 하고 외국어가 필요 없어 중요성면에서 다소 미흡하다는 인식도 있을 수 있으나, 어떤 국가든 국내여행의 발전을 게을리 하는 나라는 없다. 국내여행의 발전을 통해 국제여행의 발전을 기할 수 있고 국외여행과의 건전한 균형을 통해 관광산업이 성장하고 국가경제의 균형도 이루어 낼 수 있다.

2) 국내여행업 업무조직

(1) 판매부서

국내에 소재하고 있는 여행소재를 결합하여 상품을 개발한 후 이를 판매하거나 호텔, 항공, 철도, 버스, 렌터카 등과 같은 교통, 식사, 관광시설 이용 등 개별단위로 여행소재를 판매하는 부서이다. 국내여행상품 판매도 도매업자(wholesaler)와 소매업자(retailor)가 있다.

(2) 수배부서

국내여행상품으로 구성된 상품의 판매가 이루어져 행사를 실시하게 되었을 때 구성된 여행소재의 이용권을 확보하는 부서를 말한다. 따라서 여행에 포함된 모든 여행소재가 예약의 대상이 된다.

(3) 안내부서

국내여행상품의 행사를 진행하는 국내여행안내사를 말한다. 해외여행업과 인바운드 여행업과 마찬가지로 국내여행안내사는 국내의 정치, 종교, 사회, 문화, 경제 등 다방면에 깊은 지식을 갖추고 있어야 하며 국내관광지에 대한 지식도 충분히 갖추고 있어야 한다. 역시 행사의 만족도에 가장 큰 영향을 미치는 요소이다.

(4) 전세버스 부서

국내여행업에서 수익면 그리고 업무면에서 가장 많은 비중을 차지하고 있는 것이다. 따라서 대형 여행사의 경우에는 버스를 소유하고 있는 경우도 있다. 그렇지 않은 경우에는 전세버스회사와 계약을 통해 확보한다. 국내여행 행사를 위해 이동하는 수단이기 때문에 차량의 수배, 배차, 관리 등이 기본업무이다.

(5) 인사관리 부서

국내여행사 경영에 있어 필요한 것을 지원하는 행정부서로서 직원의 충원과 교육, 인사, 총무, 경리 등의 업무를 담당한다.

3) 국내여행업의 주요 업무

국내여행업의 업무는 주로 여행상품의 판매, 전세버스의 판매, 교통권 및 숙박권 등의 판매로 구분할 수 있다.

(1) 여행상품의 판매

국내여행상품은 해외여행상품이나 외국인을 국외여행상품과 같이 내국인을 대상으로 국내에 있는 여러 가지 여행소재를 조합하여 만든 상품을 말한다. 여행의 판매는 일반적인 형태인 자체적으로 여행사가 상품을 개발하여 판매하거나 도매업자가 되어 소매업자에게 판매를 위탁하는 형태가 있다.

현재 판매되는 국내여행상품은 일반단체여행상품, 신혼여행상품, 인센티브여행상품, 수학여행상품 등 국내 전 지역을 대상으로 전세버스, 항공, 철도, 선박 등을 이용한 다양한 상품이 판매되고 있다.

(2) 전세버스의 판매

국내여행업에서 많은 수입원의 업무 중 하나가 전세버스의 운영에서 창출하는 수입이다. 이러한 운영에는 직접 운영과 전세운영의 크게 두 가지로 구분할 수 있다. 직접운영에는 국내여행업이 국내의 기획상품을 개발하여 판매한다는 측면에서 가장 흔하게 이용하는 교통수단이 버스가 된다. 이와 같이 버스를 어떻게 운영하느냐에 따라 수입의 큰 차이를 가져 오게 된다. 간접운영으로는 전세버스가 없는 여행사에게 전세버스를 대여하거나 기업체나 학교 등의 정기통근차량, 기업, 종교, 일반 단체의 행사에 대여 등의 전세운영을 들 수 있다.

전세버스업무의 업무진행과정은 전세버스 운송계약을 작성하는 것에서 시작

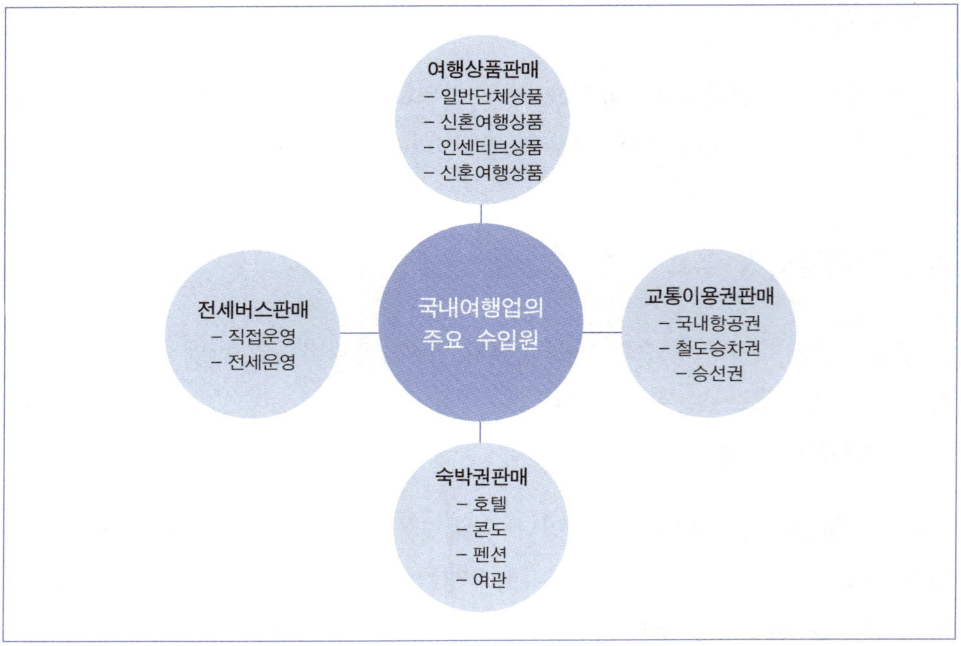

[그림 4-2] 국내여행업의 주요 업무

하며, 계약서에는 운행기간, 출발지, 경유지, 도착지, 운행요금, 예약금 및 상호규약, 요망사항을 기재하는 것이 좋다. 영업활동상황은 매 분기별로 관할세무서에 신고하도록 되어 있으며, 차량운행에 관한 것은 이와는 별도로 매월 단위의 전세버스 수송실적보고서를 해당 시・도의 전세버스운송사업조합에 보고하도록 되어 있다(정찬종, 2009 : 485).

(3) 교통이용권 및 숙박권 등의 판매

국내여행업의 주요 수입원의 업무 중 하나는 국내항공권, 철도승차권, 승선권 등의 교통이용권과 호텔, 콘도, 펜션, 여관 등의 숙박권 판매 등이다. 국내항공권은 항공사와 대리점계약을 체결하여 판매할 수 있으며, 철도승차권은 철도청과의 국유철도여객표 대리점계약에 의하여 판매할 수 있다. 여행사는 단말기의 사용에 따른 월별 단위로 단말기 사용료를 공급회사인 항공사와 철도청에 지불한다(정찬종, 2009 : 487).

항공권을 판매하면 대리점은 항공사로부터 항공수수료를 받으며 철도승차권도 판매하면 승차권발매에 대한 발매수수료를 받는다. 그리고 정규 카페리호와 쾌속선의 판매와 예약을 통해 수수료 수입을 창출한다.

국내여행업은 또한 국내에 소재하고 있는 호텔, 콘도, 펜션, 여관 등의 숙박시설물에 대한 판매 및 예약 대행을 통해 수수료를 수익으로 창출하고 있다.

07 아웃바운드 및 랜드사

1) 아웃바운드

(1) 아웃바운드 범위

아웃바운드는 내국인의 관점에서 국내를 기준으로 해서 해외로 나가는 부문을 말한다. 여행업계에서는 아웃바운드라고 하면 내국인의 해외여행분야로 일반적으로 인식하고 있다. 반대로 인바운드란 외국인이 국내로 들어와 여행하는 것을 지칭한다. 그래서 인바운드 가이드는 외국인에게 해당 외국어로 안내하는 관광통역안내사를 말하며, 아웃바운드 가이드란 국외여행인솔자와는 별개로 현지에서 내국인을 안내하게 되는 현지의 가이드를 의미하게 된다. 현지가이드는 보통 수배가 어려운 지역[2)]을 제외하면 한국인이 일반적으로 맡게 된다.

2) 거의 한국인이 거주하지 않는 지역을 말한다. 이러한 지역에서는 불가피하게 외국어, 특히 영어로 의사소통할 수 있는 현지의 외국인이 가이드를 담당하게 된다. 여행이 일반화되지 않은 지역일 경우 대부분 그러하다.

(2) 아웃바운드 지역

아웃바운드는 지역으로 말하면 중국, 일본, 동남아, 유럽, 미주, 남미, 중동, 지중해, 아프리카, 남태평양 등 다양한 지역을 포괄한다. 특히 우리나라에서는 수요가 가장 많은 아웃바운드 지역이 중국, 일본, 동남아지역, 미주지역, 유럽지역 순으로 보면 된다. 항공기의 취항이 아웃바운드의 수요와 비례한다.

(3) 아웃바운드 분야

여행업에서 아웃바운드 분야를 보면 일반패키지, 비즈니스, 개별여행, 항공권 수요 등이 주축을 이루며 배낭여행, 전시 및 박람회, 컨벤션, 의료관광, 크루즈 등으로 세분화할 수 있다. 또한 최근에 수요가 점차 늘어나고 있는 특별관심관광(SIT : Special interest tour)을 보면 보다 세분화되어 많은 범위로 확대되어 영역이 보다 커지고 있다.

(4) 아웃바운드 사업

사업은 주로 여행사가 주축이 된다. 여행업은 해외여행분야인 Outbound, 외국인 국내여행분야인 Inbound, 내국인 국내여행분야인 Domestic으로 구분할 수 있다. 여행사 외에는 여행수배업이 아웃바운드 사업에 같이 참여하고 있는 사업분야로 보면 된다.

이상에서 설명한 바와 같이 여행사를 중심으로 한 해외여행분야를 말하며 전 세계 여행이 가능한 지역을 대상으로 하며 사업은 여행업의 여러 종류의 상품을 포함하고 있다.

2) 여행사의 수배조직

국내 주요 여행사의 수배조직은 팀 및 부서별로 수배담당자를 갖추고 있는 경우가 일반적이다. 그러나 여행사의 조직에 따라서는 수배부서가 별도로 있어서 전체적인 상품에 대한 수배를 별도로 하고 있는 여행사들도 있다. 특히 중소 여행사에서는 수배담당자가 별도 부서나 팀으로 소속되어서 역할을 하고 있다. 신문광고를 하는 주요 패키지회사의 경우는 팀별 또는 부서에 소속된 수배담당자를 통해 보통 랜드사를 지정하여 현지수배를 실시하고 있다. 그러나 하나투어의 경우는 해외 현지법인을 설치하여 직접수배 방식을 취하고 있는 상황이다. 2007년 이후는 40여 개의 현지법인으로 확장하여 운영하는 것으로 알려지고 있다.

수배조직은 동남아, 유럽, 일본, 중국, 허니문, 특수지역 등 부서별 또는 팀별로 수배를 각기 담당하는 경우가 제일 일반적이다. 수배의 성격도 패키지, 인센티브, 개별여행자(FIT : Foreign Independent Tour) 등 고객성향과 단체 성격에 따라 수배가 나름대로 차별화되어 이뤄져야 한다. 아울러 고객의 요구나 요청사항을 수배에 반영하여야 하는 것도 잊어서는 안 된다. 일반 패키지투어, 특정관심관광, 여행요소 가운데 선택해서 여행하는 개별여행은 각기 수배내용이 구분되어 차별화되어야 한다.

3) 여행코디네이터

여행코디네이터는 여행사의 수배담당자를 일컫는 다른 표현이다. 특히 여성을 중심으로 여행업의 주요한 역할을 담당하고 있는 여행코디네이터는 향후 주목받는 직업으로 평가되고 있다. 코디네이터라는 의미가 도움을 주고 관리해준다는 뜻처럼 여행객들에게 필요한 상담부터 여행 전반의 도움을 주는 역할을 대행하는 직업으로 보면 된다. 여행상품을 제작하는 최일선에서의 업무 중심자라는 측면에서 중요성이 부각되고 있다.

최근 여행업에서 각광받고 있는 여행코디네이터의 정의와 업무, 성격을 살펴보면 다음과 같다.

1. 미지의 관광상품 개발과 새로운 여행상품을 개발
2. 소비자의 취향에 맞춰 최적의 여행코스를 추천

③ 고객의 주머니 사정, 취향, 휴가일정을 고려하여 적합한 여행지, 숙박지를 추천하며 편안한 휴식과 좋은 추억거리를 만들어 주는 것
④ 지역의 상품성, 교통편 등 기본요소에 대한 정확한 평가를 해야 함
⑤ 현지관광청 등 정부기관, 항공사, 리조트 및 호텔 등과의 긴밀한 협력과 공조 등 시간과 노력이 필요
⑥ 보이지 않는 상품으로 상대방을 설득해야 하므로 자신의 결정에 대한 확신과 추진력이 성공의 열쇠
⑦ 여행상품은 특허권이 인정되지 않으므로 경쟁우위는 신상품을 개발하는 것이며 이로 인한 스트레스가 많음
⑧ 주요 패키지업체 간에는 상품경쟁이 치열함. 여행자료, 현지관광청 자료 조사 및 분석이 요청됨
⑨ 사교성, 외국어능력, 호기심 등 여행업에서 요청되는 자질과 자세가 요구됨 (고종원, 2007 : 124~125)

4) 랜드사

(1) 랜드사 오퍼레이터

여행수배업체, 즉 랜드사의 오퍼레이터는 여행사와는 별도의 직종으로 여행사의 오퍼레이터가 여행상품을 수배하는 여행사에 소속된 오퍼레이터라면 랜드사의 오퍼레이터는 여행사의 현지 수배를 담당해 주는 랜드사 특히 서울사무소의 오퍼레이터를 지칭한다. 랜드사의 오퍼레이터는 현지로컬[3]을 상대하면서

3) 현지로컬(local)이란 여행업계에서 부르는 명칭으로 현지국의 여행사를 말한다. 외국계 여행사일 수도 있으나 보통 우리나라에서는 우리나라 사람이 속해 있는 현지여행사이거나 현지에서 한국인이 경영하는 여행사로 현지의 수배를 담당해 준다. 보통 거래는 한국의 랜드사와 중점적으로 거래한다. 최근에는 대형 여행사들이 직접 현지로컬과 수배하기도 한다. 현지의 수배능력(가격, 호텔 및 가이드 수배 등)은 현지로컬의 규모와 역사 그리고 수배경쟁력에 의해 좌우된다.

한국의 여행사의 현지수배업무를 대행하는 직종으로 보면 된다. 랜드사의 오퍼레이터 업무는 현지로컬에 의해 크게 영향을 받는다. 다시 말해 현지로컬 여행사의 요금 오퍼, 일정 및 정보 제공에 의해 거래 여행사에 제시해야 하므로 현지로컬의 역할이 크게 중요하다 하겠다.

랜드사 오퍼레이터(랜드사 OP)의 보수는 전문적인 직업이므로 경력에 비례한다. 오퍼레이터의 매력은 여행사와 현지와의 중간에서 오퍼레이터 하는 묘미가 있다. 여행자들의 여행의 완성도를 수배를 통해 만든다. 랜드사의 오퍼레이터는 업무로 인한 긴장감을 느끼며 결과가 좋으면 업무의 보람을 느끼게 된다. 어려운 점으로는 현지로컬과의 요금문제 및 이견이 상충되는 것이다. 랜드사 OP조건은 열심히 일하는 자세가 요구된다. 업무와 관련해서는 쉽게 생각하지 말아야 하며 여행사 담당자와의 원만한 관계를 유지할 수 있어야 하므로 좋은 인성이 요구된다. 아울러 전문가 집단인 여행사를 상대로 한 비즈니스인 만큼 한차원 높은 전문성이 필요하다고 하겠다.

(2) 랜드사 지상경비(Land fee) 산출

- 관광비용 : 관광지 입장료(Entrance fee)로 해당 지역에 따라 다르다.
- 지상교통비 : 버스요금(대형 / 중형 / 소형)으로 대륙별, 국가별로 차이가 난다. 적게는 미화 200불에서 600불선이다. 세계의 지역의 물가수준에 따라 가격의 차이가 난다.
- 숙박비 / 식사비 : 한식, 현지식, 양식에 따라 가격차이가 난다. 적게는 미화 5불에서 특식의 경우는 30～40불선이다. 현지의 고급화된 특식의 경우에는 그 이상의 높은 가격의 식사비용도 많다.
- 트랜스퍼비용 : 공항에서 환영이나 환송시 시내에서 공항까지 이동하는데 필요한 버스비용 등을 말한다. 최근에는 항공사에서 판매하는 에어텔에는 이러한 공항-시내이동 간 운송서비스까지 포함한 상품을 내놓고 있다.
- Porterage fee : 터키, 그리스 공항 등은 별도로 현지에서 지불해야 한다.
- 공항세(Airport tax) : 예를 들면, 태국 700바트(500바트에서 2007년 인상), 발리 14$

(US), 필리핀 750페소(550페소에서 2007년 인상), 싱가포르 15싱가포르달러, 홍콩 50홍콩달러, 우리나라는 원화 17,000원이다. 공항을 이용하는 세금으로 보면 된다.

- 국경세(Board tax) : 이집트에서 이스라엘 이동시 5$(US), 이스라엘에서 이집트 이동시 14$(US)이다. 국경별로 국경세는 차이가 난다. 국경세가 있는 곳은 사전에 파악하여 준비하여야 한다.
- 증정품 : 여행용 가방 등 해당 여행사에서 제공하는 기념품이나 증정품의 구입가격을 계산한다. 여행사에서 지불하는 증정품은 사실상 여행경비에 포함된 내역이다.
- 도착비자비용(Arrival Visa Fee) : 현지 공항에서 직접 발급받는 비자가 도착비자라고 한다. 이집트 15$(US), 발리 25$(US), 싱가포르・조흐바르・바탐 10$(US) / 단・복수 차이가 있다.
- 가이드 수당(Guide and interpreter) : 국가별로 차이가 있음. 유럽지역은 100~150$(US) 정도이다. 국가의 물가수준 및 경제수준에 따라 가이드 수당의 차이가 있다.
- 국내선 항공료 : 사전에 해당하는 국내선 요금을 포함시켜야 한다. 현지에서 발권하느냐 국내에서 사전에 발권하느냐에 따라 가격차이가 있을 수 있다. 예를 들면, 만약에 터키를 여행한다면 이스탄불~이즈밀, 이스탄불~아다나, 이스탄불~앙카라 구간 등 요금이 필요하다.
- 광고선전비 : 많은 여행사들이 광고선전비를 사용하지만 여행시장의 가격경쟁으로 책정하기가 현실적으로 어려운 상황이다. 대형 패키지회사의 경우에는 일간지 및 TV광고 등 많은 예산을 쓰고 있다.
- 유류할증료 및 전쟁보험료 : 유류할증료와 전쟁보험료는 유류가 현황과 세계정세에 따라 유동적으로 변한다. 예를 들면, 노스웨스트항공의 경우 2007년 3월 9일 기준으로 한국 출발 미국행 항공편은 편도당 34달러, 한국 출발 일본행 항공편은 9달러이다(세계여행신문, 2007.3.12, 48면). 2007년에 비해 노선별로 전반적으로는 2010년에는 부담이 덜어진 상황이다. 유류할증료와 전

쟁보험료를 포함하여 Q Charge(차지)라고 부른다. 유류할증료는 각 항공사의 요금정책과 세계시장 상황에 따라 인상되거나 인하되기도 한다(고종원, 2007 : 126~127).

(3) 랜드사 오퍼가격

랜드사가 여행사에 제시하는 현지지상비(Land fee)는 1인당 가격이며, 현지에서 숙박하는 박당 요금이다. 그리고 호텔은 2인 1실 요금이 기준이며 싱글룸 발생 시에는 별도요금이 가산된다는 점에 주의해야 한다. 그래서 여행사에서 국외여행인솔자를 선정할 때 남자손님이 한 사람 남을 때에는 남자 TC를 반대로, 여자 손님이 한 사람 남을 때에는 여자 TC를 수배하는 것도 룸(Room)의 상황에 따라 좌우되는 것이다. 유럽상품의 경우 유로화가 단일화가 됨에 따라 미국달러가 아닌 유로화가 기준화폐로도 통용되고 있다. 랜드사의 지상비에는 보통 포함내역이 조식을 포함한 호텔요금, 중・석식, 일정상에 표기된 입장료, 전용차량 및 가이드서비스이다. 가이드가 만약 현지인일 경우 사용하는 언어도 확정서에는 명시해 주어야 한다. 또한 불포함사항으로는 일반적으로 항공료, 식당의 물값, 음료수, 포터비용, 개인이 추가로 지불하여야 하는 가이드・운전사・식당 팁 등이다.

(4) 인보이스(Invoice)

인보이스는 랜드사에서 여행사에 거래계약 후 현지행사에 대한 제반 예약 및 수배내용에 대한 청구서를 말한다. 지상비에 대한 청구서를 의미한다. 1인당요금×출발인원수 기준요금으로 작성된다. 보통은 현지에서 직접 지불하거나 서울사무소에 입금하기도 한다. 국외여행인솔자, 즉 TC는 15명 이상일 경우 FOC(Free of charge)로 처리되는 것이 일반적이다.

❶ 견적서

WORLDLINE **월드라인** **성지순례 · 유럽 · 북유럽 · 지중해 · 러시아**

서울 종로구 적선동 ○○○ ○○플래티넘 B/D 417호 TEL. 82 2 730 0000 FAX. 82 2 730 0000
417 PLATINUM B/D, ○○○ JUKSUN-DONG, JONGRO-GU, SEOUL

ATTN ○○관광 박 ○○ 부장님
FROM WORLD LINE / 이 ○○ 소장, 송 ○○ 과장 드림
DATE 2XXX년 8월 17일

SUBJECT **WL 053112 롯데) 스포모 9일**

귀사의 일익 번창하심을 기원합니다.
문의에 감사드리오며 요청하신 상기 그룹의 견적을 아래와 같이 알려드립니다.
앞으로도 많은 관심과 성원 부탁드립니다.

* COURSE : 리스본(1)–세비야(1)–탕헤르(1)–카사블랑카(1)–말라가(1)–시우다드레알(1)–마드리드(1)–기내(1)

* TOUR FARE : **P/P EUR**

인 원	24 + 1FOC
요 금	**€ 595**

- SGL SUPP / EUR 35.-PPN

*** 포함 내역**
- 조식포함 일급 호텔
- 중, 석식 12회
- 일정상 입장지 : 일정표상 표기
- 전용차량 및 가이드

*** 불포함 내역**
- 항공료 일체
- 기타 식당 물값, 음료비용, 포터 비용 등 개인추가경비 및 각종 팁 등
  (식당, 가이드, 운전기사 TIP 등)

* REMARKS

* 상기요금은 현지사정으로 인해(국제적인 이벤트, 환율변동 등) 조건 및 요금에 다소 변동이 생길 수 있습니다.

감사합니다.

===================
담당 OP/ SONG, ○○ ○○○○
===================

❷ Invoice

WORLDLINE 월드라인 성지순례 · 유럽 · 북유럽 · 지중해 · 러시아

서울 종로구 적선동 ○○○ ○○플래티넘 B/D 417호 TEL. 82 2 730 0000 FAX. 82 2 730 0000
417 PLATINUM B/D, ○○○ JUKSUN-DONG, JONGRO-GU, SEOUL

ATTN ○○관광 박 ○○ 부장님
FROM WORLD LINE / 이 ○○ 소장, 송 ○○ 과장 드림
DATE 2XXX년 8월 17일

INVOICE

SUBJECT WL 053112 롯데) 스포모 9일

귀사의 일익 번창하심을 기원합니다.
상기 그룹의 지상비용을 아래와 같이 청구합니다.

24 ADT 00 CHD + 01 FOC

TOUR FEE TOTAL	USD 14,280
PP EUR 595 × 24 ADT + 01 FOC = 14,280	

* 불포함 내역
- 항공료 일체
- 기타 식당 물값, 음료비용, 포터 비용 등 개인추가경비 및 각종 팁 등 (식당, 가이드, 운전기사 TIP 등)

※ 상기 금액을 전액 현지 직불하여 주십시오.(지불 발란스 참조)

감사합니다.

WORLD LINE
==================
Lee, Hee Geol

(5) 랜드오퍼레이터 지역

분 류	업무지역
남태평양지역	호주, 뉴질랜드, 피지
동아시아지역	홍콩, 대만, 필리핀, 싱가포르, 발리, 인도, 말레이시아 등
미주지역	미국, 캐나다, 중남미, 멕시코, 하와이 등
유럽지역	유럽, 지중해, 성지, 아프리카 등
일본지역	일본 전지역
중국지역	중국 전지역
태국지역	태국
환태평양지역	괌, 사이판 등

출처 : 고종원, 여행상품개발론, 백산출판사, 2007, p. 127.

5) 여행수배업의 조직

(1) 소규모, 영세

랜드사, 즉 여행수배업체는 여행사에 비교해 상대적으로 영세하며 규모에 있어서도 소규모이다. 그러나 현재는 여행업과 병행하는 업체도 많이 생겨서 규모가 한층 중소 여행사 규모 정도가 되는 업체도 많은 상황이다. 한편, 외국계 여행사 서울사무소의 경우 규모가 큰 랜드사도 많다.

(2) 최소인원

랜드사의 최소인원은 대표나 소장, 영업직원 1～2명, 수배담당자(OP) 1～ 2명 선이다. 그러나 보통 적어도 3～4명 이상이며, 언급한 것처럼 10명선 이상 되는 업체도 증가하여 많다.

(3) 패키지투어 주 상품 거래업체

패키지투어를 주로 거래하는 랜드사의 경우는 대체로 소규모 랜드사보다는 조직이나 인원이 크고 많은 편이다. 신문광고를 통해 모집하는 여행사를 거래하게 되므로 물량이 상당히 확보되어 업무가 많고 바빠서 적정규모의 인원이 필요하다. 랜드사는 보통 담당하는 여행사별 담당자, 지역별[4] 담당자 등으로 나눠서 조직이 운영되고 있는 것이 일반적이다.

(4) 인센티브투어 거래업체

패키지투어보다는 팀 행사가 부정기적이므로 최소의 인원으로 운영되어야 되는 조직이다. 영업책임자, 수배담당자 1~2명 선부터 갖추고 시작한다고 보면 된다(고종원, 2007 : 128).

6) 여행수배업의 형태

(1) 연락사무소형

가장 일반적인 형태이다. 한국의 대부분의 랜드사들은 여행사와 현지 로컬과의 중간자적 입장에서 연락형태로 업무를 대행하고 있어서 연락사무소형이라고 명명한다. 즉 중간에서 대행하는 역할을 하면서 업무를 처리한다.

(2) 해외여행지사형

외국계여행사의 서울사무소 형태로 한국에 진출하여 영업활동을 하고 있는 스위스의 쿠오니, 현재는 철수한 이스라엘의 오피르투어, 스페인의 콘돌투어, 영국의 걸리버투어 등이 이와 같은 형태에 속하는 여행수배업체[5]이다.

---

4) 지역별 담당자라는 의미는 유럽의 경우, 서유럽 / 중부유럽 / 동유럽 / 북유럽지역과 지중해지역 그리고 중동의 성지순례지역 등으로 구분하여 업무를 처리하고 있다.
5) 여행수배업체는 관광사업적이며 법적인 명칭이며 보통 일반적으로는 여행업계에서는 랜드사로 명명한다.

(3) 외국지사설치형

가장 대표적인 예가 현재 우리나라의 여행 선두업체인 하나투어를 들 수 있다. 하나투어에서는 현지 직영시스템인 가능한 태국 방콕, 푸켓, 홍콩, 마닐라, 세부, 뉴욕, 시드니, 골드코스트, 뉴질랜드, 사이판, 괌, 런던은 직영체제를 구축하고 있다. 우리나라에서는 하나투어가 가장 먼저 구축한 해외법인으로 외국지사 설치형태이다. 하나투어는 40개 이상의 외국지사 설치를 목표로 하고 있는 것으로 알려졌다.

7) 랜드사의 위치설정 및 성격

(1) 접근성

랜드사는 여행사를 상대로 하여 영업활동을 하므로 여행사와 쉽게 연락이 이루어져야 효과적인 업무수행이 되므로 여행사의 입장에서 볼 때 접근성이 중요하다. 접근성이란 랜드사 자체 입장에서도 여행과 관련한 업무수행을 위해 여권발급을 위한 관청, 주요 대사관, 거래 여행사, 주요 항공사 등에 접근성이 좋은 시내에 위치하는 것이 보다 효율적이다. 현실적으로도 강남, 무교동, 종로, 광화문, 서대문, 마포 등에 주로 랜드사들이 위치하여 영업활동을 벌이고 있다. 접근성은 다른 측면에서 교통편이 좋은 곳을 의미한다. 시내버스, 지하철 등 쉽게 연결될 수 있는 곳에 위치함을 의미한다. 또한 경기도 및 수도권에서 접근하기 좋은 광역버스가 정차하는 곳도 접근성이 좋은 지역이라 할 수 있다.

(2) 다국적체계

해외에 위치한 현지로컬, 현지외국계여행사 등과 연계되어 업무를 운영하게 된다는 측면에서 다국적 시스템적이다. 유럽 랜드의 경우 유럽에 위치한 35개국의 국가를 대상으로 업무를 진행하게 되는데, 유럽의 많은 국가를 대상으로 하여 연계업무를 진행한다는 측면에서도 다국적인 성격을 갖고 있다.

(3) 성장분야

혹자는 랜드사는 여행사의 업무 공존으로 인해 갈수록 어려워질 것으로 전망해왔다. 그럼에도 불구하고 여행사의 성장과 함께 랜드사의 시장규모도 커졌다고 할 수 있다. 해외여행의 수요가 점차 확산되고 있는 만큼 수요적인 측면에서도 랜드사의 수적인 증가는 분명하다. 물론 여행사의 수적 증가처럼 랜드사의 수적 증가현상이 나타나 있는 상황에서 경쟁은 더욱 치열해진 상황이다. 유럽 랜드의 경우 근자에 지속적으로 증가하여 150～200여개로 추산되고 있다. 이는 10년 동안 두 세배의 증가로 보면 된다.

(4) 확대되는 업무영역

랜드사는 전문성이 있는 영역을 갖고 있는 업체이다. 그래서 전문영역을 살려 수익성 추구가 중요하나 랜드사의 수적인 증가와 랜드경비[6]의 하락으로 랜드사는 전문영역만의 업무로 인한 수익성 확보에 어려움을 인식하고 여행사처럼 일반인을 대상으로 한 여행상품 및 항공권 판매에도 힘을 쏟고 있는 것이 현실이다. 그밖에 항공사 대리점 영역, 유레일패스, 외국 크루즈총판분야까지 진출하여 영업을 전개하고 수익성을 도모하고 있는 것이 현 상황이다. 랜드업무도 여행사에 취급하는 여행상품의 하나의 부문으로 인식하고 있다는 판단이다.

유럽전문랜드인 ○○사에서는 유럽 전지역, 지중해, 성지순례, 러시아, 두바이, 아프리카 지역을 범위로 하여 인센티브, 방문수배, 학회, 전시회, 사파리투어 등을 수배업무하고 있다. 특히 헬싱키-스톡홀름 구간외의 실자라인(SILJA LINE) 한국총판(GSA), 오슬로-코펜하겐 구간의 DFDS SEAWAYS 한국총판, 유럽전시회 호텔, 유럽 호텔 예약센터, Eurail Pass, Eurostar, T.G.V 등 Rail Europe, 전

---

6) 랜드경비란 Land fee를 말한다. 여행사가 랜드사에 주는 현지여행수배비용을 말한다. 호텔, 식사, 차량, 현지 입장료, 가이드 비용 등 일체의 현지 행사비용을 말한다. 세부적으로는 포함사항과 불포함 사항을 잘 구분해서 살펴보아야 한다. 랜드피는 서울사무소에서 지불하는 경우도 있고 현지에서 직접 지불하는 경우도 있다. 최근에는 서울에서 현지로 송금하는 방식도 많이 이용되고 있다.

세계 항공권 취급 BSP 대리점 업무까지 포괄적이고 다양한 상품을 판매하고 있다. 이러한 업무영역은 규모와 범위에 있어서 중소 여행사의 업무영역 이상의 규모를 지닌 것으로 확대되는 업무영역의 구체적인 예라 하겠다. 태국을 근간으로 한 동남아지역 수배, 캄보디아 등 인도차이나지역 수배, 중국지역 수배, 오리엔탈타이항공 GSA 등 항공권 취급까지 폭넓은 업무영역을 취하고 있는 UP투어도 이러한 업무확대의 영역을 보이는 전형적인 여행사로서 랜드사를 병행하는 업체라 할 수 있다. 현재 이러한 업체들이 상당수 여행시장에서 보이고 있고 지속적인 증가추세에 있다(고종원, 2007 : 129~130).

8) 여행수배업의 업무

(1) 호텔수배

여행수배업의 현지 행사 가운데 가장 중요한 부분이기도 하다. 우리나라 관광객은 호텔의 선정에 상당히 민감하기 때문이다. 현지 호텔을 수배하는 업무로 호텔 선정 및 확보에 주의를 기울여야 한다. 박람회나 전시회 전문여행상품의 경우는 고객들은 전시장이나 행사장에서 가까운 곳을 선호한다. 이 경우 고객이 요청하는 호텔수배가 가장 중요한 관건으로 최우선 순위의 수배 내용이 되어야 한다.

(2) 식당수배

한국식, 현지식, 중국식 등 다양한 식사를 제공하게 된다. 메뉴의 다양성은 여행의 즐거움을 제공하게 되는 요소이기도 하다. 그러므로 책정된 경비 내에서 다양한 식단을 제공하는 것이 좋다.

(3) 관광버스 등 교통기관 수배

2005년도 해외여행상품 가운데 가장 인기 있었고, 고객들이 선호한 롯데관광의 중국 북경 만리장성 상품의 경우를 보면 여러 요인 가운데 엄선된 고급버스 제공에 있다는 것에 주목해야 한다. 특히 팔걸이가 설치된 버스가 제공되어 고객들의 긍정적인 평가를 받았다는 점이다. 좋은 상품의 구성요소 가운데 교통기관의 수배가 포함되며 상품의 성공관건 사항의 하나로 인식된다.

(4) 관광지 입장권 수배

현지에 관광객들이 가장 몰리게 될 때는 세계적인 이벤트나 축제와 관련이 크다. 세계 3대 축제인 브라질의 삼바축제 행사 입장권을 구입하는 것은 쉽지 않다. 암표가 극성이기도 하다. 또한 세계의 빅 이벤트인 월드컵경기 입장권을 확보하는 것도 참으로 어려운 수배사항이 된다. 그래서 해당 여행상품이 이러한 관광지 행사와 연계되어 확보해야 하는 관련행사의 입장권 수배는 매우 중요한 사항이다. 2010년 남아공월드컵의 경우 원거리와 현지의 안전성에 대한 불안감과 고가의 경비 등으로 상품성은 좋지 않았다. 그러나 그동안 치러졌던 월드컵의 경우 입장권 확보는 매우 어려웠던 것이 사실이다. 기타 행사별 관련한 입장권 수배가 인센티브 상품의 경우 가장 중요한 요소로 인식된다.

(5) 가이드 확보

가이드 확보는 여행상품의 성공적인 진행의 가장 주요한 관건이다. 인적서비스가 근간이 되고 있는 여행상품에서는 국외여행인솔자와 함께 훌륭한 현지 가이드 확보는 고객들에게 가장 중요한 인적서비스의 역할을 담당하기 때문이다. 현지 관광에 대한 제반 설명과 안내 등 가이드의 충분한 이해와 경험이 밑바탕이 되어 고객 감동으로 연결되는 것은 재차 강조해도 지나치지 않을 것이다.

(6) 면세점 및 쇼핑센터 수배

쇼핑은 관광활동의 가장 중요한 활동의 하나이다. 고국을 떠나 현지에서 새롭고 기억에 남을 만한 선물을 구입하는 것은 매우 중요하다. 선물은 여행객들에게 관련된 가족이나 친지들에게 자신의 마음과 느낌 그리고 고마움을 표현하는 도구의 역할을 하게 되기 때문이다. 쇼핑은 관광객들에게 귀하고 중요한 현지관광의 요소이다. 현지의 대표적인 특산품과 기념품 그리고 필요한 물품을 구입하도록 기회를 제공하는 것은 중요한 것이다. 그러므로 여행사에서는 상식선을 넘어 여행객에게 지나치게 쇼핑을 강요하는 것은 바람직하지 않고 부정적인 결과를 낳게 될 것이다.

(7) 공항환영 및 환송

랜드사에서는 가이드를 통해 해당 국가에 출입국하게 되는 단체의 공항 환영과 환송업무를 맡게 된다. 여행의 시작과 종료를 의미하기도 하는 이러한 과정은 상당히 중요한 부문으로 원활한 진행이 되어야 한다. 반가운 환대의 시작과 함께 안전한 마무리가 필요하다고 할 수 있다. 환영 및 환송에 있어서 불성실한 가이드의 업무태만으로 고객에게 불편함과 피해가 전가되어서는 안 된다.

(8) 선택관광

Optional tour라고 한다. 쇼핑부문과 마찬가지로 고객이 희망하고 유익이 되는 상식적인 측면에서 이루어져야 한다. 물론 고객의 동의하에 진행되어야 할 것이다.

(9) 항공업무 지원

현지의 국내선 노선에 관련하여 현지로컬에서는 항공좌석의 확보에 힘써주어야 한다. 항공대기의 상황을 계속적으로 재확인하여 확약될 수 있도록 최대한 노력을 기울여야 한다. 지방여행사에 비해 상대적으로 항공사와 연계성이 높은 랜드사는 항공요금을 경쟁력 있게 제공받을 수 있다면 거래 여행사에 혜택을 제공할 수 있을 것이다.

(10) 신규상품개발

랜드사는 여행상품을 개발하여 여행사에 제공하는 것도 중요하다. 여행시장에서 반응이 높을 것으로 예측되는 여행상품을 개발하여 여행사에 제공함으로써 수익성과 매출액을 같이 높일 수 있다. 현지 사정에 가장 정통한 현지로컬을 통해 구상되는 여행상품은 가장 경쟁력있는 상품으로 시장에서 평가 받게 될 것이다.

(11) 현지 문제발생시 지원 및 해결

현지에서 발생하게 되는 제반 문제에 있어서 랜드사는 전적으로 관여하여 해결에 힘써야 한다. 교통수단의 연·발착, 환자발생, 여권분실 등 실로 다양한 상황이 발생하고 있다. 가이드와 현지로컬은 책임감과 성실한 자세로 최선을 다하여야 한다.

(12) 실시간 현지정보 제공

랜드사는 무엇보다도 현지사항에 가장 정통하다. 그러므로 현지의 제반 정보와 상황을 여행사에 제공하여 여행상품 일정과 개발에 반영시키도록 해야 한다. 인터넷의 확산과 제공으로 일반적인 내용이 많이 공유되고 있지만 좀더 정확하고 세밀한 부문에서의 내용은 현지를 통해 파악되는 정보가 중요하며 가장 정확하다고 할 수 있다.

(13) 사증 수속업무 대행

랜드사는 여행사가 맡고 있는 사증(VISA)업무를 대행하기도 한다. 인도차이나 지역을 수배하는 랜드사의 경우는 해당 국가의 대표부 형식으로 관련된 비자업무를 대행하고 있기도 하다. 또한 중국이나 러시아항공사의 대리점의 경우도 비자수속 대행업무를 하는 업체도 많다.

(14) 안전대책 도모

현지에 정통한 로컬은 현지의 여러 가지 위험에 대비하여 만일의 상황에 대비하여 일정을 진행하고 운영하여야 한다. 특히 위험이 수반되는 지역이나 현지 상황이 좋지 않은 시기와 때에는 각별히 주의하여 일정을 진행하도록 해야 한다. 현지에 주재하는 한국대사관이나 영사관을 통해서도 도움을 받도록 조치한다(고종원, 2007 : 131~134).

9) 여행수배업의 발전방향

여행수배업의 발전방향을 정리해 보면 다음과 같다.

1. 다양한 코스와 상품개발
2. 관광종사원의 인적자원 개발 및 관리
3. 인적서비스의 차별화 전략
4. 부당한 거래로부터의 신용거래 확립
5. 독자적인 경쟁력 확보
6. 현지 인바운드 업체를 능가하는 전문성
7. 현지 가이드의 수준과 자질 강화
8. 여행업 유통구조의 악순환 해결
9. 여행수배업의 근무환경 개선(고종원, 2007 : 135)

10) 여행사의 랜드사 선정기준

가장 일반화된 현지 수배방식인 랜드사를 통한 수배를 할 때 여행사는 많은 랜드사 중에서 단수 또는 복수로 랜드사를 선정하여 상품수배를 맡겨야 할 것이다. 이러한 입장에서 여행사는 랜드사를 택일해야 하는데 다음과 같은 기준에 의해 선정하는 것이 일반적이다.

(1) 가격 경쟁력

Land fee를 말한다. 무엇보다도 여행사 입장에서는 랜드사에서 제시하는 가격에 민감하여 가장 중시하는 선정요인이 되고 있다.

(2) 신뢰성

신뢰성이란 여행업계에서 알려진 랜드사의 인지도를 말한다. 업무의 노하우 및 경험과 수배실적에서 비롯된다. 특히 현지경험이 많은 경력자가 많이 확보되어 종사하는 랜드사를 여행사 입장에서는 선호한다. 타사를 통해 소개받았을 경우에도 신뢰를 하며 업무진행을 하게 되는 것이 일반적이다.

(3) 수배능력

랜드사의 가장 주요한 업무능력부문이다. 박람회, 학회, 컨벤션, 전시회 등의 분야는 현지수배 능력이 더욱 부각되는 여행상품인 만큼 수배능력이 랜드사 선정의 기준이며 관건이 된다.

(4) 신속성

여행사에서 의뢰한 상품일정 및 견적과 확인사항에 대해 얼마만큼 신속하게 파악하여 응답 및 회신해 주느냐가 중요하다. 해당 여행사에서 랜드사 선정시 중요하게 인식하는 부분이 된다. 고객에게 마찬가지로 신속하게 업무처리를 해야 하는 여행사입장에서는 이 부분이 매우 중요하다.

(5) 여행사에 대한 지속적 관리

여행사에서 항시 출발하는 팀이 보장되는 것은 아니다. 출발예정 및 확정된 팀이 있을 경우 랜드사가 팀 유치를 위해 여행사에 자주 긴밀하게 내방하여 연락업무를 취하는 것은 보통이다. 그러나 팀이 부재할 경우에도 랜드사에서는 여행사와 나름대로 연락하며 업무연계를 지속적으로 해나가는 것이 장기적으로는 지속적인 업무진행의 동기가 될 수 있다.

(6) 회사경영스타일에 의한 결정

랜드사 선정은 여행사의 경영방식에 따라 차이가 있다. 대표 및 사장이나 최고경영자가 관여하는 경우의 회사도 있고 팀장에게 권한이 위임된 회사도 있다. 보통은 팀장이 판단하여 랜드사를 결정하는 경우가 일반적이다. 보통 패키지업체의 경우는 팀장이 결정하는 경우가 많고 중소 여행업체는 경영자가 결정하는 경우가 많다(고종원, 2007 : 135~137).

11) 랜드사의 진출

여행업계에서 여행사의 파트너 역할을 하는 랜드사의 진출경로를 살펴보면 여러 가지 경로를 통해 가능하다. 물론 여행업계에서 종사하다가 이직하는 경우가 많다.

(1) 랜드경영자

랜드사 경영은 외국에서 유학생활을 한 사람, 배낭여행 경험자, 여행사 경력자, 랜드사 종사자 등의 경력과 활동을 통해 시작하게 된다. 현지에서 가이드를 하다가 독립하는 경우도 많다. 여행사에서 랜드사로 이직하여 경영하는 경우도 있다.

(2) 여행사 종사자의 진출

여행사에서 종사하다가 랜드사로 이적하여 일을 하게 되는 경우를 말한다. 그러나 여행업계에서 랜드사로 이직보다는 랜드사에서 여행사로 이동이 많은 편이다.

(3) 현지 Local 진출

여행업계에서 새로운 블루오션분야는 해외에 진출하여 여행업의 비전을 만들어 가는 것이라고 생각한다. 특히 세계적인 관광학적 관점에서 발전가능성이 있는 지역, 성장기에서 성수기로 향하는 시기에 위치한 지역, 한국의 수요가 점차적으로 성장하리라고 예측되는 지역이 가능성이 큰 지역으로 판단된다. 특히 신규 개척지가 유망하다. 예를 들면, 해외자본투자가 점증하는 브라질, 인도, 중국, 남아공, 아르헨티나, 터키 그리고 이집트, 이스라엘, 스페인 등 최근 여행수요가 증가하는 지역 등이 유망하다.

(4) 현지 OP 및 가이드 이동

뉴질랜드와 호주지역이 한국시장에서 여행상품이 활성화되면서 현지 가이드의 부족으로 태국에서 가이드활동을 하였던 인력이 대거 대양주지역으로 이동한 사례가 있었다. 현지수요가 많아지면 현지에 관광객의 증가로 랜드사의 수배담당자의 필요성에 따라 현지진출이 용이하게 된다. 유럽지역의 경우에도 런던, 마드리드, 이스탄불 등을 OP 업무상 이동하면서 근무한 사례 등이 사실이다. 이후 한국의 랜드사에 정착하여 업무 및 자체 경영하는 경우도 가능하다.

(5) 항공사에서 랜드사로 이직

항공사 근무 후 랜드사로 이직하여 근무하는 경우도 있다. 이 경우는 항공노하우를 현지업무와 접목시켜 나름대로 유용한 자원으로 활용할 수 있는 강점이 된다. 유럽의 항공사에서 경력이 있는 경우 유럽지역의 랜드사 업무와 경영은 좋은 밸런스를 이룰 수 있다.

12) 랜드사의 성공전략

❶ 여행사와의 계약의 확대 및 지속

❷ 자체 영업 및 상품판매 확대

❸ 직거래 수요의 확보

❹ 대형 여행사의 수주확보 어려움 극복 : 인맥, 여행사에서 요구하는 계약조건 및 실적 등 요구사항이 존재한다. 또한 금전적인 투자의 요구시 어려움이 배가된다. 현지에 대한 노하우 및 전문성 그리고 우수한 가이드 등이 필요하다(고종원, 2007 : 139).

참고문헌

고종원, 여행상품개발론, 백산출판사, 2007.

고종원 · 이광우, 여행업경영실무론, 대왕사, 2002.

고종원, 여행항공상품 마케팅, 기문사, 2010.

이광우 · 고종원, 국외여행인솔자업무론, 대왕사, 2002.

정찬종, 여행사경영론, 백산출판사, 2009.

5

여행상품

FINLAND
ESTONIA
LATVIA
LITHUANIA
POLAND
BELARUS
MINSK
MOSCOW
WARSAW
EUROPE
KIEV
UKRAINE
CZECH REP
SLOVAKIA
AUSTRIA
HUNGARY
MOLDOVA
ROMANIA
CROATIA
SERBIA
BULGARIA
BLACK SEA
TURKEY

제5장 여행상품

01 여행상품의 특성

여행상품은 일반제조상품과는 여러 가지 차이가 있다. 여행상품의 이러한 상이점을 이해하는 것은, 판매와 마케팅활동 등 여행사의 경영은 다른 일반기업과는 다르게 전개해야 된다는 것을 의미한다.

1) 무형성

상품을 구매하기 전에 사람들은 다양한 방법으로 이를 평가할 수 있다. 잡화점에 들어가면 많은 제품을 들어서 느끼고 흔들고 냄새 맡고 때로는 맛을 본다. 즉 포장과 내용물이 면밀하게 조사될 수 있다. 예를 들면, 옷가게에서 사이즈와 모양이 맞는가 안맞는가 입어 볼 수 있다. 자동차와 PC와 같은 상품은 구매 전에 검토될 수 있다. 제품을 만져 볼 수 있기 때문에 많은 평가를 할 수 있는 것이다. 반면에 여행상품은 눈에 보이지 않는 무형상품으로 만져 볼 수도 없고 시험해 볼 수도 없다. 이들은 무형성이고, 어떻게 작용하는가를 알려면 경험을 하는 수밖에 없다. 여기서 경험이란 실제적으로 여행에 참여해서 경험하는 것을 말한다.

고객들이 물리적으로 대부분의 서비스를 평가하거나 시식할 수 없기 때문에 이들 서비스를 경험한 다른 사람에게 의존하는 경향이 있다. 즉 다른 사람의 경험을 통한 이야기로 흔히 '구전' 정보라는 것이 관광산업에서는 상당한 중요성을 갖는다. 또한 고객들은 여행지 및 여행사에 대한 많은 지식을 갖고 있는 관광산업에 종사하고 있는 전문가의 충고에 상당한 가치를 둔다.

2) 생산방법

일반상품은 제조되고 조립되어 물리적인 방법으로 판매장소로 운반된다. 그러나 대부분의 서비스상품은 동일한 장소에서 생산되고 소비된다. 구매하려는 서비스를 알려면 승객들은 비행기를 탑승해야 하고, 고객들은 호텔에 체재할 필요가 있으며, 사람들은 식당에 가야만 한다.

그리고 일반상품의 제조과정은 정확하고 광범위하게 통제된다. 검사자・조사자 그리고 로봇까지도 엄격한 생산과 질적 표준이 이루어지도록 하게 한다. 공장노동자들은 매시간당 정확하게 동일한 상품의 질과 양을 생산하도록 장비와 훈련을 받고 있다. 어떤 고객도 이에 대해 걱정할 필요가 없다.

그러나 서비스의 품질통제는 이를 제공하는 데 관련된 것이 인적 요소이기 때문에 달성하는데 정확하지도, 그리고 쉽지도 않다. 모든 직원들이 자신의 동료들과 같은 동일한 수준의 서비스를 일관되게 제공할 수 없다. 서비스 수준의 다양성이 살아 있는 것이다. 물론 표준화된 서비스는 모든 조직이 달성하려 노력하는 훌륭한 목표지만, 이는 현실적으로 불가능하다. 로봇도 효과적인 인적 서비스를 제공할 수 없으며, 현재 존재하는 검사자의 주시(注視)도 서비스의 경험으로부터 무엇인가를 취할 수가 없다.

고객들은 더욱 서비스의 생산과정에 관여하고 있다. 일반상품의 제조업자는 안전과 기타 개별적인 이유로 공장에서 고객들을 멀리 하게 한다. 반면 서비스 조직은 자신들의 공장에서 사람들을 막을 수가 없다. 그렇게 한다면 대부분의 서비스기업은 머지않아 파산할 것이다.

3) 소멸성

일반상품은 미래의 판매를 위해 저장될 수 있다. 하지만 관광상품은 그렇지 못하다. 비디오 녹화기와 같은 상품은 상점이 열려 있는 날이면, 즉 오늘·다음 주·다음달·내년이든 언제든지 구입할 수 있다. 그러나 여행상품은 상당히 소멸적이다. 판매되지 않은 서비스의 재고는 마치 하수구로 빠져 나가는 수돗물과 같다. 시간도 저축될 수 없다. 빈 호텔객실, 항공좌석, 컨벤션센터의 회의장의 판매는 영원히 잃어버리는 것이다. 금년의 여름휴가를 즐길 기회는 오직 한 번 뿐이다. 기념일 혹은 생일모임 식사는 오직 특정한 시간에 한 번만의 가치를 지닌다. 이의 저장수명은 오직 하루나 그 이하이다. 서비스의 경험을 저장하기 위한 창고도 없다. 이러한 이유로 여행상품은 재고가 없는 상품으로 값이 저렴할 때 대량으로 사 두었다가 값이 오를 때 팔 수도 없다.

4) 유통채널

트럭·철도·자동차·항공기 등은 물리적으로 제조상품을 창고나 소매업자, 그리고 직접적으로 고객들에게 수송한다. 제조업의 마케팅 매니저는 가장 효과적인 상품의 운송을 위해 유통전략을 고안해야만 한다. 관광산업에서는 물리적인 유통시스템은 없다. 사실 고객들은 서비스를 구매하기 위해서는 '서비스 공장'에 와야만 한다. 여기에 대한 예외는 집으로 배달해 주는 피자와 기타 준비된 음식 등 몇 가지밖에 없다.

관광산업에서는 많은 매개업자가 있다. 여행사, 여행도매업자, 기업여행운영자, 보상여행기획가, 컨벤션·회의 기획가들이 그 예이다. 하지만 구매되는 품목은 매개업자를 통한 생산자에서 고객들에게 물리적으로 운반되지 않는다. 여행상품 자체가 무형의 상품이기 때문에 직접 소비자에게 배달을 하지 않아도 되는 것이다. 모든 예약·판매는 전화·우편을 통해서도 가능하고 여행사가 제시한 조건이 합당하면 누구나 상품구입이 가능하다.

일반상품에 대한 유통사슬은 명백히 세 가지 장소로 구성되어 있는데, 즉 공장·소매상·가정이나 회사가 대표적인 소비장소이다. 반면에 관광산업의 서비스가 구매될 때 대부분 한 장소에서만 모든 유통절차가 이루어진다. 예를 들면, 고객은 식음료가 구매되어진 소매상인 식당(공장)에 와서 선택한 식음료를 먹고 나서 소비장소를 떠난다.

대부분의 제조업은 자신의 상품을 구매할 소매상을 소유하고 있지 않다. 하지만 관광산업에서는 소매상도 소유하고 있는 것이다. 체인스토아, 프랜차이즈, 기타 비슷한 그룹이 서비스를 제공하는 개별적인 소매상들에게 직접적인 통제를 한다.

5) 가격결정

대부분의 제조상품에 대한 고정가격과 변동가격은 정확히 측정될 수 있다. 이런 상품은 물리적으로 알려진 상품이다. 반면 서비스는 가변적이고 만져 볼 수 없다. 어떤 고객들은 다른 사람보다 더 배려를 필요로 하고, 필요로 하는 서비스의 성질은 항상 정확히 파악될 수 없다. 공장의 산출량은 조심스럽게 프로그램되고 예측될 수 있으나 여행산업의 산출량은 그렇지 못하다(Morrison, 1996 : 32~36).

6) 계절성

수요가 계절이나 요일의 불균형을 초래한다. 여행상품의 수요는 주말이나 여름철 또는 연휴에 집중하는 경향이 강하고, 날씨에 좌우되기도 한다. 그러므로 성수기와 비수기의 구분에 따라 여행요금이 달라지게 된다. 요금의 차이 외에도 계절에 따라 수요의 차이도 발생한다.

7) 상품가치의 주관성

여행상품은 효용면에 있어서 측정이 어렵다. 여행상품의 가치는 주관적인 기준에서 판정하는 경우가 많다. 같은 여행인 경우에도 각 사람들이 비중을 두는 평가기준이 달라 객관적인 평가가 어렵다. 같은 팀으로 여행한 사람들 간에도 평가와 만족도에 차이가 있기 때문이다.

8) 모방성

여행상품은 모방하기 쉽다. 많은 판매가 이뤄지는 상품의 모방이 용이하며, 이는 여행상품을 생산할 때에 수요자와의 협동이 불가피하므로 이러한 과정에서 유출되기 쉽고, 직원이동이 여행사 간에 빈번하여 가능성은 더욱 커진다고 할 수 있다. 모방에 대한 문제점이 계속 제기되어 왔지만, 여행업계에서는 모방에 대한 법적인 조항이 부재하여 반복된 문제점이 되풀이되고 있다.

9) 상품차별화의 곤란성

여행상품은 상품의 차별화가 곤란하다(김진섭, 1985 : 142~143). 상품을 구성하는 주요부문은 어떤 여행사(agent)도 똑같은 것을 쓰지 않을 수 없기 때문에 보다 좋은 상품을 제공하기 위해 여행사는 준비된 기능이라든가, 안내 그 밖에 알선기능이라든가, 여정작성 등의 기획과 서비스 면에서 노력을 다하여 차별화하거나 특수성을 살리지 않으면 경쟁력을 발휘하지 못한다(고종원 · 이광우, 2006 : 71~75).

02 여행상품개발 주체 및 운영자

여행상품을 개발하는 사람들은 다양하다. 무엇보다 여행업계 종사자를 중심으로 이뤄지고 있는 것이 현실이다. 그러나 관광분야에 관심을 갖고 있는 다양한 관련자들을 통해서도 개발된다. 오히려 관련자들의 아이디어가 창의적이고 신선한 측면이 강하다고 할 수 있다. 다만, 상품화되는데 현실적인 점검과 상품화 가능성이 파악되어야 할 것이다.

여행사 수배담당자, 여행사 항공카운터, 여행사 TC, 여행사의 지역팀 담당자, 랜드사 수배담당자, 현지가이드, OP(수배담당자), 일반 여행전문가, 배낭여행자, 관광학 전공자, 현지지역 교민 및 관계자, 항공사 담당자, 여행사진작가, 현지여행사 관계자, 외국 관광청 등이 개발의 주체가 되고 있다.

1) 여행사 수배담당(OP)

가장 일반적으로 상품을 구상하고 개발하는 주체라 할 수 있다. 기획여행상품이나 고객의 주문에 근거하여 랜드사의 협조와 항공스케줄을 이용하여 상품을 개발한다. 아울러 원가계산도 병행한다.

2) 여행사 항공카운터

항공카운터에서는 항공권 예약, 발권 외에도 고객상담과 여행상품 스케줄을 작성한다. 여행상품 제작과정에 참여하므로 여행상품 개발의 주체가 되기도 한다.

3) 여행사 TC(Tour conductor)

현지 출장경험을 통해 여행상품 개발에 적임자일 수 있다. 그래서 가장 좋은 상품개발의 주체가 되는 부류이다. 현지 투어경험이 상품개발에 있어서 구체적인 접근을 위해 상당히 중요하다.

4) 랜드사 수배담당(OP)

여행사의 의뢰를 받아 현지일정을 작성하는 만큼 한국에서는 가장 현지를 잘 아는 직원들로 구성되어 있다고 하겠다. 그래서 실질적으로 여행사의 상품 제작에 가장 긴밀히 협조하고 있다는 측면에서 랜드사 수배담당의 역할은 크다. 랜드피, 즉 지상수배비용 견적도 산출하는 업무를 한다.

5) 현지 가이드 · 현지사무소 수배담당

현지에서 관광업에 종사하며 가이드하는 인력이나 현지사무소 직원들은 가장 현지를 잘 알고 있는 사람들이다. 그래서 이들의 경험과 노하우를 여행상품에 반영하고 개발하는 것이 중요하고 필요한 내용들이다. 특히 현지투어경험과 새로운 관광지 방문경험이 있는 분들의 노하우는 적극 상품개발에 반영하여야 할 것이다.

6) 일반인 여행참여자

여행사에서도 여행을 다녀온 고객의 아이디어와 제언을 환영한다. 고객의 평가와 의견을 귀담아 듣고 상품에 반영하는 경우도 늘어나고 있다. 이들의 신선하고 창의적인 의견을 참조하여 상품의 경쟁력을 높일 수 있다는 점에서 필요하다.

7) 배낭여행자

현지 배낭경험이 많은 사람들이 여행사에 취업하여 여행업에 종사하거나 창업을 하는 경우도 많다. 이러한 측면에서 배낭여행자는 동질의 배낭여행상품을 제작하는데 능력을 발휘할 수 있다.

8) 항공사담당자

항공사에서는 새로운 취항노선이 생길 경우 관계된 여행사를 초대하여 팸투어를 실시하면서 여행사에 상품개발을 촉구하며 자체적으로도 여행상품노하우를 구축하고 있다. 최근에는 항공사가 큰 여행사와 제휴 또는 자체적으로도 여행상품을 판매하는 바 여행상품에 대한 제반 파악과 노하우 그리고 상품을 구축하고 판매하고 있는 실정인 만큼 많은 정보를 갖고 있다.

9) 여행 사진작가

이들의 노력에 의해 새로운 관광목적지가 소개되고 늘어나고 있는 만큼 지대한 공헌을 하고 있다고 사료된다. 새롭고 신비하고 멋있는 장소들이 이들의 탐험과 노력에 의해 세상에 알려지는 만큼 여행상품의 목적지가 지속적으로 증가되고 있는 것이다.

10) 현지여행사 관계자

우리나라의 여행사들이 국내의 가장 많은 여행노하우와 상품을 구성하고 있는 것처럼 외국의 현지여행사가 마찬가지로 현지의 여행에 대한 많은 정보와 노하우 그리고 상품을 구성하고 있다. 이러한 여행사들을 이용하여 좋은 상품이나 추천상품들을 시장에 내놓는 것도 바람직하다고 사료된다.

11) 현지국 관광청

미국, 일본, 중국, 유럽 등 주요 국가들의 관광청이 우리나라에 사무소를 개설하고 관광업무를 진행하고 있다. 이들은 자국에 우리나라 국민들을 송출하기 위한 목적이 가장 큰 바, 여행상품에 대한 개발, 홍보, 마케팅 등 총체적인 노력을 경주하고 있는 상황이다. 가장 협조적으로 여행상품 관련 정보와 내용을 지원하고 있다. 홍보와 여행사 지원 등의 방식으로 경제적 지원까지 하고 있는 상황이다. 가장 적극적으로 내국인과 여행사에 상품 관련한 최대한의 지원을 강화하고 있다.

03 여행상품 개발 순서

여행상품을 개발하는 것은 새로운 상품을 개발하는 과정을 말한다. 여행상품 개발은 기본적으로 기존의 출시되어 판매되는 상품을 토대로 하여 수정 변경되기도 한다. 최근 여행사에서는 항공권 수수료가 삭감되거나 향후 수수료 폐지에 대비하여 여행상품 개발의 비중과 중요성이 대두되고 있는 만큼 신상품 개발의 중요성이 더욱 커지고 있다. 다음은 상품개발의 일반적인 진행과정이다.

아이디어 탐구 → 채용 → 선발평가 → 개발 → 테스트 → 상품화

1) 여행상품 개발과정

여행상품은 먼저 항공기 스케줄이 정해지고 이에 따른 지상수배, 즉 일정을 작성하면 여행상품이 완성된다. 현지에서 최적의 시간에 적절한 관광활동이 이뤄지도록 여정을 작성한다. 물론 특수지역의 경우는 현지의 제반 상황 때문에 교통연결 등 시간이 초과되어야 하는 상황을 고려해야 한다. 어떤 지역은 장거리 육로이동으로 인해 초과적인 시간을 감안해야 한다. 다음은 여행상품의 개

발과정과 감안해야 할 내용들을 설명한다.

(1) 아이디어 연구

여행의 아이디어는 가장 핵심 포인트가 된다. 새로운 상품개발의 아이디어는 특화된 경쟁력을 가져오게 된다. 고객들의 선호도와 시장의 트랜드를 참조하여 각광받을 수 있는 여행아이디어를 내놓는 것이 중요하다.

(2) 채 택

아무리 이상적이고 훌륭한 아이디어라고 하더라도 현실적으로 상품화하는데 어려움이 있고 제약이 따른다면 탁상공론에 불과하다. 그래서 상품화될 수 있는 현실적인 내용이어야 상품으로 채용될 수 있다.

(3) 선발평가

채택된 내용 중에서도 가장 시장에서 필요하고 여행사에서도 공략할 상품을 엄선하는 과정을 말한다. 아이디어 가운데서 선별하면서 상품을 고르는 과정으로 이해하면 된다. 여기까지는 아이디어에 대한 범위로 보면 된다.

(4) 개발 및 테스트

이제는 보다 상품을 위한 구체적이고 실용화를 위한 단계이다. 이 단계는 여행상품 요소를 구체적으로 맞추고 내용과 형식을 완성해 나간다. 항공일정과 현지에서의 관광코스를 점검하고 식사, 관광지 선정 등 구체적인 상품을 제작해 나가는 것을 말한다. 세부적으로 상품내용을 완성해 나가는 과정이다. 회사 내의 전문가를 위시하여 항공사 및 여행사의 전문가들에 의해 이뤄진다고 할 수 있다. 테스트에서는 전문가와 소비자 평가를 통해 철저히 테스트하는 것이 중요하다.

(5) 최종적 상품화

테스트를 하면서 상품의 최종결정이 되면 상품으로 출시하도록 준비해서 시장에 상품을 선보이면서 반응을 지켜보게 된다. 최후의 완성단계로서 상품화되는 단계이다.

04 시장세분화

여행상품 개발시 참고하고 고려되어야 하는 것이 시장세분화이다. 여행상품을 효과적으로 개발하고 수요를 예측하기 위해 필요한 준비과정이다. 우리나라의 경우, 해외여행부문과 외래관광객 유치부문에 각각 주요 국별 그리고 국가별 시장세분화가 되어야 보다 효과적인 여행상품 개발이 이루어지게 된다. 다음 표는 Koter, Bowen & Makens(1999)의 시장세분화의 기준 및 변수이다.

표 5-1 시장세분화의 기준 및 변수

세분화유형	기준 및 변수
지리적 세분화	지역, 도시규모, 인구밀도, 기후, 강우량 등
인구통계학적 세분화	연령, 성별, 세대규모, 가족생활주기, 소득, 직업, 종교, 인종, 국적, 문화 등
심리적 세분화	사회계층, 생활양식, 개성, 세계화 정도 등
행동적 세분화	구매상황, 편익, 사용자유형, 사용률, 로열티유형, 구매준비단계, 상품에 대한 태도, 구매가치 및 습관

자료 : Kotler, Bowen & Makens, 1999, pp.242~243; 유영준 외, 관광상품기획론, 2005, p. 77; 고종원, 백산출판사, 2007, p. 96.

05 상품기획시 검토사항

1) 시장성

여행시장에서 타사의 상품과 비교하여 상품의 비교우위(Competitive advantage)를 보유하고 있는가를 말한다. 판매가 잘될 것인가 하는 문제로 여행시장에서 향후 수요가 점증할 것인가 하는 문제이기도 하다. 또한 타사와 같은 지역의 여행상품이더라도 더 낫고 좋은 상품으로서의 가치를 보유하여 시장에서 평가가 좋을 것인가라는 문제라고도 생각될 수 있다. 최근에는 휴가여행이 휴양형 고급리조트 숙박을 선호하는 추세로 괌, 사이판 팔라완, 발리, 푸켓, 빈탄, 체러팅 등의 지역 상품이 시장성이 좋은 상품으로 평가되고 있다.

2005년 HIT상품

2005년 히트상품 가운데 주목할 만한 상품은 롯데관광의 '팁 · 옵션 없는 북경 · 만리장성' 4일 상품이다. 이 상품은 추가경비가 없어서 고객들이 크게 환영한 상품이다. 2000년 이래 계속 판매를 해왔다. 2005년 11월까지 총 1만 6000여 명이 이용하였다. 누계 매출액은 75억원이다. 비자발급비, 팁, 옵션 등의 제반 경비가 상품가격에 포함되었다. 사천식 샤브샤브, 베이징 구운 오리 등 요리천국인 중국의 다양한 음식도 제공하였다. 최신식 버스 배차로 고객 만족도를 제고하였다.

자료 : 중앙일보 기사 참조 작성.

2) 제품생명주기

여행상품의 인기는 소비자의 호응도가 밑받침되어야 한다. 또한 항공일정의 지속성이 이루어져야 여행상품은 존속할 수 있다. 구매연령과 계절성에 크게 영향 받지 않는 참여도가 높고 연중 수요가 있는 상품이면 장수하는 상품이 되기 쉽다. 성장기, 성숙기가 오래 지속되는 상품이 베스트상품으로 공급자의 입장에서는 가장 필요한 상품이 된다. 과자로 말하면 초코파이, 오징어땅콩, 맛동산 등의 제품, 건강음료로는 박카스, 자동차로는 현대자동차의 소나타 등이 제품생명주기가 긴 상품이라 할 것이다.

여행상품으로 가까운 지역을 보면 중국의 북경 / 상해상품, 일본은 도쿄 / 오사카 / 후쿠오카 / 나가사키, 태국 방콕 / 파타야 / 푸켓 등의 상품이 여기에 해당할 것이다.

3) 기업여건

자사에서 취급하는 여행상품에 가장 효과적인 판매 · 유통경로를 구축하는 방안이 강구되어야 할 것이다. 실적이 우수한 여행사의 여행상품들은 나름대로 판매에 가장 적합한 경로를 구축한 것이 성공의 요건이 되고 있다. 예를 들어, 홀세일러 방식으로 영업함으로써 성공한 대표적인 여행사는 하나투어, 모두투어, OK투어 여행사로 전국의 대략 1만 개[1)]가 넘은 여행사들을 대상으로 한 도매영업 방식으로 성공을 이뤄냈다. 자사에 맞는 적합한 경로를 구축했기 때문이다. 다음 <표 5-2>는 정찬종 · 신석호(2006)가 제시한 자사자원분석의 주요항목이다.

1) 여행업 등록현황은 경기의 상황에 따라 증감의 변화가 크다. 경기 위축시에는 많이 감소하기도 한다. 문화체육관광부 2010년 관광동향에 관한 연차보고서에 따르면 일반여행업은 1,233개 업체, 국외여행업은 6,429개 업체, 국내여행업은 4,922개 업체가 등록된 것으로 나타났다(문화체육관광부, 2010년 기준 관광동향에 관한 연차보고서, pp. 264~267).

표 5-2 자사 자원분석의 주요항목

기업력	• 사업영역 • 상품특성 • 상품의 공급력	• 기업 및 브랜드 이미지 • 사업의 성공요인
기술력	• 기술정보력 및 조사력 • 연구개발자의 구성 • 연구개발비 · 설비	• 기술개발력(테마개발, 핵심기술, 노하우) • 기술특허, 라이센스수
판매력	• 시장조정력(고객, 시장분할) • 마케팅의 효과(판매액, 판매량, 시장점유율, 영업이익) • 마케팅의 비용 • 광고, 프로모션력 • 유통채널(채널수, 업태, 규모) • 구매능력(거점수, 판매촉진, 자사의 포지션, 브랜드경쟁력)	
생산력	• 재료조달(질적 · 양적코스트, 구입처의 능력) • 생산설비 · 시스템의 가동상황 개선 · 개발력 • 품질관리력, 생산관리력	
관리능력	• 기획력 • 자금활용력	• 재무력 • 조직력(인재활용력)

자료 : 정찬종 · 신석호, 여행상품 기획 · 판매실무, 백산출판사, 2006, p. 118; 고종원, 여행상품개발론, 백산출판사, 2007, p. 99.

4) 장래성

여행상품의 성공은 무엇보다도 여행자들이 선호하는 상품이어야 한다. 현재의 수요가 최상은 아니지만 점차 증가하는 성장성이 있는 여행상품이어야 한다. 아울러 이용빈도가 높은 상품이어야 한다는 측면에서 정확한 예측이 나와야 할 것이다. 소비자의 변화하는 트랜드에 부응하는 상품이어야 한다는 점도 중요한 고려사항이 된다.

06 여행상품 개발요소

1) 항공일정(Air schedule)

항공일정은 여행상품의 골격으로 여행상품의 근간이 되는 요소이다. 실제적으로 여행상품 제작시에는 주어진 날짜에 출발하는 항공편 유무를 확인하고 해당하는 시기에 출발하는 항공사의 구체적인 출발시간과 도착시간과 항공기 좌석 유무와 항공요금 등 구체적인 내용을 파악하고 여행상품을 만들게 된다. 이 과정에서 여행사에서는 항공예약시스템인 토파스와 아바커스 등을 이용하게 된다. 예전에는 OAG 등 타임테이블을 이용하여 여행상품을 제작하기도 하였다. 참고적으로 대한항공의 경우, 취항도시가 36개국에 109개 도시로 122대의 첨단기종으로 운항하고 있다(조선경제, 2007.3.2, B6면). 항공일정을 검토해서 좋은 조건이면 해당 항공의 비행스케줄을 파악하여 일정을 작성한다.

2) 현지연계교통수단

현지에서 교통수단 없이는 여행상품 진행 자체가 어렵다. 관광버스는 현지의 주요한 교통수단의 역할을 하게 된다. 육지에서 섬으로의 이동시에는 Charter ferry(전세선)같은 교통수단을 이용해야 한다. 만약 필요한 교통수단이 확보되지 않으면 이동이 불가하여 여행일정 진행이 곤란하며 여행상품 구성에 큰 차질을 불러오게 되는 문제점이 발생하게 되는 것이다.

3) 현지일정 제반요소

현지 일정을 원활하게 진행하기 위해서는 관광지의 입장과 관련하여 문제가 없는지를 파악해야 한다. 또한 책정된 입장료와 차이가 없는지도 수시로 확인하도록 한다. 현지상황이 변하여 입장료가 인상되어 관광지에 출입을 못하면 제대로 된 투어진행과 관광객 만족에 문제가 생기게 되기 때문이다. 특히 공사 중인 관광지의 입장이 불허되는 경우가 있으므로 잘 파악해야 한다. 그간 유럽의 경우 이탈리아 두오모성당, 스페인의 세비아성당 등이 공사 중인 경우 방문할 수가 없어서 다른 대체 관광지로 일정을 변경해야 하고 고객만족도 떨어진 경우가 많았기 때문이다.

4) 하루에 소화할 수 있는 일정 운영

일일 관광일정 내에 무리 없이 관광활동을 수행하기 위해서는 사전에 검증된 일정으로 진행하여야 한다. 그래서 항공회사에서는 상품화과정에서 여행사의 담당 전문가들을 초청하여 팸투어를 실시하고 있다. 결국 고객만족이 되는 여행상품을 개발하는 것이 요청되기 때문이다. 적절치 못한 일정의 진행과 무리한 일정은 고객으로 하여금 피로의 누적과 효과의 반감을 가져오므로 주의해서 일정을 진행하는 것이 상당히 중요하다 하겠다.

07 신상품 개발분야의 선정

개발대상 시장의 유망성을 분석・평가하고 그 중에서 가장 유망한 시장을 선정하여야 하는데, 이 시장이 바로 기회영역(opportunity area)이다. Urban과 Hauser (1987)는 유망한 시장의 특징에 대한 측정척도를 다음 표와 같이 정리하고 있다. 여행사에서는 유망한 시장을 선정하는 것이 중요하다. 특히 최근에 많은 여행사가 시장에서 경쟁하는 상황에서 특화된 전문여행사의 대두와 경쟁력문제가 중시되고 있다. 그래서 시장에서의 자사만의 기회영역을 잘 찾고 경쟁력을 키우는 것이 무엇보다 중요하다고 생각된다. 현재 여행시장을 보면 유망시장을 선정하고 기회영역을 넓힌 회사들이 눈에 띄는데, 일본을 전문으로 하거나 중심으로 해서 자리를 잡고 있는 하늘땅여행이나 여행박사가 대표적인 업체라고 할 수 있다. 그리고 항공권 세일로 자리잡은 탑항공여행사도 같은 맥락에서 성공한 케이스라고 하겠다.

표 5-3 유망한 시장의 특징

특징	측정척도
판매가능량	시장규모, 판매성장률
침투	경쟁업자의 약체성
규모	시장점유율, 누적판매량
투자	소요자금액
수익성	이익
위험	안정성

자료 : Urban G. L., J. R. Hauser & N. Dholakia, *Essentials of New Product Management*(J. TR.), Englewood Cliffs, N. J., Prentice-Hall, Inc., 1987, p. 87.

기회영역은 그 시장의 전반적 매력성(overall attractiveness)과 관련하여 평가된 다음 기업이 우위성을 가지고 효과적으로 활용할 수 있는 자원과 관련하여 평가하여야 한다. 여기서 매력성이란 시장규모, 성장가능성, 시장에서의 경쟁상황, 사업 및 상품의 이익, 불황기 등의 상황에서의 위험도 등이 고려된 내용이어야 할 것이다.

08 여행상품의 수용 및 구매과정

여행소비자는 1단계로 상품에 주의를 기울이게 되고(Attention), 2단계로 상품에 관심을 갖게 되며(Interest), 3단계로 상품의 구매욕구를 느낀 다음(Demand), 4

단계로 상품의 이름을 기억한 후(Memory), 5단계로 상품을 구매하게 된다(Action)는 AIEMA 법칙에 의한 소비자의 상품구매 심리와 행동을 설명하고 있다(정찬종·신석호, 여행상품 기획·판매실무, 백산출판사, 2006, p. 69). Kotler(1998)의 소비자들의 신상품의 수용과정을 살펴보면 다음과 같다.

1. 인지(awareness) : 혁신, 즉 신상품을 인지하지만 이에 대한 정보는 적다.
2. 관심(흥미, interest) : 혁신, 즉 신상품에 관한 정보탐색을 하게끔 자극을 받는다.
3. 평가(evaluation) : 혁신, 즉 신상품을 사용해 보는 것이 어떨까 고려한다.
4. 시용(trial) : 혁신, 즉 신상품의 가치에 대한 자신의 추정을 개선하고자 소규모적으로 시용해 본다.
5. 수용(채택, adoption) : 신제품을 완전히 그리고 정규적으로 사용하기로 결심한다(Kotler, P., *Marketing Management, Analysis, Planning, Implementation, and Control*, 6th ed., Englewood Cliffs, N. J., Prentice-Hall, Inc., 1988, pp. 439~440).

코틀러의 이론을 보면 평가란 상품을 구매하기 전 생각해 보고 고민하는 과정이다. 이 과정에서는 주위의 이용해 본 경험자들의 평가가 중요한 작용을 한다. 또한 이전에 인지와 관심에는 관련된 광고와 홍보가 영향을 미치게 된다. 광고의 노출은 소비자가 관심과 흥미를 끌게 하는 작용을 하기 때문이다. 시용이란 먼저 소규모적으로 사용한다고 하는데, 여행상품이란 전체를 구매하는 것으로 소규모적이 아닌 전반적인 구매로 보아야 한다. 여기서는 타인이 이용한 여행경험담과 수기 등을 여행사의 사이트를 통해 살펴보고 판단하는 것도 포함된다고 하겠다. 그리고 수용과 채택은 최종결정을 하는 것을 말하며 여행을 참가한 후 좋은 평가에 의해서 계속적으로 해당여행사의 상품을 이용하고자 하는 의지를 포함한 내용으로 파악하면 된다.

그리고 상품의 브랜드에 따라 여행상품을 선택하는 속성을 여행소비자는 지니고 있다. 예를 들면, 고가여행상품을 추구하는 소비자는 고급여행상품의 콘셉트를 갖고 있는 K, J 등 고가브랜드인 여행상품을 선호할 것이고, 저가의 여행상품을 추구하는 소비자는 Y나 D같은 브랜드를 이용할 것이다. 물론 여행시장에서 많은 패키지 여행사들이 치열한 경쟁으로 가격경쟁이 많지만 나름대로 회사의 전략과 소비자들이 판단하는 브랜드 이미지가 있어서 선호하는 여행사가 차이가 나고 있다.

09 여행상품의 가격결정

여행상품의 가격에는 비용(Cost)+이익을 계산하여 결정한다. 비용에는 항공료, 지상경비(Land fee), 보험료, 국경세 및 공항세, 비자비용, 안내자 경비, 기념품 등이 포함된다. 예전에는 예비비가 추가되었으나 여행사 간의 경쟁이 치열해지면서 예비비는 항목에서 제외된 것이 현실이다. 원가에 근거하여 이윤을 추가하여 가격을 결정하는 원가중심의 가격결정(cost-based pricing), 경쟁업체의 가격을 고려하여 가격을 결정하는 경쟁중심 가격결정(competition -based pricing) 방식이 있다.

여행상품의 가격결정에는 내부영향요인과 외부영향요인이 영향을 미치게 된다. 다음은 가격결정에 영향을 미치는 요인들에 관한 이해를 위한 그림이다.

자료 : 유영준 · 송재일 · 임진홍, 관광상품기획론, 대왕사, 2005, p. 116; 고종원, 여행상품개발론, 2007, p. 93.

[그림 5-1] 가격결정에 영향을 미치는 요인들

여행사의 여행상품에 대한 가격 결정요인을 살펴보면 다음과 같다.

1) Kotler, Gary(1993)

제품, 서비스원가, 경쟁사의 가격, 기타 외부요인, 가치에 대한 소비자의 인식에 의해 최적가격과 최고가격 사이에서 결정된다.

2) Lovelock(1996)

가격결정은 원가, 경쟁, 고객에의 가치제공의 세 가지 요인에 의해 결정된다.

3) Kotler(1996)

여행상품의 구매결정 단계에서 크게 작용하는 것은 타인의 태도, 예상 밖의 상황적 요인이다.

4) 환 율

1997년 IMF 시기에는 인바운드 부문에서는 호기였고, 아웃바운드 부문에서는 절망적이었다. 다시 말해 기존에 800~900원대였던 환율이 미화 1달러에 2,000원대까지 상승하므로 해외여행부문은 참으로 더욱 어려운 조건이 되었고, 반대로 인바운드에서는 기존의 수입보다 2배에 가까운 상황이 되어서 수익성이 좋은 상황이었던 것이다. 그만큼 어려운 우리나라 경제에 관광부문에서 기여했던 공로가 있다. 현재는 환율에 있어서 미국달러 대비 원화가치가 1,100원대를 형성하고 있다. 적절한 환율로 여행을 나가는 내국인들에게 큰 부담은 없는 상황이다. 한편, 일본의 엔화가 상승해 있으며 유로화는 상대적으로 하락한 상황이다. 참고로 원화의 평가절상이 되면 수출업체들은 어려움을 겪고 있는 상황이 된다. 최근에 일본관광객이 한국에 많이 입국하고 쇼핑금액이 증가하는 것은 2007년도 100엔이 800원대에서 근자에 1,200~1,300원대로 환율이 형성되어 훨씬 유리한 환율로 여행과 쇼핑의 부담이 줄어들었다는 것에 근거를 둘 수 있다. 이러한 상황이면 확실하게 올해의 일본인 방한 입국객수의 증가도 예견된다.

10 기획여행

1) 기획여행의 의의

기획여행이란 여행업을 경영하는 자(여행업자)가 국외여행을 하려는 여행자를 위하여 여행의 목적지・일정, 여행자가 제공받을 운송 또는 숙박 등의 서비스 내용과 그 요금 등에 관한 사항을 미리 정하고 이에 참가하는 여행자를 모집하여 실시하는 여행을 말한다.

여행은 주로 기획여행의 형태로 운용되고 있는데, 그동안 기획여행이 무분별하게 판매되어 왔으며, 여행업자 간의 과당경쟁으로 인하여 관광업계의 질서를 파괴하는 경우가 허다하였다. 이에 따라 국외여행의 질적 향상을 도모하고 여행자의 권익보호 및 과당경쟁 방지를 위하여 기획여행을 규제할 필요성이 제기됨으로써, 여행업자는 문화체육관광부령으로 정하는 요건을 갖추어 문화체육관광부령으로 정하는 바에 따라 기획여행을 실시할 수 있도록 한 것이다.

2) 기획여행의 실시요건

「관광진흥법」은 국외여행을 하려는 여행자를 위해 기획여행을 실시하도록 규정하고 있기 때문에 기획여행은 국외여행에 국한하고 있다. 그러므로 기획여행을 할 수 있는 여행업자는 일반여행업자와 국외여행업자이고 국내여행업자는 대상에서 제외된다.

따라서 기획여행을 실시하려는 자는 국외여행업 또는 일반여행업에 따른 보증보험등에 가입하거나 영업보증금을 예치하고 이를 유지하는 것 외에 추가로 기획여행에 따른 보증보험등에 가입하거나 영업보증금을 예치하고 이를 유지하여야 한다. 여행업자가 가입하거나 예치하고 유지하여야 할 보증보험등의 가입금액 또는 영업보증금의 예치금액은 직전사업연도의 매출액(손익계산서에 표시된 매출액을 말한다) 규모에 따른 앞의 제3장 2. <표 3-2>에서 설명한 바 있는 시행규칙 제18조 제3항 관련 [별표 3]과 같이 한다.

기획여행 실시요건 및 방법을 위반한다는 것은 광고표시 내용이 제대로 표시되지 못한 경우, 기획여행 신고를 마치지 않고 광고를 하는 경우가 가장 대표적인 사례이다(강영욱 · 고종원 외, 2010, pp. 132~133).

3) 기획여행의 광고 표시내용 의무화

기획여행의 광고는 신문 · 방송 · 잡지 등의 언론과 팸플릿 · 리플렛 · 업체 홍보책자 등 게시 · 게재되는 모든 경우를 포함한다. 단, 여행업체의 회사를 홍보하기 위한 이미지광고는 기획영어광고 방식을 취하지 않아도 된다.

기획여행을 실시하는 자가 광고를 하려는 경우에는 다음 각 호의 사항을 표시하여야 한다. 다만, 2 이상의 기획여행을 동시에 광고하는 경우에는 다음 각 호의 사항 중 내용이 동일한 것은 공통으로 표시할 수 있다.

1. 여행업의 등록번호, 상호, 소재지 및 등록관청
2. 기획여행명 · 여행일정 및 주요 여행지
3. 여행경비
4. 교통 · 숙박 및 식사 등 여행자가 제공받을 서비스의 내용
5. 최저 여행인원

6. 보증보험등의 가입 또는 영업보증금의 예치내용
7. 여행일정 변경 시 여행자의 사전 동의 규정

참고문헌

고종원, 여행상품개발론, 백산출판사, 2007.

고종원 · 이광우, 여행업경영실무론, 대왕사, 2006.

김진섭, 현대관광사업론, 형설출판사, 1985.

유영준 · 송재일 · 임진홍, 관광상품기획론, 대왕사, 2005.

정찬종 · 신석호, 여행상품 기획 · 판매실무, 백산출판사, 2006.

Kotler, P., *Marketing Management, Analysis, Planning, Implementation, and Control*, 6th ed., Englewood Cliffs, N. J., Prentice-Hall, Inc., 1988.

Morrison, Alastair M., *Hospitality and Travel Marketing*, 2nd ed., Delmar Publishers, 1996.

Urban G. L., J. R. Hauser & N. Dholakia, *Essentials of New Product Management*(J. TR.), Englewood Cliffs, N. J., Prentice-Hall, Inc., 1987.

6

여행마케팅

(영업, 여행상품 판매, 전략적 판매)

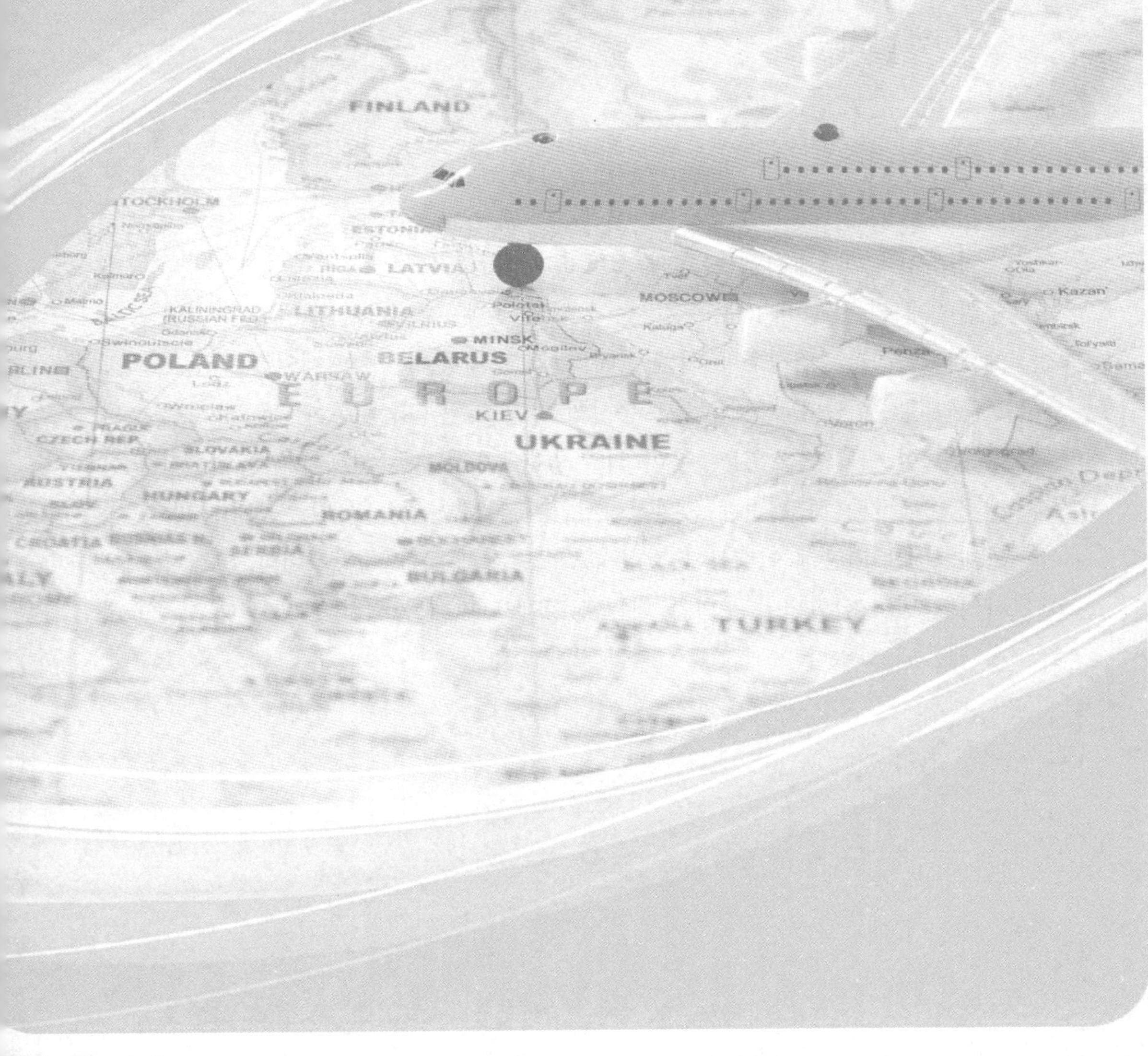

제6장 여행마케팅 (영업, 여행상품 판매, 전략적 판매)

01 영업업무

1) 여행상품의 판매

여행사의 판매방식에는 크게 소비자가 직접 여행사를 방문하여 여행상품을 구입하게 되는 소비자의 직접방문에 의한 판매, 소비자가 전화나 인터넷 구매에 의한 판매, 영업사원에 의한 판매, 그리고 대형여행사의 에이전트(agent) 판매로 구분할 수 있다. 현재는 정보통신의 발달로 컴퓨터를 통한 On-line사업이 가장 중요한 여행사의 운용부문이 되고 있다. 거의 모든 여행사가 홈페이지를 통해 상품을 홍보하고 판매를 활성화시키기 위해 노력하고 있는 상황이다. 기타 판매형태는 기존에 여행사가 전형적으로 수행해 온 판매방식이다. 그러나 여행사의 경쟁이 심화되며 분화가 되는 상황에서 판매를 위한 전략이 매우 중요하게 대두되고 있다.

02 영업방식

1) 소비자 방문판매

해외여행 자율화가 시작되면서 해외여행에 대한 수요가 비약적으로 증가하였다. 이에 해외여행업무를 취급하는 일반 및 국외여행사는 수적으로 상당하게 늘었다. 이들 여행사들은 다양한 마케팅기법들을 동원하여 고객유치에 힘쓰고 있다. 대형 여행사의 주요한 방법으로 변함없는 것은 광고 등을 통한 경쟁적 판매가 성행하고 있다는 점이다. 최근에는 정보를 여행자들이 인터넷 등을 통해 쉽게 얻고 접하게 되지만, 좀더 구체적이고 실시간의 확인된 정보를 얻기 위해 여행사를 방문하고 있다. 또한 자신에게 보다 유리하며 적합한 상품을 구매하기 위해 여행사를 방문하게 된다. 이러한 소비자의 방문과 여행사 직원의 상담을 통하여 판매로 이어지는 것이 소비자의 직접 방문에 의한 판매라 할 수 있다. 이러한 형태의 판매는 소비자들이 직접 방문하여 여러 가지 정보를 확보하고, 다른 상품과 비교하여 구매결정을 한다는 점에서 여행사 직원의 자질이 판매에 상당한 영향을 미치고 있다. 따라서 소비자와 접객하게 되는 판매직원은 여행상품의 지식, 접객태도와 상담기술을 지녀야 한다.

이러한 인적 요소 이외에도 잠재여행객이 직접 여행사를 방문하기 때문에 회사 전체의 환경, 즉 여행사의 규모와 분위기 등 물리적 환경과 여행사직원들의 행동 등 업무적으로 안정된 모습과 일체감도 소비자에게 신뢰감을 주게 되는 정서적 환경이라 할 수 있다(고종원 외, 2001 : 82~83). 또한 환경적 측면에서 여행사의 건물 외관과 디스플레이 등이 판매효과를 높이기 때문에 점두 및 점내 광고에 신경을 써야 한다. 즉 잠재여행자의 현장구매 혹은 충동구매(구매시점광고 : merchandising<point-of-purchase advertising>)가 중요한데, 여행사 내에는 Tent Cards, 간판, 포스터, 전시물 및 기타 촉진물질 등 시각적 상기물(visual reminder)을 올바르게 배치하여 고객의 구매충동을 자극하여야 한다(Morrison, 1996 : 357).

이 방법에 의한 판매의 장점으로는 소비자와의 직접 대면에 의한 판매로 설득력을 높일 수 있어 판매가능성이 높다는 점과 영업사원에 의한 판매에 비해 비용절감 효과가 있다(고종원 외, 2001 : 83).

2) 전화 · 인터넷 판매

전통적으로 여행사의 통신상 판매방법은 전화이다. 전화판매는 고객이 전화상으로 여행상품을 구매하는 것으로, 이 판매방식은 고객에게 응대하는 직원의 업무지식과 태도가 판매에 결정적인 영향을 미친다. 또한 판매에 있어서 가장 효과적인 유용한 도구이다. 일반적으로 고객이 여행사에 전화를 하는 순간부터 문의와 상담 그리고 소통의 과정 가운데 잠재소비자인 고객은 해당 여행사를 이용할 것인가의 여부를 마음속으로 결정하게 된다. 이러한 측면에서 전화상담은 무엇보다도 중요한 과정이며 구매결정에 절대적인 영향을 미친다고 하겠다.

최근에는 인터넷을 통한 여행상품의 판매가 일반적인 방법으로 지속적으로 증가추세에 있다. 그래서 여행사들은 자사의 홈페이지에 가장 유용하고 정확한 정보를 올리며 업그레이드하는데 많은 노력을 기하고 있다. 그리고 여행을 준비하는 고객들에게 필요한 동영상과 현지 사진 등 양과 질적으로 경쟁사에 뒤지지 않기 위해 최선을 다하고 있는 상황이다. 이러한 경쟁력을 위해 많은 투자가 병행되는 것도 사실이다. 실제적으로 고객들은 해당 여행사의 인터넷사이트를 조사하고 판단한 후에 구매결정을 내리는데 많은 비중을 두고 있는 것이 사실이라 하겠다. 그래서 타사와 차별화시키려는 여행사의 노력은 가상여행 공간을 만들며 처음 여행을 가는 고객을 위해 출입국절차, 교통편 이용방법, 현지 호텔 숙박안내, 관광지 안내 등 미리 보고 가는 여행이 되도록 정보를 올리고 이용할 수 있게도 하고 있는 게 현실이다.

3) 영업사원에 의한 판매

여행사의 영업사원이 직접 잠재소비자를 방문하여 여행상품을 판매하는 방법이다. 영업사원에 의한 판매는 자신이 속해 있는 여행사의 상품을 고객에게 직접 설명하고 고객을 창출한다는 면에서 능동적이고 적극적인 판매기법이라 할 수 있다. 광고 등 다른 판매촉진방법은 큰 비용을 필요한 때마다 그리고 지속적으로 투입해야 효과를 거둘 수 있다는 단점이 있으므로, 여행사의 지속적인 고객창출과 판매에 있어 영업사원의 판매가 상당히 중요한 의미를 지닌다고 할 수 있다.

여행사의 영업사원에 의한 판매는 주로 전화상담 중 고객의 방문의뢰가 있을 때 발생한다. 또는 장기적으로 거래관계를 맺어 온 인센티브(incentive)형 단체 발생을 위해 기존의 거래처를 중심으로 영업사원에 의한 방문판매가 이뤄지고 있다. 이 방법은 광고 등 비용이 많이 투입되는 다른 영업방식에 비해 보다 구체적이며 현실적인 상황을 두고 경제적인 도구이며 새로운 거래처를 모색할 수 있는 신규고객의 창출을 위한 여행상품판매라는 점에서 최선의 기법이라 할 수 있다.

4) 대리점판매

대리점판매는 대형 여행사들에 의해 주로 행해지는 영업방식이다. 여행도매업자(Wholesaler)가 전국에 소재한 여행소매업자를 대상으로 하거나 직영 대리점을 설치하여 여행상품을 판매하는 것을 말한다. 우리나라는 도매업자라고 할 수 있는 대형 여행사가 도매와 소매를 병행하는 경우가 일반적이다. 도매는 전국의 여행사를 대상으로 하는 영업방식이며 소매는 일반고객들에게 신문 및 기타 매체를 통해 실시하는 방식을 말한다. 대리점(agent) 판매의 경우 소매업자로부터 이관된 고객에 대해서 도매업자는 자사의 상품으로 행사하며, 이에 대한 대가로 소매업자는 도매업자로부터 일정률의 수수료(commission)를 수취하게 된다. 이를 대리점 수수료(agent commission)라고 한다. 이러한 도매업자와 소매업자 간의 수수료가 제공되는 대리점판매는 전국의 수천 개의 여행사들이 각기 경쟁력 있는 많은 지역의 다양한 상품을 생산하고 판매할 수 있는 여건과 규모가 되지 않기 때문에 공조하고 공생할 수 있는 좋은 시장구조라고 할 수 있다(고종원 외, 2006 : 82~85).

참고문헌

고종원 외, 여행업경영실무론, 대왕사, 2006.

Morrison, Alastair M., *Hospitality and Travel Marketing*, 2nd ed., Delmar Publishers, 1996.

7

여행사의 주요 업무

: 수속 - 여권비자 / 수배 / TC

제7장 여행사의 주요 업무 : 수속 - 여권비자 / 수배 / TC

01 수속 – 여권비자

아웃바운도 여행사업은 해외여행 상품을 판매하여 해외에서 행사를 실시하기 때문에 해외여행에 필요한 것을 미리 구비해야 한다. 대표적으로 여권과 비자가 해외여행을 하기 위해 필요하다.

1) 여권(passport)

여권이란 일반적으로 자국을 벗어나 해외여행을 할 때 필요한 증명서로서 여권소지자의 국적 등 신분을 나타내고 출입국 및 여행기간 동안 보호와 편의를 요청하는 서류이다. 여권은 비자가 필요한 국가를 여행할 때 비자를 받는다거나 해외여행 국가에서 체류기간 동안 환전과 같은 은행과의 거래, 전화기 개설, 항공기 탑승수속, 면세점 거래, 렌터카, 호텔 투숙 등 해외에서 자신의 신원을 나타낼 때에 필요한 기초 증빙서류이다.

우리나라에서 여권을 최초로 법률적으로 규정한 것은 1906년 1월에 제정된 '한국인 외국여권규칙'이며, 이후 1961년 12월 31일 법률 제940호로 「여권법」이 제정되었다. 이후 「여권법」은 여러 차례 개정되어 2009년 11월 19일 11차

개정되어 여권에 대한 현재의 규정이 정착되었다.

2) 여권의 종류

여권의 종류는 일반여권, 관용여권과 외교관여권으로 구분하고, 이를 각각 1회에 한하여 외국여행을 할 수 있는 단수여권과 유효기간 만료일까지 횟수에 제한 없이 외국여행을 할 수 있는 복수여권으로 나눌 수 있다.

(1) 일반여권

❶ 발급대상자 : 대한민국 국적을 보유한 국민으로서 「여권법」 제12조에서 규정하는 여권발급 거부 또는 제한대상이 아닌 자

❷ 유효기간 : 10년 이내

❸ 여권구성 : 녹색의 표지로 단수여권은 12면, 복수여권은 48면으로 구성되어 있다. 단, 사진부착식 단수여권은 14면으로 되어 있다.

❹ 여권신청시 구비서류

- 여권발급신청서
- 여권용 사진 1장. 단, 긴급 사진부착식 여권 신청시에는 2장 제출
  여권사진의 크기는 가로 3.5cm, 세로 4.5cm인 신청일 전 6개월 이내에 모자 등을 쓰지 않고 촬영한 천연색 상반신 정면 탈모사진으로 얼굴의 길이가 2.5~3.5cm이어야 한다. 사진의 바탕은 흰색의 무배경으로 테두리가 없어야 한다. 복사한 사진, 포토샵으로 수정된 사진은 사용할 수 없다. 안경착용 사진은 일상생활시 항상 착용하는 신청자에게만 허용되며 색안경을 착용하여서는 안 된다. 눈동자가 선명하게 보이기 위해 가능한 한 얇은 테의 안경을 착용해야 하며 안경렌즈에 조명이 반사되거나 착용한 안경테가 눈을 가려서는 안 된다.
- 신분증
  주민등록증(분실자의 경우 "주민등록발급신청확인서" 예외인정), 운전면허증, 여

권, 공무원증, 군인신분증, 사관생도의 학생증, 장애인증 등이다.

- 18세 이상 35세 이하 남자의 경우로 군미필자 및 군복무를 마치지 아니한 자는 국외여행허가서와 기타 병역관계 서류
- 18세 미만의 미성년자의 경우는 부모, 친권자, 후견인 등 법정대리인인 동의자가 작성한 여권발급동의서(동의자가 직접 신청하는 경우는 생략), 동의자의 인감증명서(여권발급동의서에 날인된 인감과 동일한 것이어야 하며 동의자가 직접 신청시에 생략), 그리고 행정전산망으로 확인 불가능할 때에는 기본증명서 및 가족관계증명서

(2) 관용여권

❶ 발급대상자

- 공무원과 공공기관, 한국은행 및 한국수출입은행의 임원・집행간부 또는 직원으로서 공무로 국외에 여행하는 자와 관계기관이 추천하는 그 배우자, 27세 미만의 미혼인 자녀 및 생활능력이 없는 부모
- 공공기관, 한국은행 및 한국수출입은행, 그 밖에 「공공기관의 운영에 관한 법률」에 따른 공공기관으로서 외교통상부장관이 정하는 기관의 국외주재원과 그 배우자 및 27세 미만의 미혼인 자녀

  여기서 「공공기관의 운영에 관한 법률」에 따른 공공기관으로서 외교통상부장관이 정하는 기관으론 한국조폐공사, 한국수자원공사, 한국도로공사, 한국전력공사, 한국농어촌진흥공사, 대한광업진흥공사, 한국관광공사, 한국토지공사, 한국석유공사, 농수산물유통공사, 대한무역투자진흥공사, 대한석탄공사, 대한주택공사, 한국철도공사, 한국국제협력단, 한국국제교류재단, 재외동포재단 등이다.
- 정부에서 파견하는 의료요원, 태권도사범 및 재외동포 교육을 위한 교사와 그 배우자 및 27세 미만의 미혼인 자녀
- 대한민국 재외공관 업무보조원과 그 배우자 및 27세 미만의 미혼인 자녀
- 외교통상부 소속 공무원 또는 「외무공무원법」 제31조의 규정에 의하여

재외공관에 근무하는 공무원이나 현역군인이 그 가사보조를 위하여 동반하는 자

- 그 밖에 원활한 공무수행을 위하여 특별히 관용여권을 소지할 필요가 있다고 외교통상부장관이 인정하는 사람

❷ 유효기간 : 5년 이내

❸ 여권구성 : 황갈색의 표지로 48면으로 구성되어 있다.

❹ 여권신청시 구비서류

- 여권발급신청서
- 공무원증 또는 재직을 증명하는 신분증(투자기관)
- 관계기관 공문(공무국외여행허가권자 또는 위임자의 공문)
- 여권용 사진 1장
- 병역관계 서류(해당자에 한함)
- 공무 국외여행계획(일정)서
- 관계기관 공문의 내용 미비시 추가 요청할 수 있음

(3) 외교관여권

❶ 발급대상자

- 대통령(전직 대통령을 포함), 국무총리와 전직 국무총리, 외교통상부장관과 전직 외교통상부장관, 특명전권대사, 국제올림픽위원회 위원, 외교통상부 소속 공무원, 「외무공무원법」 제31조에 따라 재외공관에 근무하는 다른 국가공무원 및 그 배우자와 27세 미만의 미혼인 자녀 및 생활능력이 없는 부모. 단, 전직 국무총리와 전직 외교통상부장관이 동반하는 배우자의 경우에는 외교통상부장관이 인정하는 경우에만 해당한다.
- 국회의장과 전직 국회의장 및 그 배우자와 27세 미만의 미혼인 자녀. 단, 전직 국회의장이 동반하는 배우자의 경우에는 외교통상부장관이 인정하는 경우에만 해당한다. 그리고 국회의장을 수행하는 사람으로서 외교통상부장관이 특히 필요하다고 인정하는 사람

- 대법원장, 헌법재판소장, 전직 대법원장, 전직 헌법재판소장 및 그 배우자와 27세 미만의 미혼인 자녀. 단, 전직 대법원장과 전직 헌법재판소장이 동반하는 배우자의 경우에는 외교통상부장관이 인정하는 경우에만 해당한다. 그리고 대법원장과 헌법재판소장을 수행하는 사람으로서 외교통상부장관이 특히 필요하다고 인정하는 사람
- 특별사절 및 정부대표와 이들이 단장이 되는 대표단의 단원
- 그 밖에 원활한 외교업무 수행이나 신변 보호를 위하여 외교관여권을 소지할 필요가 특별히 있다고 외교통상부장관이 인정하는 사람

❷ 유효기간 : 5년 이내

❸ 여권구성 : 남색의 표지로 48면으로 구성되어 있다.

❹ 여권신청시 구비서류

- 여권 발급신청서
- 외교관여권의 발급대상자임을 증명하는 서류
- 여권용 사진 1장
- 병역관계 서류(해당자에 한함)

〈양식 1〉 여권발급신청서

[별지 제1호서식]

(앞 쪽) 전자여권용

※ 검은색 펜으로 굵은선 안에만 기재

여 권 (재) 발 급 신 청 서

접수시군

← 35㎜ → ※ 사 진 · 6개월이내 촬영한 천연색 정면사진(귀가 보여야 함) · 흰색 바탕의 무배경 사진 · 색안경과 모자 착용 금지 · 가로 35㎜, 세로 45㎜ (얼굴 길이: 25㎜~35㎜)	접 수 번 호		신원조사접수번호	
	접 수 년 월 일		신원조사회보일	
	여 권 번 호		신 원 조 사 결 과	
	발 급 년 월 일		여 권 유 효 기 간	
	여권종류	□ 일반 □ 거주 □ 관용 □ 외교관 여행증명서(□ 왕복 □ 편도)		
	여권기간	□ 10년 □ 5년 □ 5년미만 □ 단수 □ 기간연장 □ 잔여기간		

※ 영문성명은 해외에서의 신원확인의 기준이 되며 개명(改名)이 엄격히 제한되므로 정확하게 기재하시기 바랍니다.

성명	영 문 (대문자)	성		※영문성명은 기재하기 전에 반드시 뒷면 「영문성명 기재요령」을 참고하시기 바랍니다.
		이 름		
	한 글			※ 남편성(영문대문자)은 필요시 기재하시기 바랍니다.
주민등록번호		–		

현 주 소 (주민등록표상)	※ 주민등록상의 주소를 번지(아파트 등의 경우 동, 호수)까지 정확하게 기재하시기 바랍니다.				e-mail			
여행예정국		여행목적		직장명(직위)				
전화번호		휴대전화			혈액형 (ABO)		신장 (㎝)	
등록기준지(본적지)								

※ 긴급연락처는 해외여행 중 각종 사고 발생시 국내 연고인에게 알리기 위하여 필요합니다.

국내 긴급연락처	성 명		관 계		전 화 (휴대전화)	( )
	주 소				직장(학교)명	

※ 여권명의인의 나이가 만18세 미만인 경우에는 법정대리인(부모 · 친권자 또는 후견인)의 인적사항을 기재하시기 바랍니다.

법정대리인	성 명		관 계	
	주민등록번호	–		

이 신청서에 기재한 내용은 사실과 틀림없으며, 「여권법」 제9조 규정에 따라 여권발급을 신청합니다.
※ 여권 발급에 필요한 사항의 확인을 위한 행정정보공동이용 서비스의 이용에 동의합니다(예 , 아니오).

신청인(여권명의인) 성명(한글)________ (한자)________ 서명________

년 월 일

※ 해외거주 중 재외공관에서 신청시에는 추가로 아래 사항을 기재하시기 바랍니다.

거주지주소					
영 주 권	번 호		거 주 지	입국 일자	
	취득일			체류 자격	

(영 수 필 증)		(납 입 필 증)
특기사항		
심 사 란	접 수 자	심 사 자	발 급 자

※ 작성하시기 전에 뒷면에 기재된 유의사항 및 영문성명 기재요령을 읽어보시기 바랍니다. 210㎜×297㎜(보존용지 120g/㎡)

(뒷 쪽)

※ 유 의 사 항

1. 여권은 해외에서의 유효한 신분증이므로 반드시 본인이나 법정대리인이 잘 보관하여야 합니다.
2. 만 18세 미만인 사람은 유효기간 5년 이내의 여권만 발급받을 수 있습니다.
3. 사진이 흐릿하거나 임의로 조작된 것인 경우에는 위조여권이나 타인명의 여권으로 오인되어 출입국 시 불이익을 받을 수 있습니다.
4. 다른 사람에 의한 무단 서명이나 거짓의 사실 기재 시 「여권법」 관련 규정에 따라 처벌을 받게 되며, 여권명의인도 불이익을 받을 수 있습니다.
5. 여권발급 신청인 등은 여권당국이 여권발급 신청서류의 내용과 사진 등을 심사하기 위하여 확인을 요청하는 경우 이에 응하여야 합니다.
6. 새로운 여권을 재발급 받으려면 기존에 소지하고 있는 여권을 반납하여야 합니다.
7. 단수여권과 여행증명서는 한 차례만 외국을 여행할 수 있는 여행문서입니다.
8. 여권을 잃어버린 경우에는 외교통상부나 여권사무 대행기관에 분실신고를 하거나 재발급 신청을 할 수 있습니다.
9. 발급된 후 6개월 이내에 찾아가지 않은 여권은 자동적으로 폐기되며 발급수수료는 반환되지 않습니다.
10. 여권 발급을 신청한 때부터 수령할 때까지 국내에서는 통상 1주일 정도(토 · 일요일, 공휴일 제외)의 기간이 걸립니다.
11. 다수의 국가에서는 여권의 유효기간이 6개월 이상 남아있어야 사증(VISA)를 발급해 주거나 입국을 허가하고 있으므로 외국을 여행하고자 하는 경우에는 여권의 유효기간이 충분히 남았는지 확인하시기 바랍니다.
12. 이 신청서는 기계로 판독되므로 접거나 찢는 등 훼손되지 않도록 주의하기 바랍니다.
13. 이 신청서의 기재사항에 오류가 있을 경우 신청인에게 불이익이 돌아갈 수 있으므로 정확하게 기재하기 바랍니다.
14. 행정정보 공동이용 서비스의 이용에 동의하는 경우 병적증명서는 제출하지 않아도 됩니다.

※ 영문성명 기재 요령

1. 여권의 영문 성(姓)은 특별한 사유가 없는 경우 여권을 이미 발급 받은 가족 구성원의 영문 성(姓)과 될 수 있으면 일치시키기 바랍니다.
2. 대리인이 영문성명을 잘못 기재하여 여권이 발급된 경우에도 영문성명의 변경은 엄격하게 제한되며 이로 인한 불이익은 여권명의인이 감수해야 합니다.
3. 영문성명은 국제규정(ICAO Doc 9303)에 따라 한글성명을 라틴문자(영어 알파벳)로 음역(音譯) 표기하여야 합니다.
4. 영문이름은 붙여 쓰는 것을 원칙으로 하되, 음절 사이에 붙임표(-)를 쓰는 것도 가능합니다. (예 : GILDONG, GIL-DONG) 다만, 기존 여권에 이름을 띄어 쓴 경우(예: GIL DONG)에는 계속 그대로 띄어쓸 수 있습니다.
5. "여권 재발급"을 받는 경우 원칙적으로 종전 여권의 영문성명(남편 성과 띄어쓰기 포함)은 그대로 사용하여야 합니다.

210㎜×297㎜(보존용지 120g/㎡)

(4) 여행증명서

❶ 발급대상자

- 출국하는 무국적자(無國籍者)
- 국외에 체류하거나 거주하고 있는 사람으로서 여권을 잃어버리거나 유효기간이 만료되는 등의 경우에 여권 발급을 기다릴 시간적 여유가 없이 긴급히 귀국하거나 제3국에 여행할 필요가 있는 사람
- 국외에 거주하고 있는 사람으로서 일시 귀국한 후 여권을 잃어버리거나 유효기간이 만료되는 등의 경우에 여권 발급을 기다릴 시간적 여유가 없이 긴급히 거주지국가로 출국하여야 할 필요가 있는 사람
- 해외 입양자
- 「남북교류협력에 관한 법률」 제10조에 따라 외국 국적을 보유하지 아니하고 대한민국의 여권(旅券)을 소지하지 아니한 외국 거주 동포가 남한을 왕래하려면 여행증명서를 소지하여야 하는 사람으로서 여행증명서를 발급할 필요가 있다고 외교통상부장관이 인정하는 사람
- 「출입국관리법」 제46조에 따라 대한민국 밖으로 강제퇴거되는 외국인으로서 그가 국적을 가지는 국가의 여권 또는 여권을 갈음하는 증명서를 발급받을 수 없는 사람

❷ 연청색 표지로 8면으로 구성되어 있다. 다만, 사진부착시 여행증명서는 10면으로 한다.

3) 여권의 발급

우리나라의 여권발급은 2008년 8월 25일부터 실시된 여권본인신청제에 의해 여행사 등 여권대리신청발급이 불가능해졌다. 단, 다음과 같은 경우에는 본인직접신청의 예외로 인정된다.

- 의전상 사유 : 대통령(전 · 현직), 국회의장, 대법원장, 헌법재판소장 및 국무

총리

- 의학적 사유 : 본인이 직접 신청할 수 없을 정도의 신체적 · 정신적 질병, 장애나 사고 등이 있는 경우(반드시 의사의 진단서 또는 소견서 제출, 장애인증 및 국가유공자증 등으로 대신할 수 없음)
- 연령 : 18세 미만의 사람

  그리고 의학적 사유 또는 연령으로 인한 대리신청의 경우 대리인이 될 수 있는 사람의 범위는 다음과 같다.
- 친권자, 후견인 등 법정대리인
- 배우자
- 본인이나 배우자의 2촌 이내 친족으로서 18세 이상인 사람

  (http://www.0404.go.kr/passport/Passport01_3.jsp)

따라서 위와 같이 「여권법 시행규칙」 제6조 1항에서 규정한 경우를 제외하고는 여권신청자 본인이 직접 여권발급을 신청하여야 하는데 여권의 발급절차는 다음과 같다.

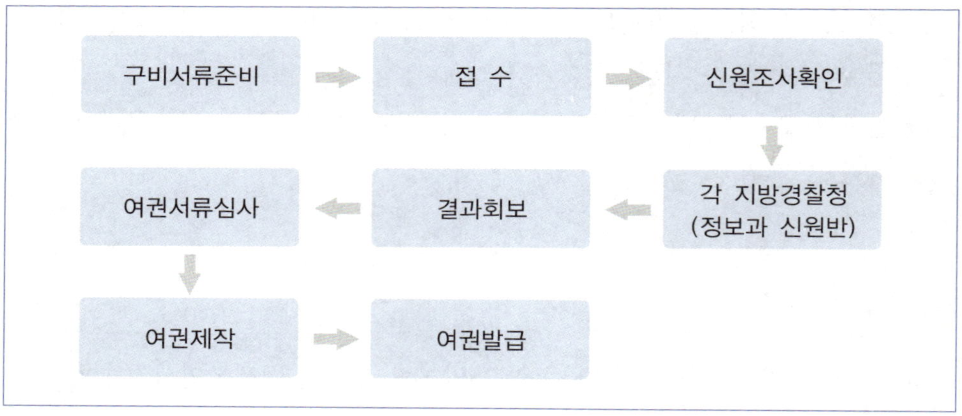

[그림 7-1] 여권발급절차

여권은 외교통상부장관이 발급함을 원칙으로 하나(여권법 제3조), 영사(領事)나 지방자치단체의 장에게 대행하게 할 수 있다(동법 제21조 및 동법시행령 제37조). 다만, 외교관여권의 발급은 사무대행을 하게 하지 않고 외교통상부장관이 직접 담당한다. 여기서 지방자치단체의 장이라 함은 시·도지사, 특별자치도지사와 시장·군수·자치구의 구청장을 말한다.

4) 여권기재사항 변경

사증(Visa)란의 추가, 동반 자녀의 분리, 구(舊) 여권번호의 기재나 거주여권의 명의인에 대한 국내 체류기간의 연장 등을 위하여 여권의 기재사항변경을 신청하려는 사람은 다음의 서류를 제출하여야 한다.

(1) 사증란 추가

여권기재사항변경등신청서와 여권이 필요하며, 사증란의 추가는 한 차례만 할 수 있으며 24면까지 추가할 수 있다.

(2) 동반 자녀의 분리

여권기재사항변경등신청서, 여권 및 여권사본 1부가 필요하며, 분리되는 자녀에 대해서는 별도의 여권 신청이 필요하고 유효기간 연장 재발급시 동반자녀는 분리하여야 한다.

(3) 구여권번호의 병기

여권기재사항변경등신청서와 여권이 필요하고 1개의 구여권번호만 병기가 가능하며 신청은 광역지방자치단체에서만 가능하다.

(4) 거주여권의 국내체재기간 연장

거주여권은 명의인이 국내 입국 후 2년을 경과할 경우(병역의무자 등은 1년) 유효기간이 남아있더라도 국내 체재기간이 2년(영주권 취득 등의 사유로 병역연기 또는 국외여행허가를 받은 병역의무자는 1)이 되는 날에 여권효력이 상실되므로 국내체재기간 연장을 신청해야 한다.

구비서류는 다음이 필요하다.

- 거주여권
- 여권기재사항변경등신청서
- 병역관계서류(18세 이상, 35세 이하 남자)
- 사유서
- 영주권, 장기비자 등 거주여권 발급대상자임을 증명하는 서류
- 증빙서류
- 군인가족 : ID카드, 영주권, 배우자의 전・출입명령서
- 국내투자자 : 사업자등록증, 기타 국내투자 입증서류
- 외국상사 국내지사 임・직원 : 재직증명서, 원천징수 및 갑근세 납부증명서
- 학생 : 재학증명서

5) 여권의 재발급

여권을 발급받은 사람 중 재발급을 하는 경우는 여권의 종류를 변경하거나, 발행국, 여권번호, 발급일, 기간만료일, 발급관청, 여권의 명의인의 성명, 국적, 성별, 생년월일, 주민등록번호와 사진에 대한 정보의 정정이나 변경이 필요한 경우와 여권을 분실한 경우 그리고 여권이 훼손되어 못쓰게 된 경우에 해당한다. 구비서류는 여권 재발급신청서, 재발급 사유서, 재발급 받으려는 여권, 여권용 사진 1장, 그 밖에 병역관계 서류 등 외교통상부령으로 정하는 서류를 준비해서 제출하여 신청한다.

(1) 영문성명의 정정이나 변경으로 인한 재발급

여권에 영문으로 표기한 성명을 정정하거나 변경하려는 사람은 다음 사유 중 어느 하나에 해당하는 경우에 여권 재발급을 신청할 수 있다.

- 여권의 영문성명이 한글성명의 발음과 명백하게 일치하지 않는 경우
- 국외에서 여권의 영문성명과 다른 영문성명을 취업이나 유학 등을 이유로 장기간 사용하여 그 영문성명을 계속 사용하려고 할 경우
- 6개월 이상의 장기체류나 해외이주 시 여권에 영문으로 표기한 성을 다른 가족구성원의 여권에 쓰인 영문 성과 일치시킬 필요가 있는 경우
- 여권의 영문 성에 배우자의 영문 성을 추가·변경 또는 삭제하려고 할 경우
- 여권의 영문성명이 명백하게 부정적인 의미를 갖는 경우

(2) 여권훼손으로 인한 재발급

여권의 종류, 발행국, 여권번호, 발급일, 기간만료일과 발급관청, 여권의 명의인(名義人)의 성명, 국적, 성별, 생년월일, 주민등록번호와 사진의 정보를 식별하는 것이 곤란한 경우와 외관상 여권에는 특별한 문제가 없다 하더라도 전자적으로 수록한 정보가 손상되어 판독이 불가능한 경우에 재발급을 신청할 수 있다.

6) 여권발급수수료

여권발급을 위해 여권발급기관에 지불해야 하는 수수료는 다음과 같다.

종류	구분			여권발급 수수료		국제교류기여금		합계	
				국내	재외공관	국내	재외공관	국내	재외공관
전자여권	복수여권 (거주여권 포함)	5년 초과 10년 이내		40,000원	40달러	15,000원	15달러	55,000원	55달러
		5년	만 8세 이상	35,000원	35달러	12,000원	12달러	47,000원	47달러
			만 8세 미만			-	-	35,000원	35달러
		5년 미만 (여권법시행령 제6조 제2항 2, 3, 4호에 해당되는 경우)		15,000원	15달러	-	-	15,000원	15달러
	단수여권	1년 이내		15,000원	15달러	5,000원	5달러	20,000원	20달러
사진부착식 여권	단수여권	1년 이내		10,000원	10달러	5,000원	5달러	15,000원	15달러
기타	여행증명서	사진전사식		10,000원	10달러	2,000원	2달러	12,000원	12달러
		사진부착식		5,000원	5달러	2,000원	2달러	7,000원	7달러
	잔여유효기간 부여 여권			25,000원	25달러	-	-	25,000원	25달러
	유효기간 연장 재발급			25,000원	25달러	-	-	25,000원	25달러
	기재사항 변경			5,000원	5달러	-	-	5,000원	5달러
	여권 사실증명			1,000원	1달러	-	-	1,000원	1달러

주) 국제교류기여금은 만8세 미만 자에게는 부과하지 않음
자료 : http://www.0404.go.kr/passport/Passport02_3.jsp

02 비자(Visa, 査證)

1) 비자의 정의

비자는 사증(査證)으로 번역되며, 여행, 취업, 거주, 유학을 목적으로 일정기간 동안 외국에 입국할 때 체류를 허가해 주는 방문국가에서 발급하는 공문서이다. 비자는 방문자의 방문목적, 체류기간, 금전상태 등 전반적으로 입국자에 대

한 해당 국가의 체류자격을 심사하여 적합한 경우 입국 이전에 이를 발급을 받음으로서 입국에 대한 자격을 취득하게 된다. 비자를 취득한 경우에는 통상 입국에 문제가 없으나 최종입국심사는 방문국가의 출입국항에서 입국심사를 통해 받게 된다. 이 경우 입국에 부합하지 않는 여행자의 경우에는 입국이 거부될 수 있다. 비자의 형태는 여권의 사증란에 seal의 형태를 부착하여 발행하는 형태와 stamp로 사증란에 찍는 형태가 있다. 비자는 1회에 한해 입국할 수 있는 단수(single) 비자와 2회 이상 입국할 수 있는 복수(multiple) 비자가 있다.

2) 비자(사증)면제협정국가

양국 간 국민의 자유롭게 이동을 도모하기 위해 국가 간에 상호 사증의 면제를 체결하는 것을 사증면제협정이라고 한다. 그러나 사증면제협정국가를 방문하는 경우에는 그 목적이 사업, 이민 등과 같은 목적이 아닌 관광방문의 경우에 해당되며 체류일도 3개월 이상 장기체류는 불가능한 것이 통상적이다.

현재 우리나라의 경우 관광목적인 경우에는 대부분 사증면제협정이 체결되어 있는 국가가 대부분으로 비자가 필요없는 국가가 많다. 2013년 7월 기준으로 일반여권으로 무사증 입국이 가능한 국가는 64개국이며 일방 혹은 상호주의에 의해 입국이 가능한 국가는 53개국이다. 자세한 사항은 <표 7-1>과 같다.

표 7-1 비자(사증) 면제협정 체결 현황[2013.8.19 현재]

<table>
<tr><th>총체결국</th><th>적용대상</th><th colspan="3">국가명</th></tr>
<tr><td rowspan="8">99개국
(90일)</td><td>외교관
(4개국)</td><td colspan="3">우크라이나(90일), 우즈베키스탄(60일), 중국(30일), 투르크메니스탄(30일)</td></tr>
<tr><td>외교관/관용
(33개국)</td><td colspan="3">가봉(90일), 라오스(90일), 러시아(90일), 몰도바(180일 중 90일), 몽골(90일), 미얀마(90일), 방글라데시(90일), 베넹(90일), 베트남(90일), 벨라루스(90일), 벨리즈(90일), 볼리비아(90일), 사이프러스(90일), 아르메니아(90일), 아르헨티나(90일), 아제르바이잔(30일), 알제리(90일), 앙골라(30일), 에콰도르(외교: 업무수행기간, 관용: 3개월), 우루과이(90일), 이란(3개월), 이집트(90일), 인도(90일), 일본(3개월), 조지아(90일), 카자흐스탄(90일), 캄보디아(60일), 크로아티아(90일), 키르기즈(30일), 타지키스탄(90일), 파라과인(90일), 파키스탄(3개월), 필리핀(무제한)</td></tr>
<tr><td rowspan="6">외교관/관용
/일반
(64개국)</td><td rowspan="6">90일
(64개국)</td><td>아주지역
(4개국)</td><td>태국, 싱가포르, 뉴질랜드, 말레이시아</td></tr>
<tr><td>미주지역
(25개국)</td><td>바베이도스, 바하마, 코스타리카, 콜롬비아, 파나마, 도미니카(공), 도미니카(연), 그레나다, 자메이카, 페루, 아이티, 세인트루시아, 세인트키츠네비스, 브라질, 세인트빈센트그레나딘, 트리니다드토바고, 수리남, 안티구아바부다, 니카라과, 엘살바도르, 멕시코, 칠레, 과테말라, 베네수엘라(외교·관용 30일, 일반 90일), 우루과이</td></tr>
<tr><td rowspan="2">구주지역
(30개국)</td><td>[쉥겐국(26개국 중 슬로베니아 제외)]
그리스, 오스트리아(외교·관용 180일), 스위스, 프랑스, 네덜란드, 벨기에, 룩셈부르크, 독일, 스페인, 몰타, 폴란드, 헝가리, 체코, 슬로바키아, 이탈리아, 라트비아, 리투아니아, 리히텐슈타인, 포르투갈(60일)(이하 180일 중 90일), 에스토니아, 핀란드, 스웨덴, 덴마크, 노르웨이, 아이슬랜드
※ 이탈리아 : 협정상의 체류기간은 60일이나 상호주의로 90일간 체류기간 부여(2003.6.15)</td></tr>
<tr><td>[비쉥겐국]
영국, 아일랜드, 불가리아, 루마니아, 터키</td></tr>
<tr><td>중동·
아프리카
지역
(5개국)</td><td>모로코, 라이베리아, 이스라엘, 튀니지(30일), 레소토(60일)</td></tr>
</table>

주) 쉥겐국 : 유럽 국가 중 쉥겐협정이행협약(Convention Implementing the Schengen Agreement, 이하 쉥겐협약)에 가입한 26개 회원국을 말한다. 쉥겐협약은 1985년 6월 14일 룩셈부르크의 쉥겐지방에서 당시 유럽공동체(European Community)의 10개 회원국 중 서독, 벨기에, 프랑스, 룩셈부르크, 네덜란드의 5개국이 회원국 간의 국경통제철폐를 위해 발의된 조약으로 5년 후에 발효되었다. 이후 1997년 암스테르담조약으로 쉥겐협약이 유럽연합(European Union)의 법률로 합병되면서 현재 26개국의 회원국이 쉥겐국으로 가입되어 회원국 간 이동이 자유롭다. 쉥겐국 중 네덜란드, 룩셈부르크, 스위스, 라트비아, 슬로바키아, 프랑스, 포르투갈, 슬로베니아, 리히텐슈타인, 핀란드, 에스토니아는 26개 쉥겐국 합산, 최초 입국일부터 180일 중 90일 체류 가능(쉥겐협약 우선 적용)

한편 비자면제협정의 체결국이 아니지만 상호주의로 비자 없이 입국할 수 있는 나라는 <표 7-2>와 같다.

표 7-2 한국인의 무사증입국이 가능한 국가[53개 국가 또는 지역]

구분	가능한 나라
아주(11)	동티모르(외교·관용 30일), 마카오(90일), 라오스(15일), 홍콩(90일), 몽골(30일, 최근 2년 이내 4회, 통산 10회 이상 입국자에 한함), 베트남(15일), 브루나이(30일), 인도네시아(외교·관용 14일), 일본(90일), 대만(90일), 필리핀(30일)
미주(7)	미국(90일), 캐나다(6개월), 가이아나(90일), 아르헨티나(90일), 에콰도르(90일), 온두라스(90일), 파라과이(30일)
구주(16)	사이프러스(90일), 산마리노(9일), 세르비아(90일), 모나코(90일), 몬테네그로(90일), 슬로베니아(90일 / 쉥겐국), 크로아티아(90일), 안도라(90일), 보스니아·헤르체고비나(90일), 우크라이나(90일), 조지아(360일), 코소보(90일), 마케도니아(1년 중 누적 90일), 알바니아(90일), 영국(최대 6개월)*, 키르기즈(60일)
대양주(12)	괌(15일 / VWP 90일), 북마리아나연방(45일 / VWP 90일), 바누아투(1년내 120일), 사모아(60일), 솔로몬군도(1년 내 90일), 통가(30일), 팔라우(30일), 피지(4개월), 마샬군도(30일), 키리바시(30일), 마이크로네시아(30일), 투발루(30일)
아프리카·중동(7)	남아프리카공화국(30일), 모리셔스(16일), 세이쉘(30일), 오만(30일), 스와질랜드(60일), 보츠와나(90일), 아랍에미리트(30일)

※ 미국 : 사증 자체는 필요없으나, 비자면제프로그램에 의해 전자여권으로 http://esta.cbp.dhs.gov에서 전자여권을 미리 받아야 함.

※ 영국 : 무사증입국시 신분증명서, 재정증명서, 귀국항공권, 숙소정보, 여행계획 등 제시 필요(주영국대사관 홈페이지 참조)

다음은 우리나라에 무사증으로 입국이 가능한 국가와 기타 사증관련 협정이 체결된 국가들을 정리한 표이다.

표 7-3 우리나라에 무사증입국(30일)이 가능한 국가[50개 국가 또는 지역]

구분	가능한 나라
아주 (6)	홍콩(90일), 일본(90일), 마카오(90일), 브루나이(30일), 대만(90일), 인도네시아(외교 · 관용, 30일)
미주 (7)	미국(90일), 캐나다(6개월), 아르헨티나(30일), 온두라스(30일), 파라과이(30일), 가이아나(30일), 에콰도르(30일)
구주 (11)	모나코(30일), 교황청(30일), 슬로베니아(90일), 크로아티아(90일), 알바니아(30일), 사이프러스(30일), 산마리노(30일), 안도라(30일), 보스니아 · 헤르체고비나(30일), 세르비아(90일), 몬테네그로(30일)
대양주 (13)	괌(30일), 나우루(30일), 뉴칼레도니아(30일), 미크로네시아(30일), 솔로몬군도(30일), 키리바시(30일), 피지(30일), 마샬군도(30일), 팔라우(30일), 사모아(30일), 호주(90일), 투발루(30일), 통가(30일)
아프리카 · 중동 (13)	남아공(30일), 스와질란드(30일), 이집트(30일), 모리셔스(30일), 세이쉘(30일), 사우디아라비아(30일), 아랍에미리트(30일), 예멘(30일), 오만(30일), 카타르(30일), 쿠웨이트(30일), 레바논(외교 · 관용, 30일), 바레인(30일)

※ (외교 · 관용) : 외교 · 관용여권 소지자에 대해서만 무사증입국 허용

표 7-4 기타 사증관련 협정 체결현황

적용대상	대상국가
복수사증 (13개국) (협정 및 상호주의에 의거)	인도(상용 · 고용 · 관광), 호주(상용), 아르헨티나(상용), 미국(단기 종합), 일본, 캐나다(상용), 브라질(상용, 투자, 취재), 러시아(단기 복수), 중국, 우즈베키스탄(상용 등), 우크라이나(상용, 주재 등), 독일(주재, 투자 등), 몽골
취업관광사증 (16개국)	호주, 캐나다, 일본, 뉴질랜드, 프랑스, 독일, 미국, 아일랜드, 스웨덴, 덴마크, 대만, 홍콩, 체코, 영국, 오스트리아, 헝가리
항공기승무원 양해각서	중국, 러시아

※ 상기 비자 관련 상세정보는 해당국 재외공관에 문의하기 바람.

※ 자세한 입국관련 사항은 아래의 개별국가의 입국허가 요건을 참조.

사증면제국가 여행시 주의할 점

사증면제제도는 대체로 관광, 상용, 경유일 때 적용이 됨. 사증면제기간 이내에 체류할 계획이라 하더라도 국가에 따라서는 방문 목적에 따른 별도의 사증을 요구하는 경우가 많으니 입국 전에 꼭 방문할 국가의 주한공관 홈페이지 등을 통해 확인해야 함.
특히, 미국 입국시에는 ESTA라는 전자여행허가를 꼭 받으셔야 하고, 영국 입국시에는 신분증명서, 재직증명서, 귀국항공권, 숙소정보, 여행계획을 반드시 지참해야 함.

자료 : 외교부 해외안전여행 : http://www.0404.go.kr/contentView.do?menuNo=4030100

3) 주요 비자 필요국가

비자면제협정체결국가 외에 통상적으로 우리나라 관광객의 방문율이 높은 국가는 미국과 중국이다. 이들 국가의 비자발급의 내용은 다음과 같다.

(1) 미국비자

가) 비자면제프로그램(VWP : Visa Waiver Program)을 통한 여행승인

우리나라는 2008년 11월 17일부터 미국비자면제프로그램에 가입되었으므로 사실상 관광목적을 위해 미국비자를 받을 필요는 없어졌다. 미자면제 프로그램을 통해 입국할 수 있는 경우는 단기출장 혹은 관광목적의 방문으로 유효한 전자여권[1)]을 소지해야 하고 등록된 항공이나 선박의 왕복항공권 또는 미국 경유시에는 최종 목적지의 항공권을 소지해야 한다. 그리고 미국에 체류할 수 있는

1) 전자여권은 여권의 보안성 강화를 위해 국제민간항공기구(ICAO)의 권고에 따라 얼굴, 지문 등의 바이오인식정보(Biometric data)와 성명, 여권번호, 생년월일 등의 신원정보를 수록한 집적회로 칩이 내장된 여권을 말한다. 전자여권은 이전의 여권과 마찬가지로 종이 재질의 형태로 제작되고 앞표지에는 국제민간항공기구의 표준을 준수하는 전자여권임을 나타내는 로고가 삽입되어 있고 뒤표지에는 칩과 안테나가 내장되어 있다. 전자여권은 칩의 위조, 변조가 불가능해서 개인정보의 유출이 방지된 여권의 보안성이 강화된 것이 특징이다. 전자여권은 여권번호가 M 또는 S로 시작되며 숫자 8자리로 구성된다.

기간은 90일로 이 기간 이내에 출국해야 하며 전자여행허가(ESTA : Electronic System for Travel Authorization)의 승인을 취해야 한다. 승인을 받는 절차는 전자여행허가(ESTA) 홈페이지(https://esta.cbp.dhs.gov)에서 온라인 신청서를 작성 후 승인을 받는다. 신청상에서 기재해야 할 내용은 다음과 같다.

- 신청자정보 : 생년월일, 거주국가, 이메일주소(선택사항), 성과 이름, 성별, 전화번호(선택사항)
- 여권정보 : 여권만료 연월일, 여권발행년월일, 여권발행국가, 여권번호
- 여행정보 : 항공사명과 편명 혹은 선박이름, 탑승도시
- 미국체류 주소
- 전염성 질병, 신체적 또는 정신적 장애, 약물남용 혹은 중독자 여부
- 규제 약물과 관련한 위반 혹은 부도덕한 범죄 또는 법률 위반으로 인한 유죄 여부
- 미국에서 취업예정 여부, 과거 미국에서 추방되어 강제이송 여부, 허위 또는 사기로 미국에 입국을 시도하거나 비자를 발급 혹은 발급받으려고 한 적이 있는가의 여부
- 미국 시민권이 있는 자녀의 양육권 문제로 인해 구류, 유치되거나 혹은 양육권을 받지 못한 적이 있는가의 여부
- 기소면제를 받은 적이 있는가의 여부

전자여행허가(ESTA) 신청은 최소한 미국 출발 72시간 전에 신청이 권장되고 있다. 한편, 전자여행허가(ESTA) 승인을 받지 못했을 경우 미국대사관에 직접 비자신청을 해야 한다. 그리고 비자면제프로그램을 이용하지 않고 비자를 받아 여행하길 원하는 경우도 목적에 맞는 비자를 신청하면 되는데, 관광목적비자의 경우는 다음과 같다.

나) 비자취득을 통한 여행

미국을 관광, 사업상의 목적으로 방문하려고 하는 경우에는 관광/상용비자

(B1 / B2)를 취득해야 한다.

이를 위해서는 비자신청시 비자정보인터넷서비스사이트(http://www.us-visaservices.com/)나 한국 내의 전화 비자정보센터(003-08-131-420-월-금요일, 오전 8시 30분부터 오후 5시까지)로 반드시 비자인터뷰를 해야 한다. 단, 14회 생일이 안 지난 어린이 신청자로서 부모 중 적어도 한 사람이 유효한 미국 방문비자를 소지하고 있는 경우와 80회 생일이 지난 신청자는 인터뷰가 제외된다. 그리고 14회 생일이 안 지난 어린이 신청자 중 비자 인터뷰를 예약한 경우, 인터뷰 시 어린이가 직접 오지 않고 인터뷰 날짜에 부모님이 대신 인터뷰할 수 있다. 그리고 14회 생일이 안 지난 신청자는 비자 인터뷰와 지문인식을 하지 않아도 된다. 인터뷰예약은 직계가족 5인까지 한꺼번에 가능하며 예약 인터뷰일 2일 전부터는 취소가 불가능하다. 비자신청 시에 필요한 서류는 다음과 같다.

〈구비서류〉

- 미국 여행시 유효한 여권(여권 커버를 사용금지)
- 온라인 비자신청서 DS-160를 작성 후 프린트한 확인용지(confirmation page)
- 최근 6개월 이내 찍은 흰색배경의 가로, 세로 5×5cm 사진 한 장 : 온라인상에서 비자용 사진을 업로드하였어도 사진 한 장 지참해야 함
- 비자신청 수수료 납부영수증. 비자신청수수료는 신한은행의 전국지점에서 납부가 가능하며 영수증은 "확인 용지" 우측 상단에 부착한다.
- 예전에 미국비자를 받은 경우, 예전 미국비자가 있는 여권
- 미국대사관에서 인정하는 한국 내 택배서비스신청서
  택배신청서는 일양(http://www.ilyanglogis.com/)이나 한진택배(http://www.hanjin.co.kr/) 홈페이지에서 다운받을 수 있다.
- 기타 영사가 필요시 요청하는 추가서류

(2) 중국비자

우리나라는 중국과 아직까지 비자면제협정을 체결하지 않아 관광목적으로 입국을 하기 위해서는 비자가 필요하다. 비자에 필요한 서류는 여권 원본, 신분증 사본 또는 명함, 여권용 사진 1장, 비자신청서, 중국측 호텔의 예약확인서, 왕복항공권 또는 연결항공권이 필요하다. 18세 미만의 미성년자는 신분증사본 대신 주민등록등본이 있어야 한다. 비자는 외국인의 여행, 상무, 유학, 취업, 경유 등에 대해 신청할 수 있다. 중국 비자는 모든 여행사를 통해 발급이 가능하다. 기존에는 33개의 지정여행사만 가능하였다. 그동안 중국대사관 영사부에서 맡아 처리한 비자업무가 중국비자센터에서 처리하게 되었다. 매년 400만 명이 넘는 한국인이 중국비자를 받는 상황으로 업무가 폭주됨에 따라 중국비자센터에서 업무를 대행하여 운영하게 되었다. 중국현지 여행업체인 중국여행사(CTS)와 중국국제여행사(CITS) 등 2개 업체가 중국비자센터가 되었다. 이들 업체는 세계적인 비자 발급업무 대행사인 뗄렉스 꽁딱스의 지도를 받게 되며 서울역과 퇴계로, 광주와 부산에 각각 1곳씩 설치되게 되었다. 중국대사관 영사부는 최종발급 여부만 결정(한국관광신문, 2014.1.6; www.ktnbm.co.kr)하게 되었다. 비자발급은 최소한 업무일 기준 4일이 소요된다. 그리고 신청인이 종교인인 경우, 중국에서 종교활동을 하지 않겠다는 각서를 직접 작성하고, 자필서명과 지장을 찍어서 제출해야 하며 기자 또는 언론매체의 관계자인 경우, 신분을 정확하게 밝혀야 하며, 중국에서 어떠한 취재활동도 허락되지 않는다. 비자의 수수료는 <표 7-5>와 같다.

개인관광비자(단수)의 경우 7만원의 발급비용이 든다. 기존 5만원(비자인지대 3만 5,000원+중국 지정업체 여행초청장 5,000원+국내 여행사 비자 발급·대행 수수료 1만원)에서 중국비자센터 업무 수수료 2만원이 추가된 비용이다(www.ktnbm.co.kr).

표 7-5 중국 비자 발급 비용

단위 : 원(2013년 10월 현재)

구분	기간	비용
개인관광(L)	단수 30일	5만원→7만원 (2014년 1월 24일 이후 인상됨)
	단수 90일	6만원
	더블 30일(2회 이용)	7만 5,000원
단체관광(L) 5인 이상	30일	2만 5,000원→3만 5,000원 (2014년 1월 중순 이후 인상됨)
별지(L) 2~4인	30일	4만 3,000원
상용(F)	단수 30일	5만원
	단수 90일	문의
	복수 6개월	11만원
	복수 1년	15만원
취업(Z)	기간 따라	5만원
유학(X)	기간 따라	5만원

자료 : 머니투데이, 2013.10.15; www.mt.co.kr
※ 비자 비용은 비자를 찾을 때 현금과 체크카드로 지불하면 된다.

한편, 단체비자는 5인 이상이 단체로 여행을 가는데 적용되는 비자이다. 단체비자는 여행사를 통해서만 신청이 가능하다. 여행사가 비자접수시 필요한 것은 단체비자명단(Group Visa List)에 영문이름, 성별, 생년월일, 국적, 여권번호, 직업 등의 인적사항을 기재하여 중국비자센터에 제출하면 된다. 여행일정표는 필요 없으나 간혹 대사관에서 요청하는 경우에는 제출해야 한다. 비자가 승인되면 A4 용지 크기의 일반 종이에 모든 비자신청자 명단이 적혀 있는 단체비자가 2매 발급되며 1매는 입국용, 1매는 출국용이다. 참고로 비자신청센터는 오전 9시부터 오후 4시까지 운영된다.

(3) 호주사증

호주비자는 1997년 4월 24일부터 Electronic Travel Authority(ETA)를 통해 관

광이나 상용 목적으로 방문하는 여행객들을 위한 전산비자를 발급해 주고 있다. ETA 전산비자는 여권에 비자 스티커나 스템프카 없이 온라인으로 비자를 발급해 주는 시스템이다. 현재, 한국여권을 소지한 여행자의 경우 ETA를 통해 비자를 신청할 수 있다. ETA는 항공권 예약 시 항공사나 여행사를 통해서 받거나 인터넷으로 신청할 수 있 있다. 인터넷 신청의 경우 신청비로 호주 달러 20불을 지불해야 한다. ETA를 통하여 관광목적의 비자는 V(976)비자로 12개월 동안 복수로 방문할 수 있는 비자로 매 방문시마다 3개월(비자기간)까지 체류가 가능하다. ETA비자신청은 최소 출국예정일보다 근무일 기준으로 5일 전에 신청해야 한다. ETA를 통해 비자신청이 승인되지 않는 경우에는 호주대사관에서 여행목적에 맞는 비자를 받아야 한다. 관광비자(Visitor visa-subclass 600)는 비자기간이 3개월~1년이다. 비자신청비는 AUD ＄130부터 AUD ＄335이다. 호주 내에서 비자 연장을 하는 경우에는 Tourist Stream만 가능하다. 관광(Tourist Stream) 목적 비자는 최대 3개월 공부가 가능하다. 즉, 단기 어학연수가 가능하다. 관광(Tourist Stream) 목적인 경우 호주 내, 밖에서 신청이 가능하다. 신청방법은 호주 이민성 홈페이지에서 온라인 신청 후 요청에 따라 신체검사를 받으면 된다. 관광비자 가운데서도 Tourist Stream만 호주 내에서 연장이 가능하다(www.timest.co.kr). 관광비자의 심사일수는 근무일수로 5일 정도가 소요된다.

(4) 러시아비자

한국과 러시아 간 비자면제협정이 2014년부터 발효하여 기존의 관광비자를 받는 절차가 없어졌다. 관광초청장, 신청서, 반명함 사진, 비자발급 수수료(단수비자 8만 4,000원, 복수상용비자 37만 2,000원)가 필요 없게 되었다.

한-러 간 무비자 입국은 2013년 11월 블라디미르 푸틴 러시아 대통령 방한시 양국 간에 체결된 비자(사증)면제협정에 따른 것이다. 협정에 따르면 일반여권이나 여행증명서를 소지한 양국 국민은 근로활동이나 장기유학, 상주 목적이 아닌 관광 혹은 방문 등의 목적으로 상대국을 방문할 경우 비자 없이 60일까지 체류할 수 있다. 60일 동안 체류 후 잠깐 출국했다가 재입국하면 30일을 더 머무를 수 있다. 180일 기간 내 최대 90일을 비자 없이 체류할 수 있게 되었다. 기존에 관광비자로 체류할 수 있는 기간이 30일 이내였던 것에 비하면 두 배로 기간이 늘어났다.

그러나 무비자 입국 시에도 7일(근무일 기준) 이상 러시아에 체류할 경우에는 입국일로부터 7일 이내에 거주등록신고를 해야 한다. 러시아는 자국을 방문하는 모든 외국인에 대해 입국일로부터 일주일 안에 체류 지역 이민국에 거주등록 신고를 하도록 요구하고 있다.

한편 근로활동과 장기유학, 상주 등의 목적으로 상대국을 방문하는 경우에는 여전히 비자가 필요하다. 이 중 근로 활동은 취업, 영리 활동을 뜻하며 취재와 공연도 포함된다(연합뉴스, 2014.1.2; http://app.yonhapnews.co.kr).

기존에 비자가 있었을 때는 러시아 입국시 날짜가 표기된 왕복항공권 등을 지참하고 인터뷰도 종종 진행하였으나 비자면제 후 입국심사가 신속히 진행되고 있다는 평가를 받고 있다. 향후, 상호주의 원칙에 따라 한국과 러시아 양국간의 무비자로 안한 관광수요가 증가할 것으로 전망된다.

03 수배업무

1) 여행사 OP(수배담당자)업무 분석

(1) 수배담당자의 정의

최근 여행사에 취업하는 여학생의 대부분은 수배담당자, 즉 OP로 대부분 취업하고 있다. 여행사 수배담당자인 OP(Operator)는 여행상품을 상담하고 여행에 대한 조언을 하는 Tour Coordinator이다. 여행상품에 대한 해박한 지식과 경험으로 여행자의 여행에 관련된 모든 정보를 안내하고 상담해주는 여행지도자로 전문 여행상품 판매자를 의미한다. 또한 해당 여행상품과 관련된 항공예약 및 발권의뢰 등 여행사에서 실질적으로 처리해야 할 업무를 담당하게 된다. 매 순간 정확함을 기여해야 하는 긴장감 속에서 신뢰를 바탕으로 여행상품에 대한 정보를 제공하고 홀세일러 여행사의 경우 영업사원과 동반자로서 역할을 하는 영업부서의 Host라고 할 수 있다(www.hantour.com 참고). 여행 도매업체의 OP의 경우에는 거래 소매업체를 통해 물량을 받게 되므로 영업사원과 의뢰한 여행소매업체와의 사이에서 매개역할과 업무처리 역할을 담당하게 된다.

수배담당자란 고객의 요구에 의해 해당 국가 및 지역의 여행일정표를 작성하고 여행상품요소를 현지에 준비케 하며 해당 상품의 원가에 기초하여 적절한 수익을 더하여 요금을 산출하는 업무를 담당하는 자를 말한다. 여행사의 수배담당자는 고객이 요구하는 항공예약, 호텔수배, 식당수배, 가이드 수배, 차량수배 등 제반 요구사항을 여행사와 연계된 관련 기업으로부터 준비하며 투어의 경우 현지여행사나 랜드사를 통해 직접 수배하게 되는 담당자이다. 여행사의 수배담당자의 역할은 매우 중요하다. 현지수배로 인해 여행상품의 평가가 좌우되기 때문이다. 상품의 경쟁력을 높일 수도 있고, 반면에 잘못되면 여행상품의 질 저하와 실패로 이어지기 때문이다. 여행사 수배담당자는 여행상품 기획자라 할 수 있다.

(2) 수배담당자의 업무

가) 일정표 작성

고객의 요구에 맞는 일정으로 작성한다. 고객이 원하는 항공일정(Air Schedule), 호텔, 식사, 가이드, 쇼핑, 선택관광 진행 등 관광 일정표를 작성해야 한다. 고객의 특별한 요구사항이나 희망사항, 여행조건 그리고 희망 경비를 파악해서 해당하는 국가나 지역의 상품으로 추천하고 여정을 작성하여야 한다. 그리고 고객이 특별히 요청하는 수배사항(Principal)이 가능한지 정확하게 파악하는 것이 중요하다. 인센티브 단체의 경우 특별한 요구사항이 일정에 포함되고 반영되도록 주의를 기울여야 한다. 테마관광의 경우 미술관투어라고 하면 희망하는 미술관이 개관해서 고객이 충분히 작품 감상을 할 수 있는 여건이 되는 상황인가를 살펴보아야 할 것이다. 그래서 전문성이 높은 여행사라면 이러한 상황들을 잘 파악하여 고객에게 정보를 제공하고 필요한 수배의 노하우와 경쟁력을 갖춰야 한다. 수배의 능력은 회사의 수익성과도 직결되는 중요한 문제이다. 그리고 여행자가 특별하게 주문한 내용들에 대해서는 필히 이행되도록 해야 한다. 고객의 요청과 요구사항에 대해서는 대부분의 내용들이 지켜지고 수행되어야 하는 것이 여행사의 의무이고 기능이기 때문에 그렇다.

나) 일정표 작성시 구성요소

여행일정의 구성요소는 정확한 여행기간, 목적지인 여행구간, 항공을 중심으로 한 교통편, 고객들의 선택사항이며 중요한 수배요소인 호텔의 등급에 의한 숙박, 현지특식 등의 식사, 충실한 관광 및 견학 그리고 선택관광과 쇼핑 등이다. 고객들이 편안하고 즐거운 여행이 되도록 여행 일정이 작성되어야 한다.

(가) 여행일정표 작성시 지침

① 여행자의 구매목적에 적합한 여정

여행일정은 무엇보다도 고객의 입장에서 작성되어야 한다. 여행의 목적이 무엇인가에 맞는 여정이어야 한다. 휴식을 위한 휴가여행, 종업원의 사기진작과 위로, 친목을 도모하기 위한 인센티브투어, 노인들을 위해 관광지를 답사하는 효도관광, 신혼여행, 출장여행 등 관광의 목적, 조건에 부응하여 관광일정을 작성하여야 한다. 고객의 의견과 희망사항을 토대로 세심하게 반영하여 여행목적에 맞는 상품을 제작하여야 한다.

② 호텔선정에 신중

투어의 평가 가운데 가장 고객들이 민감하고 결정적으로 지목하는 부분이 호텔이다. 그래서 출발하기 전 결정된 호텔에 대해 정확한 정보를 제공하는 것이 중요하다. 또한 고객의 호텔등급 인식과 이에 대한 결정에 대한 어느 정도의 책임도 져야 한다고 본다. 호텔결정시 동일한 가격조건이면 고객의 의견을 반영해서 호텔이 선정되는 것이 좋다. 젊은층의 경우는 시내에 위치해 있는 호텔을 선호할 것이다. 반면 중장년이나 노년층은 조용하고 안락한 호텔을 선호하므로 시내에서 다소 떨어진 곳이라도 고객의 요구를 충족시키면 괜찮다고 본다. 동남아에 비해 유럽의 호텔의 규모와 등급 및 가격의 차이점에 대해서도 미리 고객에게 잘 설명이 되어야 할 것이다. 일반적으로 호텔의 외형이 화려하고 규모가 큰 호텔을 선호하는 경향이 강하기 때문이다.

③ 여정선정에 주의

이왕이면 현지에서 많은 장소를 효과적으로 관광하는 것이 유익하다. 그래서 며칠 동안의 일정이라면 여러 정황들을 고려하여 일정을 유연하게 진행하는 것도 필요하다고 본다. 물론 주요 관광지 방문이 철저하게 지켜지는 조건에서 그러하다. 또한 즐겁고 유익한 관광이 되도록 주변경관이 훌륭하고 좋은 코스를 이용하여 이동하는 것도 필요하다. 여행사 측의 편의를 도모하는 것이 아닌 고객중심적인 코스선정이 되어야 한다. 시간적인 고려도 있어야 할 것이다.

예를 들어, 프랑스에서 영국으로 이동시 시간과 비용의 차이가 없는 조건에서는 유로스타, 국제선항공, 후버스피드 가운데 고객이 원하는 교통편을 선택해서 만족도를 높이는 것도 좋은 방법이기 때문이다.

④ 충분한 휴식시간

하루에 8시간 이상 관광하는 것도 그렇게 쉽지는 않다. 시차적응, 여독 등 무리하면 어려움이 따른다. 그래서 지나치게 강행군하는 것은 오히려 부작용이 생길 수 있다. 상품의 성격에 따라 다르지만 특수지역일 경우 특히나 고객의 피로도와 건강상태 등을 고려해서 참여범위를 정해 안내하는 것도 상당히 중요하다.

⑤ 식사메뉴의 다양화

여행시 현지에서의 식사는 관광활동의 중요한 요소 중의 하나이다. 그래서 현지에서 유명하고 맛있고 잘 알려진 음식을 경험하는 것은 잊지 못할 소중한 추억이 될 수 있다. 다양한 경험이 되도록 식단이 작성되어야 한다. 물론 현지 음식에 적응하지 못하는 고객을 위한 한국식 등이 포함되어야 한다. 현지식, 미국식, 한국식, 중국식 등 다양한 메뉴를 포함시켜 여행객의 만족도를 높여야 한다.

⑥ 적당한 쇼핑시간

쇼핑은 여행사에 의해서 거의 일방적으로 진행되는 것보다는 여행객이 자발적으로 쇼핑할 수 있도록 하는 것이 좋다. 여행사의 일방적이고 과도한 쇼핑안내는 여행사의 수익을 도모한다는 측면보다도 오히려 해당 여행사에 대한 이미지와 고객 재창출에 부정적인 영향을 미칠 것이다. 고객과 여행사의 적절한 동의차원에서 쇼핑이 진행되는 것이 바람직하다.

⑦ 기상변화에 따른 대안마련

갑작스런 기상변화로 파업 등으로 공항이나 현지의 교통편이 움직일 수 없을 때 여행일정 진행에 막대한 타격을 입게 된다. 사전에 조치를 취해야겠지만 불가항력적인 상황이면 참으로 곤란을 겪게 된다. 극단적인 상황이 아니라면 타 항공사로 대체하거나 일정을 조정해서 최대한의 피해를 막아야 할 것이다. 국내선 구간에 문제라면 버스를 대절해서 무리하게나마 이동을 해야만 차후의 일정에 대한 부담과 문제가 없게 될 것이다. 상황을 정확하게 판단하여 대안을 마련해야만 한다. 무엇보다도 사전에 출발 전 현지상황을 긴밀하게 파악 출발 여부를 결정하여야 할 것이다.

⑧ 편안한 여정으로 마무리

여행의 후반부는 특히 편안한 일정이 되도록 작성되어야 한다. 처음부터 끝까지 일정이 촉박하고 휴식과 개인의 자유시간이 부족하면 고객의 만족도가 떨어질 것이다. 그러므로 일정표 작성에 유의해야 한다.

⑨ 참관과 참여의 적절한 조화

예전의 관광형태가 대부분 관람하는 참관의 형태였다면 오늘날 관광은 활동적으로 참여하는 체험형 관광의 비중이 커지고 있다. 그래서 여행객들의 흥미를 높여주기 위해 관람형 관광과 참여형 관광이 적절히 배합되어야 한다. 영국의 런던, 캐나다의 오타와를 방문시 근위병교대식 같은 정규행사는 관광객들에게 호기심과 재미를 줄 수 있는 관광요소이므로 일정에 포함시키는 것은 좋은 반응을 얻게 된다. 이러한 세리머니는 훌륭한 관광상품이다. 또한 주요한 관광지를 가이드의 설명을 듣고 스쳐 지나오는 것보다도 프랑스의 몽마르트언덕, 캐나다의 몬트리올 자끄까르띠에 광장, 케백의 다름광장, le chateau frontanc 성곽 주변, 이탈리아 로마의 나보나광장, 스페인광장에서 거리의 화가들을 통해 자신의 초상화를 그려보고 거리공연을 감상해보는 것, 비둘기에 먹이도 주고 아이스크림도 사먹고, 카페에서 카페오레나 와인 한 잔을 시켜 지나가는 관광객들을 바라보는 것도 추억으로 남을 만한 재미있는 관광요소가 될 것이다(고종원, 2005 : 57). 외국에서 트레킹을 한다든지 골프나 스노클링을 하는 것 등은 참여형 관광활동의 예가 된다.

⑩ 출발시각 및 도착시간 확인

여행상품은 항공시간(Air Schedule)에 기초하여 작성된다. 원하는 항공사의 스케줄을 확인해서 출발과 도착시간을 확인하여 일정을 작성해야 한다. 항공사는 고객이 요청하는 경우도 있지만 여행사에서 가격대 및 일정작성에 유리한 항공사를 선택하게 된다. 항공 일정이 너무 이르거나 늦으면 지방에 멀리 있는 고객은 이동에 어려움이 따르므로 시간대를 고려하여 항공사를 선택해야 하는 상황도 생길 수 있다.

⑪ 여행객들이 선호하는 교통기관 이용

이동할 구간에 다양한 교통기관의 선택이 주어질 때 여행자들이 선호하는 교통기관을 선정하도록 한다. 만약에 시간적으로나 가격적으로 차이가 별로 없다면 고객선호도에 따라 교통기관을 선택하는 것이 훌륭한 여행상품으로 평가받을 수 있기 때문이다. 예를 들어, 유럽에서 영국 런던에서 프랑스 파리이동시 항공기, 유로스타, 고속페리를 이용할 수 있는데 가격이나 시간을 고려하여 고객이 원하는 교통수단을 이용하게 한다면 좋은 평가를 받을 수 있을 것이다.

⑫ 교통기관의 접속·환승시 충분한 시간 배정

경유하는 항공편을 이용할 경우 경유지에서 항공기 접속이 무난하게 이뤄져야 하므로 충분한 접속시간과 환승시간을 고려하여야 한다. 그래서 일정 작성시 이러한 점을 숙고하여야만 문제가 발생하지 않게 된다. 보통은 환승시간을 최소한 50분 정도로 일반화하고 있다. 문제는 정시에 비행기가 출발하지 않아서 경유지에서 환승시 문제가 될 수 있다는 점을 고려해야 하고 접속이나 환승하는 공항에서 수하물을 찾아 다시 부쳐야 하는 상황이라면 더더욱 많은 시간을 염두에 두어야 할 것이다. 항공기 외에도 다른 교통기관도 여유 있는 시간배정이 요청된다.

⑬ 성수기와 비수기 고려

비수기는 별 문제가 없지만 성수기에는 항공기, 호텔 등 제반 여행요소의 가격이 인상된다. 그리고 좌석확보나 수배도 어렵다는 점을 고려해서 일정표를 작성해야 한다. 특히 선호되는 관광지 입장권도 확보하는데 어려울 수 있다는 점을 인식해야 한다. 이러한 점들을 고려하여 제2의 대안을 모색해야 할 것이다.

⑭ 계절시간 및 휴무일 / 관광지 입장여부 파악

유럽에는 하절기에 서머타임을 시행하고 있다. 이러한 점도 여행일정 작성에 반영해서 관광활동에 지장을 받지 않게 해야 한다. 또한 해당 국가의 일출과 일몰시간을 확인하여 일정을 작성하여야 한다. 현지관광지의 입장시간이 현지시간의 변화로 인하여 방문할 수 없는 일이 발생할 수 있기 때문이다. 그리고 현지의 관광장소의 휴무일 등의 상황 등을 파악해서 여정을 작성해야 한다. 예를 들면, 프랑스 루브르 박물관은 화요일이 휴관이며 이탈리아의 바티칸박물관은 일요일이 휴관이다. 유럽의 경우, 여름 바캉스 시즌에는 대도시도 상점이나 레스토랑들이 쉬는 곳이 많으므로 일정작성 시 참고해야 한다. 만약 여름휴가 기간에 빈 필의 연주를 듣기 위해 음악의 도시 빈을 찾아가는 여행상품이라면 문제가 있다. 빈필의 연주는 들을 수 없다. 잘츠부르크에서는 여름이 음악제 기간이지만, 예약 없이 갔다가는 허탕을 치게 되기 때문이다(고종원, 2005 : 64~65).

⑮ 현지행사시 방문기관의 여건파악

현지에서 필요한 행사나 방문건으로 정부기관이나 기업체 등을 방문해야 할 경우 미리 현지의 해당 기관이나 회사에 연락을 취해 허락을 받아 두어야 한다. 부득이하게 불허되면 다른 장소를 물색해야 하기 때문이다. 허가가 되면 정확한 날짜와 시간 등을 정하고 다시 한 번 방문 전 확인하도록 한다.

⑯ 선택관광 진행시 주의점

선택관광은 기본적인 여정이 아니라 선택사항이다. 그러므로 전체 일정상에 전원이 참여하는 것이 아니라 별도의 시간에 행사되어져야 한다. 그래서 선택관광에 참여하지 않는 일행들에게 피해가 가지 않게 대부분 야간에 진행되도록 한다. 물론 전체가 참여한다면 전 구성원의 합의 하에 주간에도 진행될 수 는 있을 것이다. 가장 바람직한 선택관광은 출발 전 여행사 설명회를 통해 미리 알고 현지에서 진행되는 것이라 하겠다.

⑰ 자유시간 고려

휴양지인 경우 자유시간이 많이 여행객에게 주어진다. 여정이 하루 종일 진행되는 관광지역과는 달리 자유시간이 많이 책정되는 지역에서는 사전에 자유시간에 유용하게 지낼 수 있는 정보제공과 장소안내가 있어야 한다. 고객이 개별적으로 알아서 자유시간을 보내라는 것은 여행사의 무책임한 배려라고 사료된다. 교통편, 시내관광, 쇼핑 등 정보를 자세하게 안내해 주어야 할 것이다.

⑱ 일정변경은 최대한 피할 것

관광분쟁사례의 많은 부분이 여행사와 여행자의 문제로 특히 일정변경에 대한 내용이 대부분이다. 그러므로 사후 분쟁으로 인한 피해를 줄인다는 측면에서도 여정변경은 자제하고 피하는 것이 좋다.
천재지변이나 전란, 자연재해, 항공기의 사고 등으로 인한 불가피한 사항이 아니면 여행계약서를 통해 정해진 일정이 원칙대로 진행되는 것이 가장 바람직하다. 혹시 여정이 불가피하게 변경되어야 하는 경우라도 출발 전 설명회장에서 고객에게 자세하게 경위를 설명하고 납득시켜 합의해야만 문제가 발생하지 않는다.

⑲ 노약자에 기준
가족단위의 여행형태가 증가하고 있다. 건강한 성인에 기준을 두기 보다는 가족의 구성원을 형성하고 있는 할아버지, 할머니, 유아 및 유치원생 등 노약자를 기준으로 한 편안한 일정진행에 신경을 써야 할 것이다. 이들을 배려하는 것이 좋은 상품으로서의 결과를 낳게 된다.

⑳ 참여고객 특성에 부합한 진행
학생단체의 경우라면 교육적인 목적의 여행인 만큼 충실한 관광일정과 좋은 가이드의 설명이 필요할 것이다. 테마관광의 경우에는 전문인들로 구성되어 있는 만큼 전문적인 가이드의 안내와 특정주제에 맞는 행사와 일정 진행이 요청될 것이다. 의료관광이라면 경쟁력 있는 국가방문과 현지에서 잘 알려진 병원견학과 전문적인 일정진행 등이 되어야 할 것이다.

㉑ 신혼여행 고려사항
이들에게는 자유시간이 최대한 보장되는 것이 좋다. 주요 관광지에서 기념이 될 만한 사진촬영 시간이 넉넉하게 주어지는 게 필요하다. 특히 신혼여행의 경우 국제선 이동시 부부가 동석할 수 있게 좌석이 배치되어야 하는 점이 매우 중요하다. 또한 호텔 룸의 배정도 경관이 좋은 방, 해변의 경우 오션뷰가 바람직하다. 그리고 일반객실보다는 업그레이드된 스위트룸이 선호된다. 최근에는 상대적으로 고가임에도 동남아 지역의 주요 리조트의 풀빌라형 객실이 선호되고 있는 상황이다.

㉒ 항공좌석 등의 확보

여행사 관계자의 가장 큰 스트레스는 항공좌석 등 교통기관의 사전 확보 문제이다. 아무리 좋은 상품이라도 교통기관이 확보되지 못하면 의미가 없기 때문이다. 그래서 특히 불황이 아닌 시기의 성수기에는 좋은 상품 구성을 위해 가장 중요한 것이 항공좌석 확보라 해도 과언이 아니다. 출발 전 구성원에 필요한 좌석확보가 여행일정 진행의 근간이 된다.

㉓ 현지 성수기 및 특별행사 / 자연재해 / 정세 등 고려

만약에 박람회가 잘 알려진 독일의 주요 도시의 경우, 현지 호텔을 확보하기가 쉽지 않다. 이럴 경우 팀 행사를 위해서는 일정에 대안이 마련되어야 한다. 인근 도시나 지역에 위치한 호텔을 수배하여 일정진행을 하여야 할 것이다. 미국의 경우, 관광지 호텔은 독립기념일인 7월 4일에 문전성시를 이룬다는 점 등을 고려해야 할 것이다. 또한 폭풍 등 기상상태도 체크하여야 한다. 일본에서는 태풍철에 교통이 막히는데, 이와 같은 일이 다른 나라에서도 자주 일어난다. 여름에서 가을에 걸쳐 미국 동해안은 허리케인의 습격을 자주 받는다. 허리케인은 뉴욕이나 뉴잉글랜드까지 영향을 미치기도 한다. 여행 일정이 엉망이 되고 오고가도 못하는 처지가 될 수도 있다(노구치유키오, 2004 : 48; 고종원, 2005 : 66)는 점도 고려해야 한다. 자연재해를 막기 위해선 전통적으로 피해가 집중화된 시기를 피해 가는 것이 현명하다. 좋은 일정은 무엇보다도 안전하게 여행이 시작되고 마쳐지는 것이라는 전제에서 출발하여야 한다고 사료된다. 얼마 전 예멘에서의 폭탄테러로 우리나라 국민들이 안타까운 피해를 당했다. 정세가 불안하고 테러가 일반화된 국가의 방문은 특히 철저하게 고려되고 여행상품화하는 것을 자제하는 노력이 있어야 할 것이다.

2) 여행수배업체의 업무

여행상품의 질은 현지에서의 투어진행의 결과라 해도 지나치지 않다. 호텔, 식

사, 가이드, 현지 관광 진행 등 전반적인 내용을 맡아 역할하는 것이 랜드사의 업무이기 때문이다. 랜드사의 관광법적인 용어가 여행수배업으로 동일한 개념으로 이해하면 된다. 여행수배는 여행사와 랜드사의 계약에 의해 이행된다. 기간적인 장기적 계약 외에도 매번 단체발생시에 계약하는 단기적인 계약도 일반적이다.

여행사와의 계약으로 현지 지상수배를 맡게 되는 여행수배업체의 현지업무는 해당 여행사의 여행상품의 품질과 직접 관련이 되므로 가장 중요한 업무라 할 수 있다. 그러므로 여행사 입장에서는 고객의 만족도 제고를 성공적인 현지 행사진행을 위해 여행수배업체의 선정에 신중할 수밖에 없다.

(1) 정보수집 및 제공

고객이 요청하는 정보는 신속하고도 정확하게 제공되어야 한다. 일반적이고 정형화된 정보보다는 현지국과의 실시간 정보제공이 가장 중요하다고 하겠다. 최근 정보는 인터넷을 통해 고객들이 많은 자료를 확보하고 있어서 여행사에서는 전문가로서의 입장에서 차별화된 정보를 고객에게 제공해야 하는데, 현지의 실시간의 정보, 일반인이 얻기 어려운 구체적인 상황에 대한 정보이어야만 한다. 또한 여행사에서는 고객이 참여하는 여행기나 사진 등 이벤트 행사 등을 통해서 자사의 홈페이지를 업그레이드 하고 있기도 하다.

(2) 여행상품 개발 및 소개

여행사에서의 여행상품 개발은 한계가 있다. 현지에 정통한 랜드사에서 현지의 노하우와 상품개발 현황과 추세에 맞춰서 여행상품을 개발하고 소개하는 것은 상당히 필요하다.

여행수배업체의 가장 중요한 측면은 기존의 상품에서 벗어나 지속적으로 현지국의 일정과 코스를 개발하여 신상품을 개발・홍보하는 것이기 때문이다. 소비의 트랜드와 변화하는 상품의 흐름을 파악하여 신상품개발이 되어야만 수요가 확보될 것이다. 소비자의 욕구는 다양화게 분화되어 가고 있는 것이 현실이다.

(3) 지상비 산출

여행사가 요청하는 일정에 대한 견적, 다시 말해 지상비(land fee)를 계산하여 제공해야 한다. 성・비수기냐에 따라서, 인원이 얼마나 참여하느냐에 따라서, 그리고 호텔의 수준에 따라서도 그렇고, 단체의 경우 FOC 유무와 인솔자가 참여하는가의 여부에 따라서도 지상비가 달라지게 된다. 현지국의 국경일 및 명절 등 현지국의 상황에 따라서도 지상비의 차이가 발생한다. 이러한 정황을 살펴서 지상경비가 산출되어야 한다. 같은 유럽지역에서도 국가별로 호텔, 버스비, 가이드비가 물가수준, 인건비 등 현지상황에 따라 다소의 차이가 있다는 점을 감안해서 랜드피를 계산하여야 한다.

표 7-6 여행수배업체 유럽 원가계산(15 PAX 기준, 7박 일정)

식 사	\$10×15PAX×15MEAL＝\$ 2,250
HOTEL	\$40×7NTS×15PAX＝\$ 4,200
EUROSTAR	\$72×15PAX＝\$ 1,080
E / FEE	\$480
GUIDE	\$800
BUS	\$3,500
융프라우	\$65×15PAX＝\$ 975
TOTAL	UAD 13285÷15＝885

자료 : 고종원・이광우, 여행업경영실무론, 대왕사, 2006, p. 286 참조.

표 7-7 여행수배업체 원가계산서 양식

여행사 : 담당자 :

단체명 : 출발일 :

N	COURSE	HOTEL	MEAL	ENT	BUS	GUIDE	REMARK

(4) 현지수배기능

여행수배업체는 현지국의 공급업자(principal)를 통해 현지에서 필요한 제반요소의 수배기능을 하여야 할 것이다. 수배를 통해 여행사와의 중간에서 매개하는 역할을 하게 된다. 이러한 수배를 용이하게 하고 가격을 경쟁력 있게 확보하기 위해서는 그동안의 현지에서의 수배실적과 물량에 따라 랜드사의 가격차이가 날 것이며 정확하게 수배확정 여부가 결정될 것이다. 현지수배를 정확하게 하기 위해서는 한국회사 단독시스템보다는 현지여행사와 합작 또는 연계된 시스템으로 수배하여야 여러 측면에서 경쟁력을 갖게 된다고 본다.

(5) 공항 Meeting과 Sending Service 업무

여행수배업체는 해당 여행팀이 공항이나 항만을 통해 입국하거나 출국시에 미팅과 환송(sending) 수속업무를 하게 되는 것이 일반적인 업무사항이다. 현지국에 따라 공항 내에서 한국인 가이드의 미팅이 불가능한 국가인 이탈리아, 이집트 등이 있어서 현지 로컬가이드에 의해 영접이 이뤄지기도 하며, Immigration에 현지 가이드가 입국하여 Arrival-Visa를 받도록 서비스하기도 한다. 이러한 상황은 현지국가의 상황과 법에 따라 적응하여야 하며 업무처리에 문제가 없도록 해결하여야 한다.

(6) 쇼핑과 선택관광업무

쇼핑과 선택관광은 여행객, 여행사입장에서의 필요한 부분뿐만 아니라 여행수배업체에서도 수입적인 측면에서도 주요한 업무라고 할 수 있다. 랜드사는 기본적인 관광업무 외에도 쇼핑 안내업무를 제공하며, 선택관광의 판매를 위한 안내 후의 요청과 고객의 요구사항에 따라 현지국의 추가적인 선택관광(option tour)를 실시한다.

(7) 항공관련 업무

현지수배업무를 계약한 해당 여행사의 팀의 입국 영접 외에도 출국편에 대해 특히 국제선 구간을 재확인해야 하는 업무도 랜드사가 담당하는 것이 현실이다. 만약에 국내여정에서 국내항공편을 이용할 경우에도 예약 및 확인업무를 대행하여야 한다. 어떤 경우에는 해당 여행사가 확약 받지 못한 상황에서 단체가 들어온 경우에도 다음 출발지를 향하는 단체좌석에 대한 확약처리 등을 담당하게도 되는 게 현실이다.

즉 입・출국하는 단체의 다음 항공편의 Reconfirm 업무를 대행하여야 하며, 해당 여행사의 PNR 중 PN・RQ된 항공예약상황을 해결해야 한다. 아울러 현지 국내의 Domestic 노선에 있어서, 특히 개별 및 단체여행객의 항공예약 발권주문시 업무처리를 하기도 한다.

(8) 기타 업무

정상적이지 못한 문제발생시, 이를테면 교통수단의 연발 및 지체시의 조치, 환자발생시 대처, 여권의 분실로 인한 현지공관에서 여행증명서의 신청 등 예기치 않은 사항에 신속하게 대처하여야 한다(고종원 외, 2001, 284~288).

3) 여행요금 산출

먼저 여행수배 담당자는 고객의 요구를 반영한 일정을 작성해야 한다. 그리고 타사와 비교될 수 있는 경쟁력 있는 여행요금이 산출되도록 해야 한다. 여행시장의 여러 특성 가운데 변함없는 것은 가격경쟁력으로 고객들의 여행사 선택 시 가장 우선하는 사항으로 보면 된다. 여행상품의 가격을 구성하는 내용은 크게 항공료+지상비+수익이다. 그러면 지상비를 구성하는 내용을 살펴보도록 한다.

(1) 지상비 구성요소

가) 일정상의 교통기관의 운임

여행의 목적지로 이동수단이 되는 항공이나 선박과 현지에서 주요 교통수단인 기차, 버스 등 이용교통기관의 운임이다. 관광버스의 경우 유럽에서도 차이가 난다. 이탈리아, 스위스, 네덜란드, 프랑스의 버스차량 가격과 버스기사(Bus Driver)의 일당이 국가별로 물가와 인건비 등의 차이로 인해 다른 점이 고려되어야 한다.

나) 호텔요금

호텔의 등급에 따라 가격의 차이가 생긴다. 유럽의 경우 DLX, 1st, 2nd의 요금이 차이가 있다. 오늘날 신문지상의 기획여행상품이나 각 회사의 홈페이지에 상품의 소개를 보면 정확하게 호텔등급을 명시하고 있다. 관광법적인 조치로 여행사와 여행객 사이에 분쟁의 소지가 많아 사전에 철저하게 정해놓고 약속을 이행하고자 함이다. 호텔요금이 지상비 가운데 차지하는 비중도 높고 랜드행사의 가장 중요한 요소가 된다. 보통은 여행업계에서 단체행사를 기준으로 할 때 중서유럽은 1급기준으로 55~35US$ 정도로 계산한다. 미동부・캐나다 지역의 경우 1급 기준 싱글룸이 1박당 40US$ 선으로 보면 된다. 물론 환율이나 국제정세 등의 상황을 고려하고 물가 상승을 반영하면 변화될 수 있다.

다) 식사요금

식사요금은 호텔식, 현지식, 한국식, 현지의 특식 등 어떤 방식과 종류냐에 따라 차이가 난다. 일반적으로 유럽호텔에서의 조식으로 American Breakfast은 10～15$, 한식은 반찬과 내용에 따라 10～20$, 현지식은 식당의 수준, 평판도, 인기 등을 구분하여 5～30$까지 계산하면 된다. 특식의 경우도 기본적으로는 최소 20～30US$ 이상으로 고가요리는 상당히 가격이 높다.

라) 종사원 수당 / 관광지 등 입장료

지상경비에는 현지의 한국인이든 외국인이든지 가이드 수당, 운전기사의 수당, 일정에 포함된 관광지 입장료 등이 계산되어야 한다. 유럽의 경우 가이드 수당이 물가와 소득수준이 높은 나라가 상대적으로 높다. 운전기사의 수당도 마찬가지다. 그리고 언어구사 능력에 따라서도 차이가 난다. 네덜란드의 경우 다국어가 사용 가능한 나라이지만, 이탈리아의 경우 영어 의사소통도 쉽지 않다. 유럽의 가이드 수당은 일반적으로 영국, 이탈리아, 프랑스, 스위스, 독일에서는 대략 full day 200～120US$, transfer 100～50US$ 정도로 보면 된다. 특히 주요한 관광지의 입장요금의 비중이 크므로 정확하게 계산되어야 한다. 참고로 성지순례의 주요 무대인 이스라엘의 주요 입장료는 4박 5일을 기준으로 단체객인 경우 40US$이며 유럽의 주요 관광지의 입장료는 다음과 같다. 단체객 기준으로 바티칸박물관 10US$, 카타콤베 7US$, 콜롯세움 7US$, 폼페이 유적지 9US$, 루브르박물관 10US$, 베르사유궁전 10US$, 티틀리스 40US$ 등이다. 미국의 경우 개인별로 여행시 뉴욕 시내를 전망하는 1시간 정도 소요되는 허드슨강 유람선은 10US$, 엠파이어스테이트 빌딩 전망대 입장료는 12US$이다. 관광지 입장료는 개인과 단체별로 차이가 난다.

마) 미팅서비스(Meeting Service), 센팅 오프서비스(Sending off Service)

미팅서비스, 센팅서비스 등도 지상비에 포함된다. 서비스 차원에서 봉사되는 것이 아니다. 가이드와 기사 그리고 버스의 이동이 수반되므로 경비가 책정된다. 지상비 중 차량비용은 중서유럽의 경우 국가별로 full day기준으로 대략 550~250US$이며 transfer only 기준 200~150US$ 정도로 보면 된다.

바) 공항수화물 운반요금

공항에서 수화물 운반비용을 따로 받는 곳이 있으므로 해당 단체인원에 따른 비용을 산출한다. 보통은 고객들이 수화물을 직접 갖고 이동하므로 책정되지는 않으나 지역별로 차이가 있다. 그리스나 터키 지방공항의 경우 공항소속 스텝들이 운반해 줄 때 비용이 발생한다.

참고로, 하와이에서는 수화물이 관광객이 이용하는 버스에 싣지 않고 별도로 트럭으로 운반하는 경우가 흔하다.

사) 세금, 서비스료 등 제경비

현지에서 책정되는 제세공과금과 세금을 감안하여 경비책정을 하여야 하나 현실적으로는 현지 여행사(Land)사들의 경쟁으로 인해 감안하기는 어려운 현실이다(고종원, 2005 : 125~128). 여행사들이 랜드사로부터 견적을 복수로 받고 지상경비를 비교하여 결정하므로 충분히 이익을 책정하여 지상비를 요청하기는 어려운 시장 현실이다.

놓치지 말아야 할 참고내용 – 국경세, 비자비용, 현지교통 관련사항 등

■ 현지 국경세 및 비자비용

현지일정 진행시 지역에 따라서는 별도의 국경세 및 비자비용이 발생하게 된다. 이집트의 경우, 공항도착비자비용(Arrival visa)이 1인당 15US$ 소요된다. 만약에 요르단에서 이스라엘이나 이집트로 이동시 출국세가 1인당 7~8US$ 소요되므로 사전에 랜드사에서는 여행사에 정보를 제공해야 하며, 인보이스 발송시 불포함 내역에 반드시 명시해야 한다. 레바논이나 시리아로 이동시에는 출국세는 별도로 없으나 비자는 사전에 발급받아 두어야 하며 여권사본도 미리 준비해 두어야 한다. 지중해 코스인 터키에서 그리스로 이동시 쿠사다시항의 개인 출항세(Port Tax)가 1인당 10US$이며 그리스 까발라에서 터키의 이스탄불로 이동하는 국경인 입살라 국경 통과시 국경 통과세는 그룹당 160EUR(유로화)이다. 이스라엘・이집트 성지순례에서는 이집트에서 이스

라엘로 입국하고 관광 및 순례후 다시 이스라엘에서 출국하여 이집트로 재입국시 타바 국경에서는 Visa fee가 15US$ 추가로 필요하며 이스라엘 출국세가 1인당 17US$가 필요하게 된다. 그리고 이스라엘에서 요르단으로 이동시 벳샨 국경을 통과하려면 1인당 출국세 18US$를 준비해야 한다. 요르단에서 이스라엘에 입국시 알렌비 국경을 통과하면 입국세는 무료이다. 특히 주의할 것은 이같은 국경세 및 현지 공항이나 국경에서 비자발급시 비용에는 FOC가 적용되지 않는다는 점으로 유의하여야 한다.

■ **현지교통 관련 특별사항**

이탈리아 로마에서는 대형 버스가 시내 진입시 교통세를 내야 한다. 그래서 관광일정시 로마시내에 관광버스가 진입할 것인가 아니면 도보로 진행할 것인가를 여행사에서는 손님과 의논하여 결정하여야 하며 관광버스를 이용할 시는 진입비용을 계산해야 한다. 현지 일정진행시 교통기관 중 열차수배비용은 별도로 책정하여야 한다. 예를 들면, 파리-제네바간 T.G.V비용은 2등석 기준으로 1인당 65US$, 파리에서 런던 간 유로스타 비용은 78US$이다. 북유럽상품의 경우 스웨덴의 스톡홀름에서 핀란드의 헬싱키까지 초호화 대형 유람선인 실자라인(Silja line)을 이용하게 된다. 이때 Seaside cabin 2인 1실 기준으로 싱글룸 이용시에는 별도로 EUR 200을 추가해야 한다. 유럽의 이탈리아에서는 근자에 Chech point 비용이 생겨났다. 베니스에 진입시 180EUR, 피렌체에서는 230EUR를 차량기사 또는 국외여행인솔자가 지불하여야 하므로 준비해야 한다. 피사에서는 해당하는 주차비용을 준비해야 한다.

* 환율 등의 변동으로 금액에 차이가 있을 수 있는 점을 참고할 것임.

자료 : 고종원, 투어오퍼레이터업무론, 2005, pp. 427~428.

4) 여행원가 구성요소

지상비를 제외한 여행원가를 구성하는 요소와 내용을 보면 다음과 같다.

(1) 항공요금

여행의 처음 출발지부터 마지막 귀국편까지 그리고 중간의 국내선 구간까지 포함한 항공구간의 전체요금이다. 여행경비의 가장 많은 비중을 차지하고 있다. 최근에는 공항세 외에도 유류할증료, 전쟁보험료 등의 추가비용이 발생하고 있어 부담이 더욱 커진 상황이다.

(2) TC수당

해당 여행팀을 인솔하는 국외여행인솔자에게 지불되는 수당을 말한다. 일반적으로 수당은 일일 30US$선이다. 팀의 성격이나 비중에 따라 베테랑 인솔자가 동행하는 경우 수당은 인상될 수 있다. 경력과 능력을 감안하여 비중 있는 여행단체의 경우 TC수당을 50US$ 이상 책정되기도 한다.

(3) 해외여행자보험료

해외여행자 보험은 사고시에 가장 중요한 보상책과 대안이므로 정확하게 가입하고 체크하여야 한다. 기존에는 동남아 지역은 5천만원, 미주와 유럽지역은 1억원 보험에 가입했으나, 최근에는 지역에 상관없이 사고에 대한 대비책으로 1억원 보험으로 가입하는 것이 일반적인 상황이다. 날짜와 보상범위에 따라 보험료가 차이가 난다.

(4) 공항세

항공기를 이용하게 되는 공항에서는 모두 공항세를 지불해야 한다. 우리나라 인천공항은 원화 17,000원이 공항세로 징수된다. 태국의 경우 타 국가와는 다르게 공항에서 공항세 티켓을 구입해서 출국시 제출해야 한다. 태국현지화로 700바트이다.

(5) 출국세

관광진흥개발기금을 보통 출국세라 부른다. 항공권 가격에 포함되어 있어서 별도로 징수하지는 않는다. 그러나 외교관, 외국군인 및 군무원, 통과여객, 해외입양어린이, 2세 미만 소아를 제외된다. 외국인은 관광정책의 변화로 2004년 7월 이후부터는 항공권 발급시 출국세 1만원도 포함하여 징수하고 있다.

(6) 국경세・비자비용

국경세(Board tax)는 국경을 넘어 입출국시 지불해야 하는 세금이다. 특수지역의 경우 국경이동시 국경세가 징수된다. 국경세는 국가별, 같은 나라라도 국경지역별로 차이가 나므로 정확하게 확인하여 요금산출시 적용해야 한다. 그래서 여행경비 산출시 포함시켜야 한다. 중동지역의 경우 파악해야 한다. 그리고 공항에서 도착비자(arrival Visa) 형식으로 지불해야 하는 비자가 있으므로 여행상품원가 계산시 포함시켜야 한다. 예를 들면, 이집트는 공항에 도착하여 받을 수 있는 도착비자(Arrival visa)가 가능한 국가로 15US$ / pp이다. 공항에서 즉석으로 발급이 가능하므로 사전에 대사관에서 받지 않아도 되는 편리함이 있다. 그리고 사전에 대사관에서 발급받는 것보다도 가격이 저렴하다. 비자비용은 여행상품 공지시 포함 여부를 정확하게 해서 고객에게도 혼란이 없도록 한다.

(7) 기념품

여행사에서 사은품으로 지불하는 기념품은 여행원가에 포함시키고 있다.

(8) 가이드 수당

현지국가에서 현지어로 통역역할도 하면서 내국인을 안내하는 가이드 수당(Guide and Interpreter)은 국가별로 다르다. 현지의 물가수준 등이 반영된다. 선진국이 개발도상국보다는 높다. 같은 유럽지역이라 하더라도 북유럽, 중서유럽이 동유럽보다 전반적으로 높다. 대략 유럽은 100~150US$ 정도가 일반적이다.

(9) 국내선항공료

처음 출발지에서 발권하지 못한 현지국의 국내선은 현지에서 발권해야 한다. 이러한 비용은 지상비에 포함시켜 계산하는 것이 일반적이다. 랜드사를 통해 현지에서 예약하고 발권한다. 터키지역의 국내선이나 이집트의 카이로-룩소의 국내선도 현지 발권해야 한다.

(10) 광고선전비

일간지 등에 광고를 하는 기획여행업체의 경우 신문이나 지상파 방송광고의 비중이 높고 비용도 상당히 많이 들고 있다. 그래서 여행상품 원가에 반영해야 하는 것이 상식이다. 그러나 현실적으로 여행업체 간의 과당경쟁으로 이러한 부분까지 고려하기에는 어려움이 있다. 회사의 팸플릿, 리플릿, 전단지, DM발송비용 등이 포함된다.

〈행사예산보고서의 예〉

행사예산보고서

결재	담당	과장	부장	이사	상무	사장	회장

행사명 : 8/20 PTY	기간 : 7박 8일	인원 : 21+1FOC+1T/C		수행원 : 고종원
항목	내역	금액(외화)	금액(원화)	비고
판매총액(1)	① ₩1,090,000×21名=₩22,890,000		₩22,890,000	
항공요금	① ₩520,000×22名=₩11,440,000 ② ₩TAX × ₩6,000×23名=₩138,000		₩11,578,000	※ AIR COMM. ₩11,440,000×9% =₩1,029,600/ 현재는 AIR COMM 없음
지상비	① $464×@900×22名=₩9,187,200 ② $12×@900×22名=₩237,600	➡ 이스라엘 $10,472(T/C)	₩9,424,800	② 히스가야터널, 이집트, 박물관 입장 추가분
수당	$30×@910×8days=₩218,400	➡ 수당 $240(CASH)	₩218,400	환율이 매입률 910원 (97. 8. 20) 기준으로 2004. 10. 11기준 매입률 1,170원 현재는 2010. 7. 28 기준 1,166원임
보험료	₩8,670×23名=₩199,410		₩199,410	
공항세	₩9,000×23名=₩207,000		₩207,000	현재 공항세는 17,000원임
출국세	₩10,000×22名=₩220,000		₩220,000	
기타	① ₩6,000×23名=₩138,000 ② $23×@910×23名=₩481,390 ③ $15×@910×23名=₩313,950 ④ ₩45,200×2名=₩90,000 ⑤ ₩4,500×1名=₩4,500	➡ 국경세 $529(CASH) ➡ 이집트 $345(CASH)	₩1,028,240	① 조끼 ② 국경세 ③ 이집트 VISA FEE ④ 여권 신규발급 서비스 2명 ⑤ 여권 기간연장 서비스
예비비				
지출총계(2)			₩22,875,850	
단체지상수익금 : (1)판매총액-(2)지출총계=TOTAL		₩22,890,000-₩22,875,850=₩14,150		
단체 수익금(지상+항공)		₩1,029,600+₩14,150=₩1,043,750		

출처 : C여행사 행사정산서(2000년대 초반 행사) 참고; 고종원, 투어오퍼레이터 업무론, 현학사, 2005, p. 462

04 정산업무

1) 여행 원가계산

여행상품가격은 항공료, 숙박비, 현지교통비, 식사비, 현지 관광지 입장료, 안내원 즉 가이드 수당, 제반 서비스비용 등으로 구성된다. 여행상품의 주요 구성요소는 운임을 형성하는 항공료나 선박운임(크루즈 포함)이다. 그리고 여행수배업체에 지불하는 현지의 지상경비 즉 Land fee로 구성된다.

여행상품의 가격 구성요소

여행상품의 가격 = 직접비+간접비+수익
- * 직접비 = 항공 및 선박운임+숙박비+현지교통비+식사비+입장료+안내원 가이드비+제반 서비스비용+예비비(비상경비)
- * 간접비 = 광고선전비+기타

자료 : 고종원 · 이광우, 여행업경영실무론, 대왕사, 2002, p. 76.

다음은 여행경비의 항공료 외에 대부분을 구성하고 있는 지상비에 대한 포함사항을 중심으로 작성한 내용이다.

현지 지상비 작성의 예

이스라엘을 예로 들어 설명하고자 한다. 일반적인 유럽과 지중해 지역도 비슷하다고 보면 된다.
- 호텔 : 35$~100$(1박당 1인 기준이며 등급에 따라 차이가 남)
- 버스 : 일일기준으로 대형버스 350$
- 입장료 : 홍해수족관은 약 14$이며, 일반적으로 성지순례 관광지 일괄 입장요금은 50$ 정도임
- 식사 : 한식은 15~20$, 현지식은 10~15$, 특식은 30~40$
- 가이드수당 : 가이드의 경력과 능력에 따라 차이가 나며 약 120~150$ 내외이며, 특별 한 경우 또는 특정인의 경우에는 수당이 올라 갈 수도 있음(일일기준)

* 1인당 기준요금이며 US$ 기준임

출처 : 지상수배업체 근무 시 작성하였던 사례로 대략적인 원가계산에 의거함; 고종원, 투어오퍼레이터업무론, 2005, p. 426.

2) 여행정산시 주의사항

(1) 어린이 요금책정시

여행상품 정산시 주의할 것은 성인과 어린이요금을 구분하여 정산하여야 한다는 점이다. 보통 만 2세부터 만 12세 미만 어린이(CHD)의 여행상품 판매는 성인요금의 85%를 수령하고 있기 때문이다. 어떤 경우에는 상품에 따라 80%, 90%를 수령하기도 한다. 그러므로 조건에 따라 약간의 차이가 있지만 성인요금과 비교해서 어린이요금을 정산하여야 한다.

(2) 별도 추가사항 발생시

여행에 참가한 손님이 개인적인 이유 등으로 2인 1실을 이용하지 않고 자신만의 이용을 위한 별도의 객실을 원할 경우에 추가비용일 발생한다. 이를 위한 수배로 변경사항이 발생시 현지 호텔사정에 따라 일일 싱글룸 US$30~50을 별도로 계산하여야 한다. 예를 들어, 1급호텔 기준으로 하와이 약 US$40이며 하와이 특급은 약 US$60, 미서부 상품은 약 US$30, 미 동부 캐나다 상품은 약 US$40, 캐나다 일주상품은 약 US50$, 이스라엘 상품은 약 US$40, 유럽지역은 약 US$50을 추가로 요청하고 정산해야 한다.

05 국외여행인솔 업무

국외여행인솔자에 대하여는 2011년 4월 5일 「관광진흥법」 제13조를 개정하여 정식 국가자격으로 격상하고, 자격등록이나 자격증 발급에 대하여는 시행규칙 제22조의2를 신설하여 규정하고 있다.

1) TC의 정의

TC(Tour Conductor)는 여행이 시작될 때부터 마칠 때까지 안전하고 즐거운 여행이 되도록 회사의 대표자로서의 사명과 역할을 맡아 일하는 사람을 말한다. 고객들은 개성이 제각기 다르며 요구사항도 각양각색이어서 전체가 조화롭게 유지되고 진행되는 것이 무엇보다도 중요하다. 관광전공자 외에도 여행사에 입사하는 사람들이 가장 선호하고 기대를 갖는 부분이 해외여행출장분야라 할 수 있다. 여행업의 꽃이라 불리는 분야도 국외여행인솔자 영역이기 때문이다.

국외여행인솔자의 매력은 새로운 출장지역이 기다리고 있고 단순하지 않으며 공부할 것이 너무나 많다는 점에서도 도전적이며 진취적이라 할 수 있다. 각 나라의 역사, 외국어, 서양사, 종교사, 현지문화, 현지인의 생활, 관광지리, 음악, 미술 등 인류가 쌓아 놓은 모든 것을 공부를 하게 되는 무궁무진한 영역이라 하겠다. 관광이 발전한 선진국 이를테면 프랑스, 미국, 이탈리아, 영국, 중국, 일본 등 주요 관광선진국에서는 TC는 가장 선호되는 직업으로 인식되고 있고 선망되는 직업이다(고종원, 2005 : 181).

2) 출장 전 준비

출장 전 제대로 준비를 해야 바른 인솔업무를 할 수 있고 고객들에게도 좋은 서비스를 제공할 수 있다. 어설픈 준비는 여행에서 큰 문제와 어려움을 야기하게 되므로 주의해서 세심하게 준비해야 한다.

TC는 책임성이 중요한데 회사의 직원이 아닌 전문 TC나 촉탁 TC의 경우 고객들이 책임감이 부족하다고 느끼는 경우가 많다. 이는 결국 여행상품에 대한 만족도를 크게 떨어 뜨리므로 주의해야 한다. 그리고 지역별로 출장횟수가 많고 역량이 있는 경험 있는 국외여행인솔자를 위해 전문화가 필요하다고 하겠다. 단체인원이 결성되지 않응 경우 FIT형태일 경우 NO TC행사가 많은 상황이다. 다음은 TC가 출발 전 준비해야 하는 주요 내용들이다.

(1) 사전 정보수집

해당팀에 대한 관광목적에 대해 파악한다. 패키지는 다양한 구성원들이 참여하지만 인센티브단체의 경우 출국목적이 구체적인 경우가 많으므로 목적에 부합한 일정진행이 되도록 한다. 그리고 출장지역에 대한 새로운 정보를 파악해야 한다. 안전에 관련된 문제를 중심으로 경제상황, 종교와 관련한 사항, 현지행사, 기후와 날씨 등 총체적인 파악이 필요하다. 국외여행인솔자 스스로에게도 필요한 내용이며 고객들에게도 필히 고유해야 할 중요한 사항들이기 때문이다. 해당 국가와의 환율, 치안사정, 특산품, 현지 선택관광 등 많은 내용들이 고객에게 설명되어져야 한다.

(2) 사전 검토업무

출발 전에 준비해야 하는 서류로는 여행수배업체에서 전달한 수배확정서(Confirm Sheet), 항공권 및 항공탑승자 예약기록(PNR : Passenger Name Record), 룸밍리스트(Rooming list), 여행자보험증서, 현지국 출입국카드, 행사보고서, 현지비상연락망, 바우처(Voucher) 등이다. 아울러 출발 전 고객들 여권의 유효기간과 사증(Visa)이 발급되었는지 확인하여야 한다. 여행사에서 사용되는 TC출장 체크리스트는 이러한 준비사항에 대한 확인서로 유용하다. 그동안 비자발급이 어렵고 비용도 다소 지출되었던 미국비자도 폐지되는 등 변화가 있는 상황이다. 그러나 구체적인 비자발급 건은 국가별로 확인해서 조치받도록 한다. 한시적으로 무비자인 일본과 비자가 존재하고 있는 중국 등 나라별로 확인이 요구된다. 최근에는 국가 간의 분쟁이 많아져서 여행제한국가가 늘어나고 있는 추세이다. 정부에서는 우리 국민들의 안전강화 조치로 여행신고대상국가일 경우 출입국관리사무소에 신고를 하고 출국하도록 하고 있다.

(주)하나투어 e-Ticket Itinerary & Receipt

하나투어 (tel 02-2127-1740)
iovezzang@hanatour.co.kr

1502/26APR10 Powered By TOPAS

승객성명	Passenger Name	KO/JONGWEONMR
예약번호	Booking Reference	886-6980
항공권번호	Ticket Number	1802430177726

여정 Itinerary

편명 Flight **KE9809** (예약번호:**DYMUHC**) Operated by **KE(KOREAN AIR)** 경유 Via : -

출발 Departure	서울**(ICN)**	**28APR10**	**22:05** Local Time	Terminal No. : -
도착 Arrival	ZHENGZHOU(CGO)	28APR10	23:30 Local Time	Terminal No. : M

예약클래스 Class	G (일반석)	항공권 유효기간	Not Valid Before	-
예약상태 Status	OK (확약)		Not Valid After	28APR
운임 Fare Basis	Y/CHTR	무료 수하물 허용량	Free Baggage Allowance	20K
		좌석번호	Seat No.	

편명 Flight **KE9810** (예약번호:**DYMUHC**) Operated by **KE(KOREAN AIR)** 경유 Via : -

출발 Departure	**ZHENGZHOU(CGO)**	**02MAY10**	**01:00** Local Time	Terminal No. : **M**
도착 Arrival	서울(ICN)	02MAY10	04:10 Local Time	Terminal No. : -

예약클래스 Class	G (일반석)	항공권 유효기간	Not Valid Before	-
예약상태 Status	OK (확약)		Not Valid After	02MAY
운임 Fare Basis	Y/CHTR	무료 수하물 허용량	Free Baggage Allowance	20K
		좌석번호	Seat No.	

*모든 정보는 항공사나 공항 사정에 의해서 변경될 수 있습니다.

항공권 운임정보 Ticket/Fare Information

Restriction	KE NON ENDORSABLE.
Conj.Ticket No.	1802410019002
Fare Calculation	M*SEL KE CGO0.00KE SEL0.00 NUC0.00END ROE1136.650000
Tour Code	SM1004-KKJ0099/
Fare Amount	KRW 0
Equiv. Fare Paid	-
TAX	KRW 28000BP 15400CN
Total Amount	KRW 43400
Form of Payment	SM1004-KKJ0099/FBA1400K. AGT. C ASH
e-Ticket Issue Date/Place	26APR10 / 17392406 / 02-2127-1740 / 하나투어

상기 운임정보는 공시운임으로 실제 지불 금액과 다를 수 있습니다.

- ▶ 본 e-티켓 확인증과 함께 제공된 법적 고지문을 반드시 참고하여 주시기 바랍니다.
- ▶ e-티켓 확인증은 탑승수속시, 입출국/세관 통과시 제시하도록 요구될 수 있으므로 반드시 전 여행 기간 동안 소지하시기 바랍니다. e-티켓 확인증의 이름과 여권상의 이름은 반드시 일치해야 합니다.
- ▶ 대부분의 공항에서 **탑승 수속 마감 시간은 해당 항공편 출발 40분 전**(미주, 유럽 출발편은 1시간 전)으로 되어 있으니, 해당 항공편 출발 예정시각 **최소 2시간 전**에는 공항에 도착하시기 바랍니다. 단, 일부 공동 운항편의 경우 탑승 수속은 운항 항공사의 카운터에서 이루어지며, 운항항공사의 규정에 따라 탑승 수속 마감시간이 다를 수 있습니다.
- ▶ 항공사가 제공하는 운송 및 기타 서비스는 운송 약관에 준하며, 필요시 참조하실 수 있습니다. 이 약관은 발행 항공사를 통해 확인하실 수 있습니다.
- ▶ 본 e-티켓 확인증은 e-티켓의 정보 등을 확인하기 위하여 제공되는 서면에 불과하고 소지인에게 당해 운송 관련 어떠한 법적 권리를 부여하지 않습니다.

본 e-티켓 확인증을 임의로 수정 및 사용시 대한항공은 책임을 지지 않습니다.

가) 수배확정서

랜드사에서 출국 전 여행사가 해당 팀의 현지에서 수배된 전체적인 일정에 대한 확정내용을 받는 것을 말한다. 국외여행인솔자와 OP는 수배된 현지조건을 세심하게 살펴서 일정을 진행하여야 한다. 수배확정서는 Confirm Sheet라고 한다. 일정진행사항, 수배된 호텔, 식사, 현지에서의 비상연락처 등이 포함되어 있다.

수배확정서에는 유럽의 경우 국가 간 이동시 이동시간과 현지가이드 미팅시간 및 장소, 구간별 이동소요시간 등 일정진행에 관한 내용을 포함시켜서 TC의 업무에 도움이 되도록 한다. 수배확정서를 받게 되면 해당 OP와 TC는 문제발견시 랜드사에게 컨디션에 대한 시정과 조정을 요구하여야 한다.

EUROCO TOUR SERVICE

Rm 907, Hyodeok Blg. 32 Ulchiro-1ga, Jung-gu, Seoul, Korea Tel (02) 318-1275 Fax (02) 318-1247 e-mail : euroco@lycos.co.kr

T O : (주) ○○여행사

ATTN : 박 ○○ 님

FROM : EUROCO TOUR

DATE : 12 MAY '04

REF : 러시아, 북유럽 13일 견적의 건

※ TOUR COURS & FARE : 11N 12D IN EUROPE

PER PERSON	EURO	1,560	FOR 15 ~ 16 + 1 FOC
PER PERSON	EURO	1,520	FOR 17 ~ 19 + 1 FOC
SINGLE SUP	EURO	550	

※ CONDITIONS

HOTEL : 첨부 일정표 참조

MEAL PLAN : Full Pension with American Breakfast

TRANSFER : By private motor coach with Korean Assist

SIGHTSEEING & EXCURSION : By private motor coach with Korean Guide

※ EXCEPTIONS

Airport, border, port taxes, tips local drivers & guide, excess baggages, porterage. Items of personal circumstances and other items not mentioned on theses conditions.

※ REMARKS : ① 전 일정 식사, 입장료 포함
② 코펜하겐/오슬로 DFDS (2인 1실) 요금 포함 (INSIDE)
③ 스톡홀름/헬싱키 SILJALINE (2인 1실) 요금 포함 (INSIDE)
④ 러시아 VISA FEE 불포함

EUROCO TOUR SERVICE

Rm 907, Hyodeok Blg. 32 Ulchiro-1ga, Jung-gu, Seoul, Korea Tel (02) 318-1275 Fax (02) 318-1247 e-mail : euroco@lycos.co.kr

T O : (주) ○○여행사
ATTN : 박 ○○ 님
FROM : EUROCO TOUR
DATE : 17 JUN '04
REF : ECO 040618 북유럽 & 러시아 CONFIRM SHEET 송부의 건

CONFIRM SHEET

* HOTEL LIST

1) MOSCOW	NOVOTEL SHEREMETYEVO (18 ~ 19 JUN / 1NT) (Airport Sheremetyevo / T. 7 0502 220 0000)
2) DOMBAAS	NORLANDIA DOVERFJELL (20 ~ 21 JUN / 1NT) (Dombaas 2660 Dombaas / T. 47 0612 241 000)
3) LAERDAL	LAERDAL (21 ~ 22 JUN / 1NT) (N-6886 Laerdal / T. 47 057 666 000)
4) OSLO	QUALITY RINGERIKE (22 ~23 JUN / 1NT) (Kongens 3 3510 HONEFOSS / T. 47 032 12 0000)
5) STOCKHOLM	SCANDIC SOLLENTUNA (23 ~ 24 JUN / 1NT) (Aniaraplatsen 8 191 21 Sollentung Sweden / T. 46 08 517 000 00)
6) LAPPENERANTA	JOUTSENRANTA (25 ~ 26 JUN / 1NT) (Rellisenranta 55300 Rauha / T. 358 05 6805 000)
7) ST. PETERSBURG	KARELIYA (26 ~ 27 JUN / 1NT) (Ul. Marshala Tuhachevskogo 27/2 / T. 7 0812 118 0000)
8) MOSCOW	COSMOS (27 ~ 29 JUN / 2NTS) (150 Prospect Mira, Moscow Russia / T. 7 095 234 0000)

※ 현지 연락처

1) 북유럽센터	이 ○○ ○○ T. 45 03331 0000 / HP. 45 04096 0000
2) MOSCOW	노 ○○ PETER TOUR T. 7 0812 380 0000 / HP. 7 0000 115 0000
3) SEOUL	이 ○○ EUROCO TOUR T. 82 02 318 0000 / HP. 80 000 756 0000

나) 항공권

항공권(Passenger ticket and baggage check)의 매수, 여행자명, 비행구간, 구간별 탑승 쿠폰, 출발일, 항공편명, 좌석등급 등을 확인하여야 한다. PNR(Passenger Name Record)은 탑승자 명단기록으로 항공을 이용하려는 승객의 예약전산시스템에 기록된 예약사항으로 항공여행과 관련된 단체의 여행자 예약상황이 나타나 있다. 출발당일 출국업무의 진행을 원활히 하기 위해서 최초 탑승구간에 해당하는 탑승쿠폰(Flight coupon)을 절취하여 미리 준비해 두는 것이 편리하다. 최근에는 전자항공권을 사용하고 있다.

다) 룸밍리스트

국외여행인솔자는 출장을 나가서 현지호텔에서 고객들이 투숙하는 객실을 파악하기 위해 기록용으로도 필요하고, 특히 현지투숙호텔에 제출하고자 하는 용도로 출발 전 확정된 고객의 룸밍리스트를 작성하여 지참하고 출국하여야 한다. Rooming list에는 고객의 영문명, 주민등록번호, 주소, 여권번호, 여권유효기간 등을 기재한다.

ROOMING LIST

NO.	NAME	ROOM NO.
1	Kim, Chul Soo (Mr) Lee, Young Hee (Mrs)	
2		
3		
4		
5		
6		
7		
8		
9		
10		

라) 보험증서

해외여행자보험증서(Travel insurance certificate)를 말한다. 해외여행 중에 생길 수 있는 사고, 질병, 도난, 분실 등에 대한 대비차원에서 필요하다. 여행에 참가한 국외여행 인솔자를 포함하여 여행객에 대해 전원 가입하여야 한다. 보험증서는 현지에서 발생할 수 있는 각종 사고에 대비하여 필히 지참하고 출국하여야 한다. TC는 가입한 보험의 보상조건과 보상범위 등을 알고 있어야 한다.

마) 출입국카드

우리나라는 현재 내국인에 한해 출입국카드 작성이 폐지되었지만, 외국인의 경우에는 출입국신고서를 작성하도록 하고 있다. 외국의 경우 출입국카드를 일반적으로 작성하여 제출하고 있으나 몇몇 국가의 경우에는 제출하지 않아도 된다.

출입국시에는 출입국카드(E / D Card : Embarkation / Disembarkation Card) 외에도 보통 검역신고서와 세관신고서를 제출하여야 한다. 우리나라 국민의 경우 입국시 세관신고서는 필히 제출해야 한다. 외국에 출입국시에는 세관신고서도 대부분 제출해야 한다. 검역신고서는 풍토병이나 전염병이 발생한 지역으로부터 여행 후 입국하는 항공편을 대상으로 검사를 하게 된다. 국외여행인솔자는 이러한 서류를 작성하는 것을 도와주거나 대신하여 작성하는 수고를 담당하여야 한다.

〈중국 출입국신고서〉

外国人出境卡 DEPARTURE CARD

请交边防检查官员查验 For Immigration clearance

姓 Family name

名 Given names

护照号码 Passport No.

出生日期 Date of birth 年Year 月Month 日Day

男 Male ☐ 女 Female ☐

国籍 Nationality

航班号/船名/车次 Flight No./Ship's name/Train No.

以上申明真实准确。
I hereby declare that the statement given above is true and accurate.

签名 Signature

妥善保留此卡，如遗失将会对出境造成不便。
Retain this card in your possession, failure to do so may delay your departure from China.
请注意背面重要提示。 See the back →

外国人入境卡 ARRIVAL CARD

请交边防检查官员查验 For Immigration clearance

姓 Family name

名 Given names

国籍 Nationality

护照号码 Passport No.

在华住址 Intended Address in China

男 Male ☐ 女 Female ☐

出生日期 Date of birth 年Year 月Month 日Day

入境事由(只能填写一项) Purpose of visit (one only)

会议/商务 Conference/Business ☐	访问 Visit ☐	观光/休闲 Sightseeing/in leisure ☐
探亲访友 Visiting friends or relatives ☐	就业 Employment ☐	学习 Study ☐
返回常住地 Return home ☐	定居 Settle down ☐	其他 others ☐

签证号码 Visa No.

签证签发地 Place of Visa Issuance

航班号/船名/车次 Flight No./Ship's name/Train No.

以上申明真实准确。
I hereby declare that the statement given above is true and accurate.

签名 Signature

〈중국 세관신고서〉

CHINA CUSTOMS

BAGGAGE DECLARATION FORM FOR INCOMING PASSENGERS

Please read the instructions on the reverse side and provide information or mark "√" in the space

1. Surname

Given Name

2. Date of Birth Year Month Day

3. Sex Male Female

4. No. of Traveler's Document

5. Nationality(Region) China (Hong Kong Macao Taiwan)

Other Nationals

6. Purpose of the Trip Official Business Leisure Study Immigration Visiting Friends or Relatives Return Residents Others

7. Flight No./Vehicle No./ Vessel Name

8. Number of persons under the age of 16 traveling with you

I am (We are) bringing into China's Customs territory (having)

9. (residents) articles valued at over RMB 5,000 from overseas. Yes No

10. (non-residents) articles valued at over RMB 2,000 that will remain in the territory. Yes No

11. over 1,500ml (12% volume) alcoholic drinks, over 400 sticks of cigarettes, over 100 sticks of cigars, or over 500g of tobacco. Yes No

12. Chinese currency in cash exceeding RMB 20,000 or foreign currencies in cash exceeding USD 5,000 if converted into US dollar. Yes No

13. animals and plants, animal and plant products, microbes, biological products, human tissues, blood and blood products. Yes No

14. radio transmitters, radio receivers, communication security equipments. Yes No

15. other articles which are prohibited or restricted from being brought into the territory in accordance with the law of the People's Republic of China. Yes No

16. unaccompanied baggage. Yes No

17. goods of commercial value, samples, advertisements. Yes No

I HAVE READ THE INSTRUCTIONS ON THE REVERSE SIDE OF THIS FORM AND DECLARE THAT THE INFORMATION GIVEN ON THIS FORM IS TRUE.

Passengers who are bringing any articles included in items 9-15 shall fill out this form in detail.

Description	Quantity	Value	Type/Model	Customs Remarks

PASSENGER'S SIGNATURE Year Month Date

〈일본 출입국신고서〉

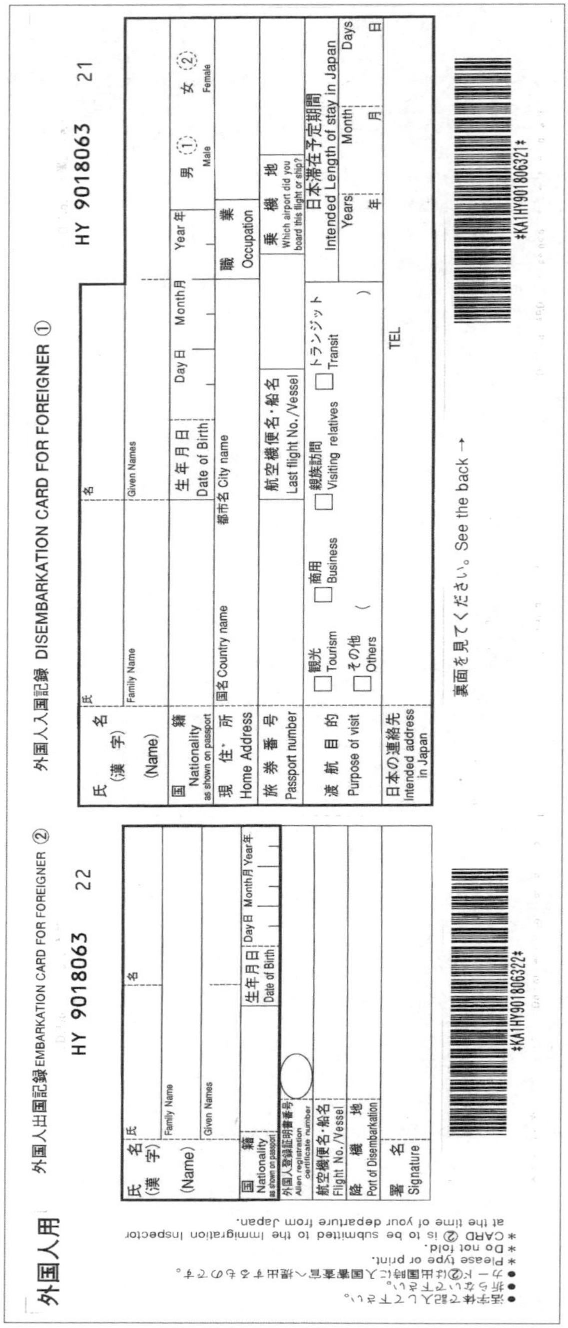
外国人用
外国人出国記録 EMBARKATION CARD FOR FOREIGNER ②
HY 9018063 22
氏名(漢字) (Name)
氏 Family Name
名 Given Names
国籍 Nationality as shown on passport
生年月日 Date of Birth Day日 Month月 Year年
外国人登録証明書番号 Alien registration certificate number
航空機便名・船名 Flight No./Vessel
降機地 Port of Disembarkation
署名 Signature
●活字体で記入して下さい。
●折らないで下さい。
●カード②は出国時に入国審査官へ提出するものです。
* Please type or print.
* Do not fold.
* CARD ② is to be submitted to the Immigration Inspector at the time of your departure from Japan.
外国人入国記録 DISEMBARKATION CARD FOR FOREIGNER ①
HY 9018063 21
氏名(漢字) (Name)
氏 Family Name
名 Given Names
国籍 Nationality as shown on passport
生年月日 Date of Birth Day日 Month月 Year年
男 Male ① 女 Female ②
現住所 Home Address
国名 Country name
都市名 City name
職業 Occupation
旅券番号 Passport number
航空機便名・船名 Last flight No./Vessel
乗機地 Which airport did you board this flight or ship?
渡航目的 Purpose of visit
観光 Tourism
商用 Business
親族訪問 Visiting relatives
トランジット Transit
その他 Others ( )
日本滞在予定期間 Intended Length of stay in Japan
Years年 Month月 Days日
日本の連絡先 Intended address in Japan
TEL
裏面を見てください。See the back →

〈미국 출입국신고서〉

U.S. Department of Justice
Immigration and Naturalization Service

OMB 1115-0077

Admission Number

Welcome to the United States

782078029 04

I-94 Arrival/Departure Record - Instructions

This form must be completed by all persons except U.S. Citizens, returning resident aliens, aliens with immigrant visas, and Canadian Citizens visiting or in transit.

Type or print legibly with pen in ALL CAPITAL LETTERS. Use English. Do not write on the back of this form.

This form is in two parts. Please complete both the Arrival Record (Items 1 through 13) and the Departure Record (Items 14 through 17).

When all items are completed, present this form to the U.S. Immigration and Naturalization Service Inspector.

Item 7 -If you are entering the United States by land, enter **LAND** in this space. If you are entering the United States by ship, enter **SEA** in this space.

Form I-94 (04-15-86)Y

Admission Number

782078029 04

Immigration and
Naturalization Service

I-94
Arrival Record

1. Family Name
2. First (Given) Name | 3. Birth Date (Day/Mo/Yr)
4. Country of Citizenship | 5. Sex (Male or Female)
6. Passport Number | 7. Airline and Flight Number
8. Country Where You Live | 9. City Where You Boarded
10. City Where Visa Was Issued | 11. Date Issued (Day/Mo/Yr)
12. Address While in the United States (Number and Street)
13. City and State

Departure Number

782078029 04

Immigration and
Naturalization Service

I-94
Departure Record

14. Family Name
15. First (Given) Name | 16. Birth Date (Day/Mo/Yr)
17. Country of Citizenship

See Other Side **STAPLE HERE**

〈미국 세관신고서〉

WELCOME TO THE UNITED STATES

DEPARTMENT OF THE TREASURY
UNITED STATES CUSTOMS SERVICE

FORM APPROVED
OMB NO. 1515-0041

CUSTOMS DECLARATION

19 CFR 122.27, 148.12, 148.13, 148.110, 148.111

Each arriving traveler or head of family must provide the following information (only **ONE** written declaration per family is required):

1. Name: ________ Last ________ First ________ Middle Initial
2. Date of Birth: ____ Day / Month / Year 3. Airline/Flight ________
4. Number of family members traveling with you ________
5. U.S. Address: ________

   City: ________ State: ________
6. I am a U.S. Citizen — YES ☐ NO ☐

   If No,
   Country: ________
7. I reside permanently in the U.S. — YES ☐ NO ☐

   If No,
   Expected Length of Stay: ________
8. The purpose of my trip is or was ☐ BUSINESS ☐ PLEASURE
9. I am/we are bringing fruits, plants, meats, food, soil, birds, snails, other live animals, farm products, or I/we have been on a farm or ranch outside the U.S. — YES ☐ NO ☐
10. I am/we are carrying currency or monetary instruments over $10,000 U.S. or foreign equivalent. — YES ☐ NO ☐
11. The total value of all goods I/we purchased or acquired abroad and am/are bringing to the U.S. is (see instructions under Merchandise on reverse side): $________ US Dollars

► **MOST MAJOR CREDIT CARDS ACCEPTED.**

SIGN ON REVERSE SIDE AFTER YOU READ WARNING.

(Do not write below this line.)

INSPECTOR'S NAME	STAMP AREA
BADGE NO.	

Paperwork Reduction Act Notice: The Paperwork Reduction Act of 1980 says we must tell you why we are collecting this information, how we will use it and whether you have to give it to us. We ask for this information to carry out the Customs, Agriculture, and Currency laws of the United States. We need it to ensure that travelers are complying with these laws and to allow us to figure and collect the right amount of duties and taxes. Your response is mandatory.

Statement required by 5 CFR 1320.21: The estimated average burden associated with this collection of information is 3 minutes per respondent or recordkeeper depending on individual circumstances. Comments concerning the accuracy of this burden estimate and suggestions for reducing this burden should be directed to U.S. Customs Service, Paperwork Management Branch, Washington, DC 20229, and to the Office of Management and Budget, Paperwork Reduction Project (1515-0041), Washington, DC 20503.

Customs Form 6059B (092089)

〈대만 입국신고서〉

TA1260

入 境 登 記 表
DISEMBARKATION CARD
歡迎蒞臨中華民國
WELCOME TO R.O.C.

2 9 7 4 3 3 0 4 7 9

○本卡請併入護照保管	○RETAIN THIS CARD IN YOUR PASSPORT
○請用正楷填寫	○PLEASE TYPE OR PRINT IN CAPITALS CLEARLY
○請勿用鉛筆	○DO NOT USE PENCIL

1.入境班次 ARRIVAL FLIGHT NO. CI-	啓程地 FROM	出境班次 DEPARTURE FLIGHT NO. CI-	目的地 TO
2.姓名 (漢字)		3.性別SEX 男 M □ 女 F □	身分證統一編號 I.D.NO.

FAMILY NAME（本國人免填）

GIVEN NAME (S)

4.公元出生日期 BIRTH 日 DAY 月 MONTH 年 YEAR	5.國籍 NATIONALITY	6.護照號碼 PASSPORT NO.
7.入 / 出境證 (入出境許可) 字號 KIND OF VISA 字 VISA NO. 號		8.職業OCCUPATION

9.戶籍地 HOME ADDRESS

10.來台住址 RESIDENCE IN TAIWAN R.O.C.

11.旅行目的PURPOSE OF TRAVEL	公務用欄 OFFICIAL USE ONLY
□1.業務 BUSINESS □5.求學 STUDY □2.觀光 PLEASURE □6.返國 RETURN □3.探親 VISIT □7.其他 OTHER □4.會議 CONFERENCE	
旅客簽名SIGNATURE	

〈홍콩 입국신고서〉

IMMIGRATION DEPARTMENT HONG KONG
香 港 入 境 事 務 處
ARRIVAL CARD 旅客抵港申報表

All travellers should complete this card except Hong Kong Identity Card holders
除香港身份證持有人外，所有旅客均須填寫此申報表

ID 93 (1/2006)
IMMIGRATION ORDINANCE (Cap. 115)
入境條例 [第 115 章]
Section 5(4) and (5)
第 5(4) 及 (5) 條

Family name (*in capitals*) 姓 (請用正楷填寫)	Sex 性別
Given names (*in capitals*) 名 (請用正楷填寫)	
Travel document No. 旅行證件號碼	Place and date of issue 發出地點及日期
Nationality 國籍	Date of birth 出生日期 / / day 日 month 月 year 年
Place of birth 出生地點	Address in Hong Kong 香港地址
Home address 住址	
Flight No./Ship's name 班機編號／船名	From 來自
Signature of traveller 旅客簽署	

Please write clearly
請用端正字體填寫
Do not fold
切勿摺疊

TJ348684

〈태국 입국신고서〉

[앞면]

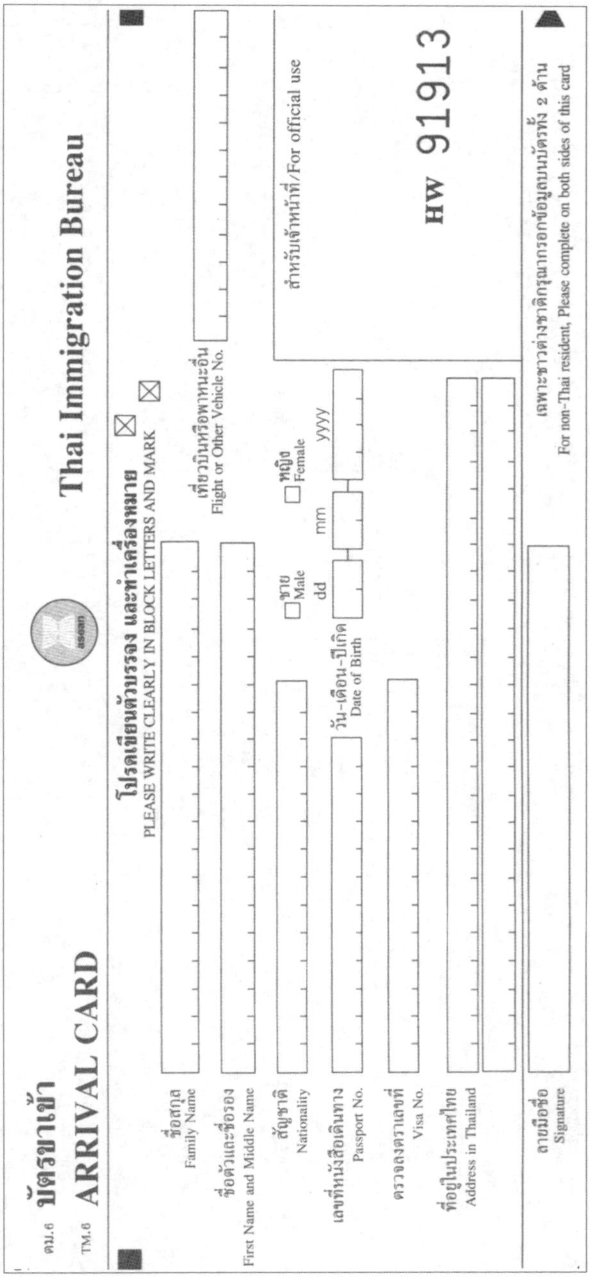
ตม.6 บัตรขาเข้า
TM.6 ARRIVAL CARD
Thai Immigration Bureau
โปรดเขียนตัวบรรจง และทำเครื่องหมาย ☒
PLEASE WRITE CLEARLY IN BLOCK LETTERS AND MARK ☒
ชื่อสกุล Family Name
ชื่อตัวและชื่อรอง First Name and Middle Name
เที่ยวบินหรือพาหนะอื่น Flight or Other Vehicle No.
สัญชาติ Nationality
ชาย Male
หญิง Female
เลขที่หนังสือเดินทาง Passport No.
วัน-เดือน-ปีเกิด Date of Birth dd mm yyyy
ตรวจลงตราเลขที่ Visa No.
สำหรับเจ้าหน้าที่/For official use
HW 91913
ที่อยู่ในประเทศไทย Address in Thailand
ลายมือชื่อ Signature
เฉพาะชาวต่างชาติกรุณากรอกข้อมูลบนบัตรทั้ง 2 ด้าน
For non-Thai resident, Please complete on both sides of this card

[뒷면]

เฉพาะชาวต่างชาติ/For non-Thai resident only

PLEASE MARK ☒

Type of flight
☐ Charter ☐ Schedule

First trip to Thailand
☐ Yes ☐ No

Traveling on group tour
☐ Yes ☐ No

Accommodation
☐ Hotel ☐ Friend's Home
☐ Youth Hostel ☐ Apartment
☐ Guest House ☐ Others

Purpose of visit
☐ Holiday ☐ Meeting
☐ Business ☐ Incentive
☐ Education ☐ Conventions
☐ Employment ☐ Exhibitions
☐ Transit ☐ Others

Yearly income
☐ Under 20,000 US$
☐ 20,000-40,000 US$
☐ 40,001-60,000 US$
☐ 60,001-80,000 US$
☐ 80,001 and over
☐ No income

PLEASE COMPLETE IN ENGLISH

Occupation

Country of residence
City/State
Country

From/Port of embarkation

Next city/Port of disembarkation

〈싱가포르 출입국신고서〉

IMM 27A

068-051-910-5

Full Name as it appears in passport/travel document (BLOCK LETTERS)

Sex* Male Female

Passport Number

Place Of Issue | Date of Expiry | Country Of Birth

Date of Birth (DD-MM-YYYY)

Nationality

Identity Card Number (for Malaysian Only) | Tick If Malaysian

Flight No/Vessel Name/Vehicle No

FOR OFFICE USE ONLY

14 30 Others

(4)

IMM 27A

068-051-910-5

Place of Residence

City | State | Country

Last City / Port of Embarkation Before Singapore

Next City / Port of Disembarkation After Singapore

Address In Singapore

Length of Stay Days

Have you ever been to Africa or South America during the last 6 days?* Yes No

Have you ever used a passport under different name to enter Singapore?* Yes No

Have you ever been prohibited from entering Singapore?* Yes No

If "Yes" state name(s) different from current passport

Signature

*Please tick (✓) appropriate box

(5)

IMM 27A

068-051-910-5

Full Name as it appears in passport/travel document (BLOCK LETTERS)

Nationality

Identity Card Number (for Malaysian only)

OFFICE USE ONLY

(6)

〈말레이시아 입국신고서〉

ARRIVAL CARD –
Please write clearly

AT 532576

Full name (*Use block letters. Underline surname*)		Male ☐ Female ☐
Passport No.	Place of issue	Date of expiry
Visa No.	Place of issue	Date of expiry

Country of birth	Date of birth day month year
Nationality	Occupation
Address in country of residence	
Number of children travelling on Parent's Passport?	Travelling on group tour? Yes ☐ No ☐
Last place of embarkation	Next destination

Flight No. MH

Purpose of visit:
1. Transit ☐ 2. Social/Holiday ☐ 3. Conference ☐ 4. Business ☐
5. Visiting friends/relatives ☐ 6. Employment ☐ 7. Others ☐

Address in Malaysia

Signature

NOTE: Tick (√) Appropriate box

〈인도네시아 입국신고서〉

Flight Number :
Name of Ship :

RIH-429960 **D**

Full name (write surname first, use block letters)

Sex
1 ☐ Male
2 ☐ Female

Place and country of birth　　Date of birth

FOR OFFICE USE

Nationality　　Occupation / profession

Passport / Travel document　　Date of expiration: ....
Number :
Place of issue :

KEL 1　PER 2
DIP 3　DIN 4　IM 5　LP 6　RIB 7

Place and country of residence :

Last place / port of Embarkation :

Please answer A or B (please mark (v) only one box):

A To be completed by visitors or intending residents
Purpose of visit :

1 ☐ Business　5 ☐ Transit
2 ☐ Official mission　6 ☐ Education
3 ☐ Convention　7 ☐ Others
4 ☐ Holiday / Visiting friends Relatives / Pleasure.

B To be completed by returning residents (included Indonesian Nationals).
1. i have been absent from Indonesia for :
☐ Years ☐ months ☐ days
2. Country in which I spent most time while abroad : ....

Accomodation :
1 ☐ Hotel　6 ☐ Residence of friends & relatives
2 ☐ Motel　7 ☐ Apartment
3 ☐ Rest house　8 ☐ Rented house
4 ☐ Guest house　9 ☐ Camp
5 ☐ Youth hostel　10 ☐ Others

First trip to Indonesia?
1 ☐ Yes
2 ☐ No

Travelling on group tour?
1 ☐ Yes
2 ☐ No

Intended length of stay : .... days　　Intended address in Indonesia :

Have you been in Africa or South America during the last 6 days?　1 ☐ Yes　2 ☐ No

Date of arrival :

....
(Signature of Passenger)

RIH-429960

〈필리핀 입국신고서〉

Republic of the Philippines BUREAU OF IMMIGRATION	DISEMBARKATION CARD (For Arriving Passengers)

SURNAME / FAMILY NAME	FIRST NAME	MIDDLE NAME

1 ☐ MALE 2 ☐ FEMALE	BIRTHDAY (MM / DD / YY)	COUNTRY OF BIRTH
CITIZENSHIP		OCCUPATION

ADDRESS ABROAD (NO., STREET, TOWN / CITY STATE / COUNTRY, ZIP CODE)

ADDRESS IN THE PHILIPPINES (NO., STREET, TOWN / CITY, PROVINCE)

PASSPORT NUMBER	PLACE OF ISSUE	DATE OF ISSUE (MM / DD / YY)

MAIN PURPOSE OF TRAVEL (CHECK APPROPRIATE BOX)

1 ☐ HOLIDAY / PLEASURE 3 ☐ CONVENTION 5 ☐ OTHERS
2 ☐ VISIT FRIENDS / RELATIVES 4 ☐ BUSINESS SPECIFY ______

NUMBER OF VISITS TO THE PHILIPPINES ☐ 1 ☐ 2 ☐ 3 or more	TRAVELING ON PACKAGE TOUR? 1 ☐ YES 2 ☐ NO

SIGNATURE OF PASSENGER	AIRPORT OF ORIGIN	FLIGHT NO.

FOR PHILIPPINE OVERSEAS CONTRACT WORKERS/BALIKBAYAN USE ONLY

OCW I.D. NO. DATE OF LAST DEPARTURE (MM / DD / YY)	REASON'S FOR RETURNING TO RP 1 ☐ CONTRACT TERMINATED 2 ☐ VACATION / ON LEAVE 3 ☐ HEALTH 4 ☐ OTHERS (SPECIFY)

〈필리핀 세관신고서〉

Republic of the Philippines
Department of Finance
BUREAU OF CUSTOMS

CUSTOMS DECLARATION

All arriving passengers must provide the following information. If travelling with a family, only one (1) declaration is required to be made by the head or any responsible member thereof. Please fill-up completely and legibly.

SURNAME / FAMILY NAME	FIRST NAME	MIDDLE NAME

SEX ☐ MALE ☐ FEMALE	BIRTHDAY (MM / DD / YY)
CITIZENSHIP	OCCUPATION / PROFESSION
PASSPORT NO.	DATE AND PLACE OF ISSUE
ADDRESS (Philippines)	ADDRESS (Abroad)

FLIGHT NO.	AIRPORT OF ORIGIN	DATE OF ARRIVAL

PURPOSE / NATURE OF TRAVEL TO THE PHILIPPINES

1. ☐ Balikbayan
2. ☐ Returning Resident
3. ☐ Overseas Filipino Worker
4. ☐ Business
5. ☐ Tourism
6. ☐ Others (Specify)

NO. OF ACCOMPANYING MEMBERS OF THE FAMILY:

NO. OF BAGGAGE: Checked-in ____ Pcs. Handcarried:____ Pcs.

GENERAL DECLARATION: *(Please read important information at the back)*

1. Are you bringing in live animals, plants, fishes and/or their products and by-products? (If yes, please see a Customs Officer before proceeding to the Quarantine Office). ☐ Yes ☐ No
2. Are you carrying legal tender Philippine notes and coins or checks, money order and other bills of exchange drawn in pesos against banks operating in the Philippines in excess of PHP10,000.00? ☐ Yes ☐ No

   If yes, do you have the required Bangko Sentral ng Pilipinas authority to carry the same? ☐ Yes ☐ No
3. Are you carrying foreign currency or other foreign exchange-denominated bearer negotiable monetary instruments (including travellers checks in excess of US$10,000.00 or its equivalent? (If yes ask for and accomplish Foreign Currency Declaration Form at the Customs Desk at Arrival and Departure areas. ☐ Yes ☐ No
4. Are you bringing in prohibited items (firearms ammunitions and part thereof, drugs, controlled chemicals) or regulated items (VCDs, DVDs, communication devices, transceivers)? ☐ Yes ☐ No
5. Are you bringing in ☐ jewelries, ☐ electronic goods, and ☐ commercial merchandise and/or samples purchased or acquired abroad? ☐ Yes ☐ No

ALL PERSONS AND BAGGAGE ARE SUBJECT TO SEARCH AT ANY TIME.
(Section 2210 and 2212 Tariff & Customs Code of the Philippines as amended)

I HEREBY CERTIFY UNDER PENALTY OF LAW THAT THIS DECLARATION IS TRUE AND CORRECT	DATE OF LAST DEPARTURE FROM THE PHILIPPINES
SIGNATURE OF PASSENGER	

FOR CUSTOMS USE ONLY

PRINTED NAME & SIGNATURE OF CUSTOMS OFFICER	CODE NO.	LANE NO.	DATE

BC Form No. 117 (Rev. 25 Aug. 05)

〈캄보디아 출입국신고서〉

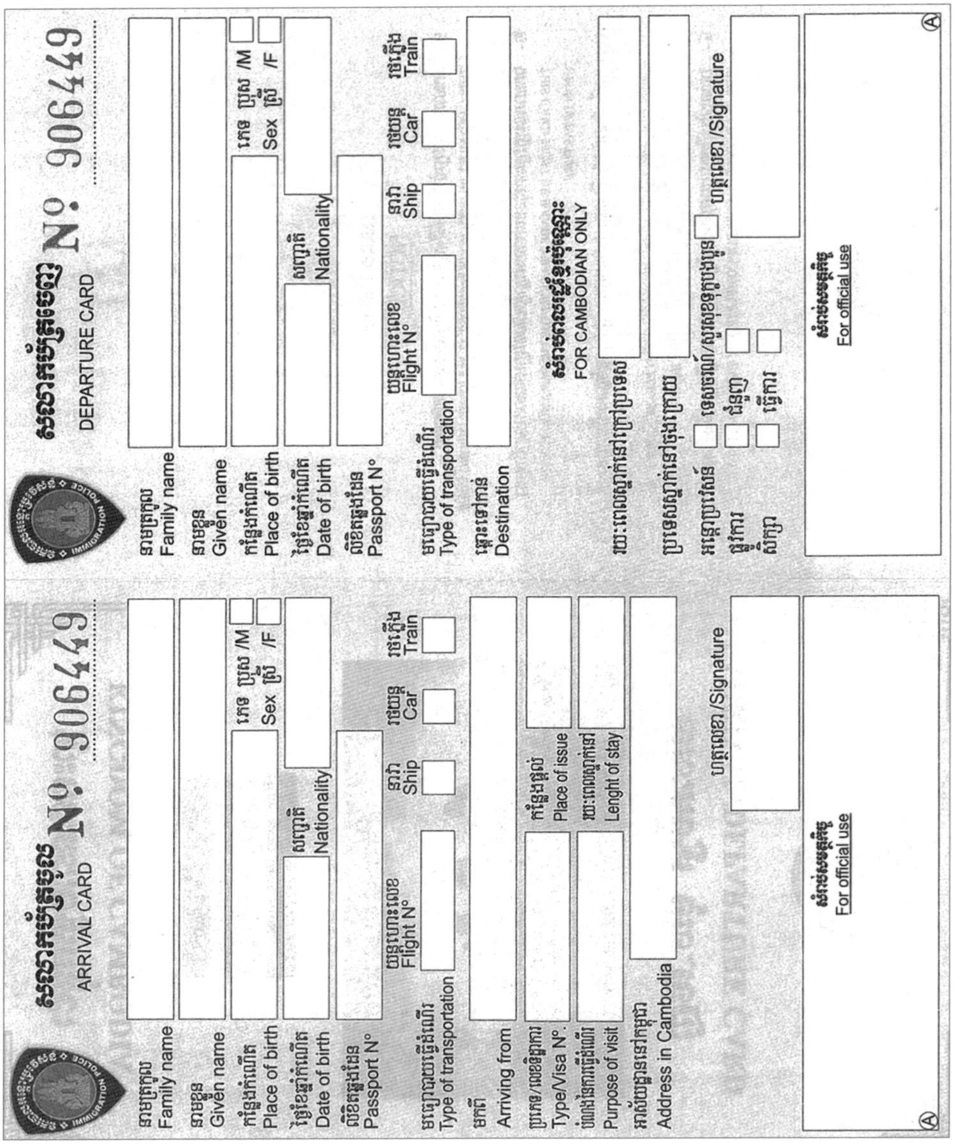
ARRIVAL CARD N° 906449

Family name
Given name
Place of birth
Sex M / F
Date of birth
Nationality
Passport N°
Type of transportation
Flight N°
Ship
Car
Train
Arriving from
Type/Visa N°
Place of issue
Purpose of visit
Lenght of stay
Address in Cambodia
Signature
For official use

DEPARTURE CARD N° 906449

Family name
Given name
Place of birth
Sex M / F
Date of birth
Nationality
Passport N°
Type of transportation
Flight N°
Ship
Car
Train
Destination
FOR CAMBODIAN ONLY
Signature
For official use

〈마카오 입국신고서〉

澳門治安警察局
CORPO DE POLÍCIA DE SEGURANÇA PÚBLICA DE MACAU
出入境事務廳
SERVIÇO DE MIGRAÇÃO
IMMIGRATION DEPARTMENT

旅客抵澳申報表
BOLETIM - CHEGADA
ARRIVAL CARD
（請用正楷填寫）
(LETRAS DE IMPRENSA)
(Please write in block letters)

姓 APELIDO SURNAME	性別 男 M ☐ SEXO SEX 女 F ☐
名 NOME GIVEN NAMES	
國籍 NACIONALIDADE NATIONALITY	出生日期 DATA NASC. DATE OF BIRTH ___/___/___ 日 DIA DAY / 月 MÊS MONTH / 年 ANO YEAR
種類 旅遊證件 DOCUMENTO DE VIAGEM TRAVEL DOCUMENT TIPO TYPE	號碼 Nº.
發出地點及日期 LOCAL E DATA DA EMISSÃO PLACE AND DATE OF ISSUE	___/___/___ 日 DIA DAY / 月 MÊS MONTH / 年 ANO YEAR
住址 RESIDÊNCIA HABITUAL HOME ADDRESS	
澳門地址 ENDEREÇO EM MACAU ADDRESS IN MACAO	
來自何埠 PROCEDÊNCIA FROM	班機編號 VOO Nº. FLIGHT No.
本人簽名 ASSINATURA SIGNATURE	

歡迎來澳門 **BEM-VINDO A MACAU WELCOME TO MACAO**

BK3990954

〈호주입국신고서〉

[앞면]

Incoming passenger card • Australia

PLEASE COMPLETE IN ENGLISH WITH A BLUE OR BLACK PEN

- Family/surname
- Given names
- Passport number
- Flight number or name of ship
- Intended address in Australia

State

- Do you intend to live in Australia for the next 12 months? Yes No
- If you are **NOT an Australian citizen**:
  - Do you have tuberculosis? Yes No
  - Do you have any criminal conviction/s? Yes No

YOU MUST ANSWER EVERY QUESTION – IF UNSURE, X Yes

▶ Are you bringing into Australia:

1.	Goods that may be prohibited or subject to restrictions, such as medicines, steroids, firearms, weapons of any kind or illicit drugs?	Yes	No
2.	More than 2250mL of alcohol or 250 cigarettes or 250g of tobacco products?	Yes	No
3.	Goods obtained overseas or purchased duty and/or tax free in Australia with a combined total price of more than AUD$900, including gifts?	Yes	No
4.	Goods/samples for business/commercial use?	Yes	No
5.	AUD$10,000 or more in Australian or foreign currency equivalent?	Yes	No
6.	Any food - includes dried, fresh, preserved, cooked, uncooked?	Yes	No
7.	Wooden articles, plants, parts of plants, traditional medicines or herbs, seeds, bulbs, straw, nuts?	Yes	No
8.	Animals, parts of animals and animal products including equipment, eggs, biologicals, specimens, birds, fish, insects, shells, bee products, pet food?	Yes	No
9.	Soil, or articles with soil attached, ie. sporting equipment, shoes, etc?	Yes	No
▶10.	Have you visited a rural area or been in contact with, or near, farm animals outside Australia in the past 30 days?	Yes	No
▶11.	Have you been in Africa or South America in the last 6 days?	Yes	No

DECLARATION
The information I have given is true, correct and complete. I understand failure to answer any questions may have serious consequences.

YOUR SIGNATURE

Day Month Year

TURN OVER THE CARD ▶
English

[뒷면]

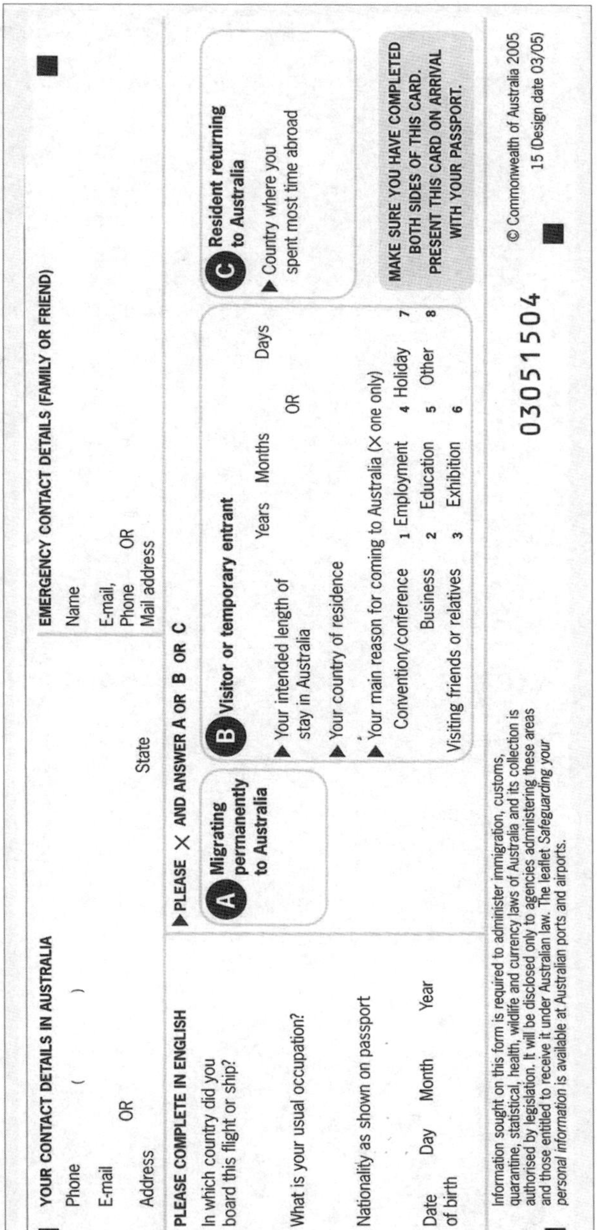

YOUR CONTACT DETAILS IN AUSTRALIA

Phone ( )

E-mail OR

Address

State

EMERGENCY CONTACT DETAILS (FAMILY OR FRIEND)

Name

E-mail, Phone OR Mail address

PLEASE COMPLETE IN ENGLISH

▶ In which country did you board this flight or ship?

◆ What is your usual occupation?

▶ Nationality as shown on passport

▶ Date of birth Day Month Year

▶ PLEASE × AND ANSWER A OR B OR C

A Migrating permanently to Australia

B Visitor or temporary entrant

▶ Your intended length of stay in Australia Years Months OR Days

▶ Your country of residence

▶ Your main reason for coming to Australia (× one only)

Convention/conference 1	Employment 4	Holiday 7
Business 2	Education 5	Other 8
Visiting friends or relatives 3	Exhibition 6	

C Resident returning to Australia

▶ Country where you spent most time abroad

MAKE SURE YOU HAVE COMPLETED BOTH SIDES OF THIS CARD. PRESENT THIS CARD ON ARRIVAL WITH YOUR PASSPORT.

Information sought on this form is required to administer immigration, customs, quarantine, statistical, health, wildlife and currency laws of Australia and its collection is authorised by legislation. It will be disclosed only to agencies administering these areas and those entitled to receive it under Australian law. The leaflet *Safeguarding your personal information* is available at Australian ports and airports.

03051504

© Commonwealth of Australia 2005

15 (Design date 03/05)

〈뉴질랜드 입국신고서〉

[앞면]

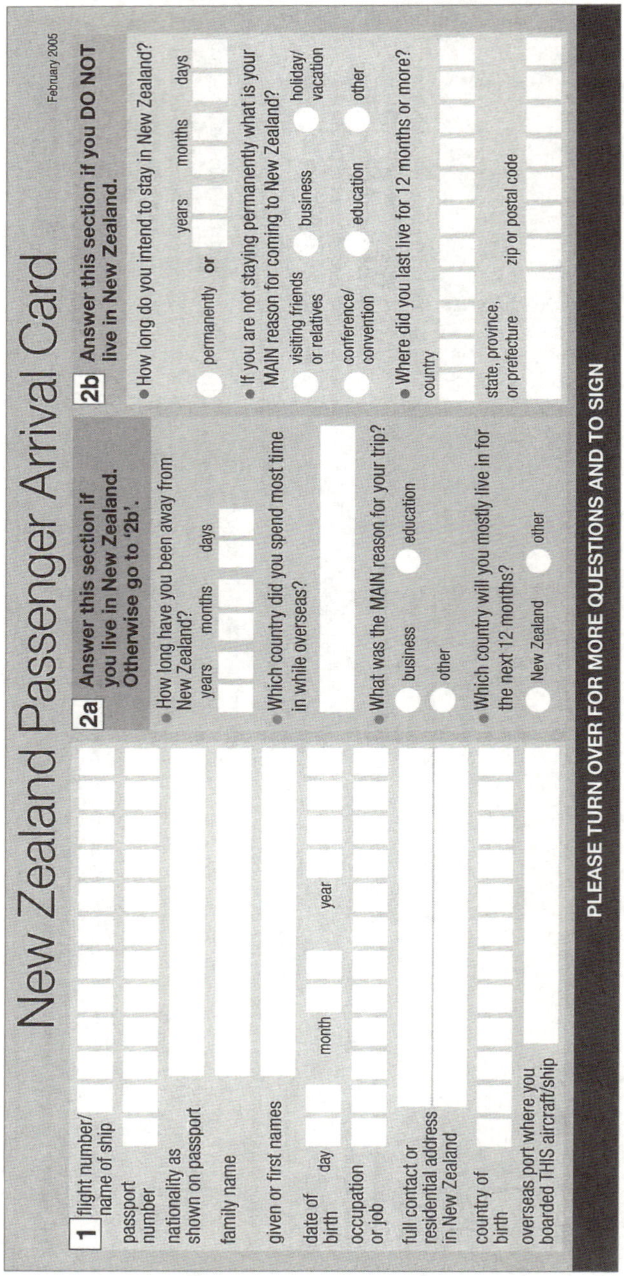

New Zealand Passenger Arrival Card

February 2005

1

flight number/ name of ship

passport number

nationality as shown on passport

family name

given or first names

date of birth — day / month / year

occupation or job

full contact or residential address in New Zealand

country of birth

overseas port where you boarded THIS aircraft/ship

2a **Answer this section if you live in New Zealand. Otherwise go to '2b'.**

- How long have you been away from New Zealand? years / months / days
- Which country did you spend most time in while overseas?
- What was the MAIN reason for your trip? business / education / other
- Which country will you mostly live in for the next 12 months? New Zealand / other

2b **Answer this section if you DO NOT live in New Zealand.**

- How long do you intend to stay in New Zealand? permanently **or** years / months / days
- If you are not staying permanently what is your MAIN reason for coming to New Zealand? visiting friends or relatives / business / holiday/vacation / conference/convention / education / other
- Where did you last live for 12 months or more? country / state, province, or prefecture / zip or postal code

PLEASE TURN OVER FOR MORE QUESTIONS AND TO SIGN

[뒷면]

3 *See the Biosecurity Notes — yes / no

Did you pack your own bags? ○ ○

Are you bringing into New Zealand:

- **food of any kind?** ○ ○
- **animals or animal products* including:** meat, honey, feathers, skins, eggs, dairy products, wool, bone, or cultures/biologicals? ○ ○
- **plants or plant products* including:** fruit, vegetables, flowers or foliage, seeds, bulbs, wood, bamboo, cane, or straw? ○ ○
- **other risk items* including:** used tents, tramping and hiking footwear, spiked/studded sporting shoes, equipment/medication used with animals, soil, water and fishing equipment? ○ ○

In the past **30 days**, while outside of New Zealand, have you been:

- in **contact with any animals? (except domestic cats and dogs)** ○ ○
- to a **farm, abattoir or meat packing house?** ○ ○
- in a **forest or hiking, camping, hunting in rural areas or parkland?** ○ ○

List below all countries you have been in, in the past 30 days:

____

____

____

WARNING: Failure to make a correct declaration may result in an instant fine of $200 or prosecution resulting in a fine of up to $100,000 or imprisonment for up to five years.

4 See the Customs Notes **Are you bringing into New Zealand:** — yes / no

- goods that may be prohibited or restricted? ○ ○
- goods over the personal concession for alcohol and tobacco products? ○ ○
- goods over the NZ$700 personal concession, or for business or commercial use, or carried on behalf of other persons? ○ ○
- NZ$10,000 or more, or the equivalent in foreign currency? ○ ○

5
○ Do you hold a New Zealand passport or a New Zealand Returning Resident's Visa? Go to 8
○ Are you a New Zealand citizen using a foreign passport? Go to 8
○ Do you hold an Australian passport or an Australian Returning Resident's Visa? Go to 7

6 See the Immigration Notes **All others** apply for one of these:

I apply for: ○ visitor's permit ○ residence permit ○ work permit
○ exemption from holding a permit ○ student permit ○ limited purpose permit

– You must leave New Zealand before expiry of your permit, or face removal –

Are you coming to New Zealand for medical treatment or consultation or to give birth? yes ○ no ○

7 **All others** please answer this: Have you ever been sentenced to 12 months or more in prison; or been deported or removed from any country? yes ○ no ○

8 I declare that the information I have given is true, correct and complete.

signature ✗ | date

〈캐나다 입국신고서〉

CREW IMM. F.R.

The personal information declared on this form is maintained in personal information bank number RC PPU 043.

All travellers must complete this section

Last name | First name and initials | Date of birth (D M Y)

Address — Number, street | Postal code

City, town | Province or state | Country

Arriving by

☐ Air Name of airline Flight no. ☐ Marine ☐ Rail ☐ Other

Arriving from (check one):

☐ U.S. only (including Hawaii)

☐ Other country direct

☐ Other country via the U.S.

List the last 3 countries you visited on this trip (other than the U.S.):

Primary purpose of travel: ☐ Personal ☐ Business

I am bringing into Canada:	Yes	No
• goods that exceed my personal exemption limits or gift entitlement (including alcohol and/or tobacco exceeding my duty free allowance) **(see information sheet);**	☐	☐
• goods such as firearms or other weapons, or articles made or derived from endangered species;	☐	☐
• business material, professional goods, commercial goods, goods for resale, samples, tools, equipment;	☐	☐
• animals, birds, bees, meats, any food containing meat, dairy products, eggs;	☐	☐
• plants, cuttings, grapevines, vegetables, fruits, seeds, nuts, bulbs, roots, soil.	☐	☐
I will be visiting a farm in Canada within the next 14 days.	☐	☐

All residents of Canada must complete this section

I left Canada on (D M Y). The total value of all goods I purchased, received, or acquired abroad, and goods I purchased at duty-free shops, for importation into Canada is: $ Value in Canadian funds

The above amount includes shipped goods not accompanying me on this trip, valued at: $ Value in Canadian funds

I qualify for and hereby claim a personal exemption of:

☐ CAN$50 ☐ CAN$200 ☐ CAN$500

E311 (97) Signature of traveller A580

바) 출장보고서

행사보고서(Tour report)라고도 한다. 투어에 대한 전반적인 내용을 작성하여 회사에 보고하는 보고서이다. 특히 현지행사를 대행한 랜드사에 대한 현지수배에 대한 내용이 포함된다. 긍적적인 평가는 문제가 되지 않지만 부정적인 평가가 내려질 때는 여행수배업체에 대한 교체 등의 조치가 내려질 수 있다. 또한 투어에 대한 보완점과 행사시 발생한 문제점에 대한 내용이 포함되어야 한다.

〈T/C 출장보고서〉

<table>
<tr><td colspan="2">T/C 출 장 보 고 서
(아주좋음 : VG, 좋음 : G, 보통 : S, 나쁨 : P, 아주나쁨 : VP)</td><td>담당</td><td>팀장</td><td>이사</td><td>전무</td><td>대표이사</td></tr>
<tr><td colspan="2"></td><td></td><td></td><td></td><td></td><td></td></tr>
</table>

<table>
<tr><td colspan="2">행사번호 및 상품코드</td><td colspan="4"></td><td colspan="4">행사기간</td><td colspan="4"></td></tr>
<tr><td colspan="2">인 솔 자</td><td colspan="4"></td><td colspan="4">행사인원</td><td colspan="4"></td></tr>
<tr><td colspan="2">구분 / 지역(기간)</td><td colspan="4">1.</td><td colspan="4">2.</td><td colspan="4">3.</td></tr>
<tr><td rowspan="3">호텔</td><td>호텔명 및 등급</td><td colspan="4"></td><td colspan="4"></td><td colspan="4"></td></tr>
<tr><td>부 대 시 설</td><td colspan="4"></td><td colspan="4"></td><td colspan="4"></td></tr>
<tr><td>SVC 수준/만족도</td><td colspan="2"></td><td colspan="2"></td><td colspan="2"></td><td colspan="2"></td><td colspan="2"></td><td colspan="2"></td></tr>
<tr><td rowspan="7"></td><td rowspan="7">• 구분 : 조/중/석
• 식당명
• 종류 : 한식/ 현지식/ 뷔페 등
• 식사순서대로 기록</td><td>구분</td><td>식당명</td><td>종류</td><td>평가</td><td>구분</td><td>식당명</td><td>종류</td><td>평가</td><td>구분</td><td>식당명</td><td>종류</td><td>평가</td></tr>
<tr><td></td><td></td><td></td><td></td><td></td><td></td><td></td><td></td><td></td><td></td><td></td><td></td></tr>
<tr><td></td><td></td><td></td><td></td><td></td><td></td><td></td><td></td><td></td><td></td><td></td><td></td></tr>
<tr><td></td><td></td><td></td><td></td><td></td><td></td><td></td><td></td><td></td><td></td><td></td><td></td></tr>
<tr><td></td><td></td><td></td><td></td><td></td><td></td><td></td><td></td><td></td><td></td><td></td><td></td></tr>
<tr><td></td><td></td><td></td><td></td><td></td><td></td><td></td><td></td><td></td><td></td><td></td><td></td></tr>
<tr><td></td><td></td><td></td><td></td><td></td><td></td><td></td><td></td><td></td><td></td><td></td><td></td></tr>
<tr><td rowspan="3">가이드</td><td>성명 및 성별</td><td colspan="4"></td><td colspan="4"></td><td colspan="4"></td></tr>
<tr><td>업무지식 / 성실도</td><td colspan="4"></td><td colspan="4"></td><td colspan="4"></td></tr>
<tr><td>차종 및 만족도</td><td colspan="4"></td><td colspan="4"></td><td colspan="4"></td></tr>
<tr><td colspan="2">현지사명 및 행사준비상태</td><td colspan="4"></td><td colspan="4"></td><td colspan="4"></td></tr>
<tr><td colspan="2">MEETING BOARD 사용</td><td colspan="4"></td><td colspan="4"></td><td colspan="4"></td></tr>
<tr><td colspan="14">※ 특이사항 및 인솔자 의견(특별한 내용은 별도용지를 사용하여 첨부 요망) :</td></tr>
<tr><td colspan="14">※ 수배과 의견 :</td></tr>
</table>

사) Baggage tag

짐꼬리표, 네임텍, Luggage tag 등의 이름으로도 불린다. 자신의 가방에 식별을 위해 표기하는 이름표이다. 주소, 전화번호, 성명(영문, 한글)이 개재된다. 여행사마다 색깔과 디자인의 차이가 있어 구별이 된다. 짐의 분실에 대비하여 꼭 필요한 내용을 기재하여 부착하여야 한다.

아) 비상약품

국외여행인솔자들은 많은 사람들이 준비하지 않고 출장을 나가는데, 철저하게 준비하는 TC들은 나름대로 기본적인 약품을 준비하여 업무를 수행하고 있다. 우리나라와는 다르게 외국의 경우 의사의 처방 없이는 약을 구입하기가 어려우므로 기본적인 비상약은 필수적이다.

소화제, 감기약, 우황청심원, 소독제, 파스, 반창고, 치통・두통・생리통약, 지사제(설사약) 등을 준비하면 좋다. 아울러 장거리 이동시 필요한 멀미약, 해열제, 항생제 등을 준비하는 것이 좋다. 선크림도 자외선을 차단하고 피부를 보호해줄 수 있는 약품이다.

전염병이 많은 동남아지역이나 아프리카의 경우 예방접종 또는 철저하게 주의해야만 한다.

여행시 미네랄워터를 시음하는 것이 현명하다. 설사, 세균성이질, 콜레라, 뎅기열, 장티푸스, 말라리아 등에 특히 주의해야 한다. 음식은 반드시 끓여서 먹도록 하고 날고기나 생선회, 껍질이 벗겨진 과일, 비위생적인 상태에서 제공되는 제반 음식물은 절대 피해야만 안전하다. 또한 모기에 물리지 않도록 하고 모기약을 지참하도록 한다. 여행 중에도 손을 깨끗하게 씻고 물을 끓여서 먹는 것이 각종 병으로부터 건강을 지키는 최선의 방법이라 하겠다.

자) 휴대품

귀후비개, 슬리퍼도 준비하는 것이 좋다. 외국에서 구하기는 힘들기 때문이다. 옷을 준비할 때 목적지와 본국과의 기온차이에 주의하여 준비한다. 여행가방은 분실에 대비하여 하루를 지낼 수 있는 정도의 준비물은 기내반입이 가능한 가방에 넣어둔다. 환승시에도 시간이 안 맞으면 짐이 늦는 경우가 있다. 현지에서 외출할 때 작은 배낭이 있으면 편리하다. 배낭 안에는 필름, 지도, 구입한 선물 등을 넣으면 좋다. 여권, 항공권, 신용카드 등의 귀중품은 지갑 하나에 넣어 항상 휴대하여야 하므로 재킷을 입고 안주머니를 이용하면 안전하다. 소액의 현금과 동전도 팁이나 전화를 걸 때 요긴하게 사용된다. 목적지에서 신세를 질 사람에게 미리 선물을 준비해 가는 것도 필요하다. 그리고 여행가방과 손가방 등 그 밖에 중요한 물건에 반드시 이름, 주소, 연락처를 영어로 명기한 명찰(Name card)을 준비하도록 한다. 공항 안에서 상당한 거리를 걷게 되므로 Carring cart도 있으면 편리하고 좋다(여행기술, 2004 : 52~55; 고종원, 2005 : 195~196).

3) 출국 전 공항업무

(1) 출국수속

탑승수속을 하기 전에 병무신고 해당자인 18세 이상 35세 미만의 병역미필자는 출국 전에 반드시 공항의 병무청에서 병무신고를 해야 한다. 병무신고시에는 여권과 작성된 신청서가 필요하다. 만약에 외국에서 한국으로 입국을 위한 출국절차시 유의해야 할 점은 특히 유럽국가의 경우는 최종적으로 출국하는 국가에서 출국수속 후 면세구역에 진입하여 항공기 탑승을 위한 탑승구 이동 전에 면세를 위한 세금환급(Tax refund) 조치를 위한 신고를 꼭하고 나와야 하므로 인솔자는 주의하여 여행자들을 안내하여 문제가 발생하지 않도록 조치를 취하는 것을 잊어서는 안 된다.

가) Boarding Check 절차

공항에서 항공기 탑승을 위한 수속절차를 말한다. 공항에서 손님들을 만나고 인사 후 부칠 가방에 회사의 가방용 명찰(Name tag)을 부착하도록 한다. 손님들이 기존에 부착하고 있는 명찰과 혼선이 없도록 한다. 손님의 여권을 확인하고 지참하여 부칠 가방을 갖고 해당 항공사의 수속 카운터(Boarding counter)로 가서 수속 절차를 진행한다. 단체의 경우 전체인원이 모두 도착한 후에 진행하도록 한다. 국외여행인솔자와 여행사 담당직원은 지상근무 직원에게 PNR(Passenger name request)를 전달하여 확인하도록 한다. 여행자들이 탑승권과 부친 가방의 영수증 역할을 하는 수화물영수증(Baggage claim check)을 받았는지 확인한다. 가능하다면 수화물꼬리표(짐꼬리표 : Baggage claim tag)가 가방에 잘 부착되는지 보는 것이 좋다.

나) Boarding Check시 주의점

가방에는 항공규정에 따라 허용되는 물품만을 넣을 수 있다. 가스라이터, 가스가 들어 있는 제품, 칼, 나이프, 성냥, 무스 등 물품이나 위험성이 내포된 내용물은 기내 반입이 금지되고 수화물로도 불허된다. 또한 중요한 것은 부치는 짐이나 가방에 귀중품이나 현금 등이 들어있지 않도록 한다. 현금이나 귀중품의 경우 분실시 보험혜택이 적용되지 않음을 고객들에게 공지하여 관리에 주의하도록 한다. 그리고 신혼부부나 가족의 경우 좌석이 떨어지지 않도록 세심한 주의와 배려가 있어야 함을 잊어서는 안 된다.

다) 출국서류 및 공지사항 전달

수속이 마쳐지면 출국에 필요한 서류인 여권과 탑승권을 확인시킨다. 사증(Visa)이 필요한 국가로의 출국일 경우는 사전에 준비되어 있어야 한다. TC는 전체가 모인 자리에서 출국을 위한 설명을 하도록 한다. 세관에서 고가 카메라 등의 신고 등에 대해 설명하도록 한다. 출국순서 설명을 하고 바로 출국장으로 손님들을 인솔하거나 탑승구에 도착하는 시간을 정확히 공지하도록 한다. 개인적인 자유시간이 필요한 손님의 경우 시간을 철저하게 지킬 것을 요청하도록 한다.

라) 출국장 이동 세관신고 및 보안검색

출국장 입구에서는 먼저 여권, 탑승권을 확인받는다. 비디오카메라, 고가의 휴대품 등을 소지하고 출국할 경우 세관신고를 하도록 공지한다. 이후에는 보안검색 절차이다. 보안검색은 몸에 지니고 있는 물품을 검사하며 허용되지 않는 물건을 소지할 경우에는 압수되거나 조사를 추가로 받을 수 있다. 또한 「외국환거래법」 규정에 따라 미화 1만 달러 이상 소지하고 출국하는 것이 적발되면 출국이 금지되고 관계당국의 조사를 받게 된다. 보안검색은 항공기 탑승자의 안전을 위해 실시되며, 이 과정이 끝나면 출국심사로 이어진다.

〈탑승권의 예〉

1) 국제선

BOARDING PASS

NAME KO/JONGWEONMR
FROM SEOUL
TO ZHENGZHOU
DATE 28APR10 G

SEAT 좌석 32A FLIGHT 편명 KE9809
WINDOW

119540

ETKT 180 2430177726C1 /002
Y
070

KOREAN AIR

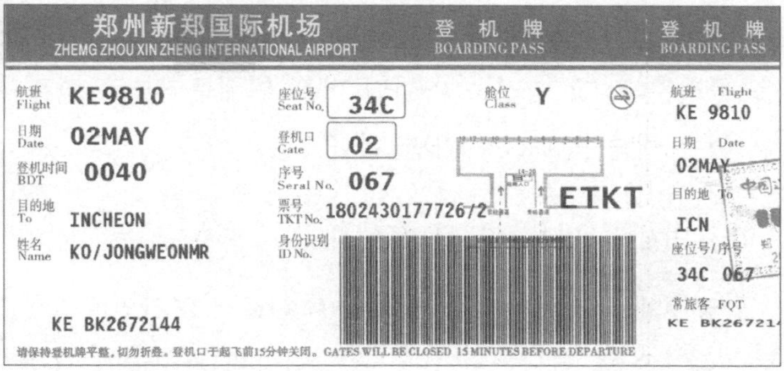

郑州新郑国际机场
ZHEMG ZHOU XIN ZHENG INTERNATIONAL AIRPORT
登 机 牌 BOARDING PASS
登 机 牌 BOARDING PASS

航班 Flight KE9810
日期 Date 02MAY
登机时间 BDT 0040
目的地 To INCHEON
姓名 Name KO/JONGWEONMR
座位号 Seat No. 34C
登机口 Gate 02
序号 Seral No. 067
票号 TKT No. 1802430177726/2
身份识别 ID No.
舱位 Class Y
ETKT
KE BK2672144

航班 Flight KE 9810
日期 Date 02MAY
目的地 To ICN
座位号/序号 34C 067
常旅客 FQT
KE BK267214

请保持登机牌平整，切勿折叠。登机口于起飞前15分钟关闭。 GATES WILL BE CLOSED 15 MINUTES BEFORE DEPARTURE

2) 국내선

ASIANA AIRLINES
A STAR ALLIANCE MEMBER

탑 승 권
Boarding Pass and Receipt
flyasiana.com, 예약안내 1588-8000

성명 Name 고종원
출발지 From 제주 Jeju → 도착지 To 김포 Gimpo

편명 Flight No.	탑승일 Date(Y-M-D)
OZ8934	2010-04-24

탑승시각 Boarding time 18:40
출발시각 Departure time 18:55

탑승구 Gate	좌석번호 Seat No.
7	18F

창측 (Window)

예약번호 *CFQLII SEQ.088/MM
Baggage 0/ 0 YY
Membership card No. OZ003356122 SLVR
OZ 14 회 Times 10083 마일 Miles

650109-1******
전화번호 Tel No. H*82-02-302-****

사업자등록번호 616-85-03134 발행장소 CJU61110
영수금액 ₩ 95000 지불수단 CARD
항공권번호 2 988 2146450586 3

출발시간 5 분전에 탑승이 종료되며, 승무원의 탑승권 재확인시 협조하여 주시기 바랍니다.
Gate closes 5 minutes prior to departure.
Please present boarding pass to crew.

OZ893411418F088 1

마) 출국심사

여권과 탑승권을 법무부 소속인 담당 출국심사관에게 제출하여 절차를 밟는다. 출국 금지대상 등 출국기록을 하고 여권에 출국도장을 찍고 여권과 탑승권을 돌려준다. 이 과정을 마치면 바로 면세구역으로 연결되고 항공기를 탑승할 수 있는 탑승구(Gate)로 가면 된다.

바) 면세점 이용 및 탑승구 대기

탑승권에 표기되어 있는 탑승구(Gate)를 찾아가면 된다. 면세점들이 연결된 통로구역이 바로 면세구역이다. 물론 이상의 과정들이 개개인별로 진행되지만 여행에 익숙지 못한 고객들은 국외여행인솔자가 안내하면서 이동하면 된다. 예상치 못한 일이 발생하거나 일어날 경우를 대비하여 TC(Tour Conductor)의 주의와 해결이 요구되는 것이다. 특히 국내에서보다도 외국에서 출입국시 여러 상황에 부딪치게 된다는 점에서 국외여행인솔자의 역할이 중요한 것이다. 면세점을 이용하고 탑승구에 도착하면 탑승을 기다리며 좌석에 앉아 있으면 된다. 탑승구에 가는 도중에 시간이 남아 필요한 물품 구입을 위해 공항면세점을 이용하게 되는데, 보통은 항공기 탑승 전후의 시간대에는 거의 면세점 이용이 가능하다. 그러나 미국의 뉴욕 JFK공항은 탑승시간대임에도 오후 11시경에 영업이 종료되어 쇼핑하는데 지장이 있는 점도 국외여행인솔자는 파악하여 고객에게 안내하여야 할 것이다(고종원, 2005 : 203~204).

표 7-8 항공기 결항 및 지연에 대한 대처

TC의 항공기 결항·지연·연결 문제발생시 대처방법
Tour Conductor 업무 가운데 출입국시 항공기 이용문제로는 주로 결항, 지연, 연결편 접속문제 등이다. 특히 결항이나 지연시에는 주로 항공사의 문제이므로 예약 항공사로부터 보상을 받아서 손님들에게 최소한의 혜택을 받게끔 해야 한다. 항공사에서 제공하는 일반적인 보상을 보면 첫째, 식사쿠폰이나 음료권 제공이다. 둘째, 5시간 이상 연발시에는 호텔을 제공받거나 미화 100불 정도를 배상받는다. 셋째, 여행 일정에 지장을 초래할 경우 가능한 타 항공사를 이용할 수 있도록 Endorse를 받도록 한다.

자료 : 고종원, 투어오퍼레이터업무론, 2005, p. 204.

사) 항공기탑승 및 비행(In-flight)

항공사에서 일반적으로 탑승은 1등석 손님과 비즈니스석 손님 그리고 노약자까지 안내방송으로 탑승방송을 하여 우선적으로 탑승시킨다. 다음은 항공기의 뒷좌석 손님부터 시작하여 앞좌석 번호를 호출하여 손님을 탑승시킨다. 그러나 일반석의 경우는 번호에 상관없이 대기 순으로 탑승시킨다. 탑승이 완료되면 TC는 항공사 승무원들에 의해 고객들이 제반 서비스를 받게 되어 별다른 업무는 없다. 그럼에도 불구하고 국외여행인솔자는 그러나 자사의 고객들이 불편한 사항은 없는지 항공기 통로를 종종 다니며 궁금증과 의문은 없는지 확인하는 성실한 자세가 요구된다. 비행시간을 통해 고객들과 안면을 익히고 요구사항이나 특이사항을 파악하는데 도움이 되기 때문이다. 특히 TC는 목적지에 입국시 필요한 입국신고서와 세관신고서 등 필요한 서류를 비행기에서 사전에 준비하거나 여행객이 준비하도록 도와주는 것이 필요하다. 만약 경유하는 항공편일 경우 해당 공항에서의 경유시 각별한 안내와 인솔이 요청된다. 항공기에서 가끔 발생하는 불상사를 피하기 위해 고객들이 화장실과 통로로 식사 전후 움직여 소화작용을 돕고 장시간 비행으로 인한 건강악화가 되지 않도록 권유하도록 한다. 비행시간 동안에는 기내쇼핑도 가능하다.

〈예약주문 기내판매품 리스트〉

Page: 69 / 77

搭　乘	
未搭乘	

FLT NO. / DATE: KE 9809 /20100501

旅券番號:
(PASSPORT NO)

姓　名: KO JONG WEON　　傳達區間: CGO/ICN
(NAME)　　(DELIVERY SECTION)

豫約 注文 機內販賣品
(PRE-ORDER INFLIGHT SALES ITEMS)

順位	ITEM DESCRIPTION 品 名	PRICE($) 價 格	QUANTITY 數 量	AMOUNT (USD) 金 額
1	(431) *GIORGIO ARMANI LDI	56	1	56
2	(934) *LA SPINLIIA 2007	66	1	66
3				
TELEPHONE ORDER SERVICE TEL (080)656-4545		TOTAL 合 計	2	122

※ 여권번호가 기재된 주문서는 판매 대금이 선 지불된 경우이므로, 해당 승객의 서명을 받아 은행 입금시 반드시 제출하여 주시기 바랍니다.

승무원 서명: ______　　승객서명: ______

KAL-UH-003
2001. 2. 5개정　　POINT = 122 / 122

항공기 이용시 승객이 지켜야 할 매너와 주의사항

항공기 기내에서는 전기·전자제품은 항공기 항법 및 통신 시스템에 영향을 미쳐 안전에 위협이 되므로 금지되고 있다. 그러므로 핸드폰의 사용에도 주의하여야 한다. 또한 항공기내에서는 금연지역이므로 담배를 피워서도 안 된다. 특히 항공기의 이·착륙시 가장 위험하므로 승무원들의 안내에 따라 이동하여야 한다. 승객 탑승이 완료되고 항공기 출입문을 닫은 후, 이륙 후 고도 1만 피트(약 3,000m)에 도달할 때까지와 착륙을 위해 항공기 안내방송이 나온 후 강하를 시작하여 고도 1만 피트 통과시점부터 목적지에 완전히 착륙하여 탑승객이 항공기에서 내리도록 출입문을 열고 안내할 때까지 여유를 갖고 기다리는 것이 매너이다.

출처 : 고종원, 투어오퍼레이터업무론, 2005, p. 205.

아) 입국수속

해당국가 공항에 항공기가 도착하면 손님들과 내려 같이 모여 안내표지판을 확인하며 입국장으로 이동한다. 먼저 입국수속으로 여권과 사증(VISA), 입국신고서와 세관신고서를 준비하여 입국심사대에 줄을 서서 기다리며 수속을 밟는다. 각국의 차이가 있지만 내국인, 외국인 심사대를 확인하고 유럽의 경우 유럽연합 수속대 등을 확인하고 줄을 선다. 입국수속이 대체로 까다로운 국가의 경우 체류기간이 며칠이냐, 방문목적이 무엇이냐, 체재장소가 어디냐는 질문에서부터 지참한 체재비용에 대해서 등의 질문을 받게 된다. 질문 중에 의심을 사거나 불법체류의 문제가 있을 수 있는 입국자로 판단되면 입국이 거절되고 본국으로 귀환 조치된다. 단체가 입국수속이 잘 처리되도록 TC는 입국수속시 잘 리드하여야 한다. 입국수속시 TC의 역할은 첫째, 고객의 통관이 전부 끝날 때까지 입회할 것, 둘째, 별송신고는 틀림없이 마쳤는지의 여부를 확인할 것, 셋째, 식물검역의 수속에 입회할 것, 넷째, 단체해산까지 책임을 지고 동참할 것, 다섯째, 단체해산 후 책임자에게 작별인사를 하고 후일의 정산 및 여행반성회의 협의를 마치고 헤어질 것(정찬종 · 신동숙, 2004 : 161)이다. 미국이 목적지일 경우 경유지 또는 최종목적지에서 입국심사가 이루어진다. 입국수속은 미국 시민권자와 영주권자와는 별도로 다른 라인에서 이루어진다. 순서는 체재일수, 입국목적 등의 질문 등이 먼저 실시된다. 한편, 미국에서 캐나다 국경으로 이동할 경우 미국입국시 받은 스템프와 미국비자를 확인 후 캐나다 입국도장을 찍어준다. 반대로, 캐나다 관광 후 미국으로 다시 돌아갈 때에는 버스투어일 경우 미국의 입국심사관이 버스에 올라 관광객들의 여권과 캐나다 입국도장을 확인하면 마치게 된다. 이러한 조치는 미동부 · 캐나다 일정의 경우 나이아가라 폭포 국경, 버몬트 국경 모두 동일하게 적용된다(고종원, 2005 : 206~207).

자) 수화물 찾기

입국수속 후에는 자신의 짐(Baggage or Luggage)을 찾아야 한다. 공항의 모니터를 통해 자신이 타고 온 항공기 편명을 확인한다. 그리고 해당되는 컨베이어에서 짐을 찾는다. 짐이 도착하지 않았다면 바로 공항의 짐분실센터(Lost & Found)로 가서 신고한다. 신고할 때 필요한 것이 자신의 수하물 인환증(Baggage claim tag)이다. 제시하고 분실물의 내용물, 형태, 색상, 크기 등을 기재하는 해당 항공사의 수하물 사고보고서(PIR : Property Irregularity Report)를 작성하여야 한다. 분실 시에는 해당 항공사에서 보상해주는 필수품 구입 조치를 밟도록 한다.

차) 세관심사

입국수속절차 중 마지막인 세관심사를 받는다. 작성한 세관신고서를 제출하도록 한다. 면세심사대와 과세심사대로 구분되어 있는 것이 일반적이다. 자신의 물품구입과 구비한 내역에 맞게 심사대를 통과한다. 세관원의 요청이 있을 경우에는 휴대한 가방과 수화물을 열어서 보여주고 검사에 협조하여야 한다. 문제없이 통과되면 된다. 그러나 해당국의 세관규정에 의해 과다한 물품반입과 금액을 초과할 때에는 세금을 물어야 한다.

〈여행자 휴대품 신고서〉

관세청
전자통관시스템 UNI-PASS

여행자(승무원) 세관 신고서

성 명		직업	
주민등록번호		국적	
여행목적	□관광 □사업 □친지방문 □공무 □교육 □기타		
항공편명		여행기간	일
한국 입국전 방문 국가들 1. 2. 3.			
한국내 주소 : 연 락 처 ☎ ( )			
※ 한 가족(직계)당 대표로 1인이 신고가능 (동반가족수 명)			

세관신고 사항

※ 아래 질문에 대하여 해당란 □ 에 "✓ "표시하시기 바랍니다.

휴대품에 관한 사항

▶ 다음 물품을 가지고 있습니까?	있음	없음
1. 총포 · 도검 · 석궁 등 무기류 · 실탄 및 화약류 · 유독성 또는 방사성 물질	□	□
2. 아편, 헤로인, 코카인, 히로뽕, MDMA, 대마 등 마약류 및 실데나필 등 법에 저촉될 수 있는 약품류	□	□
3. 동 · 식물 · 과일채소류 등 식품 또는 그 재료	□	□
4. 멸종위기에 처한 야생동식물 및 이들로 만든 제품(호랑이, 코브라, 거북, 악어, 산호, 웅담, 사향 등)	□	□
5. 위조상표 부착물품 등 지적재산권 침해물품	□	□
6. 위조지폐 및 위 · 변조된 유가증권	□	□
7. 음란물 등 미풍양속을 저해하는 물품	□	□
8. 미화1만불 상당을 초과하는 외화, 원화, 유가증권	□	□
9. 판매 목적으로 반입하는 물품, 긴급수리 물품 · 견본품 등 회사용품, A.T.A까르네 물품	□	□
10. 휴대품 면세 허용범위를 초과한 물품	□	□
11. 다른사람의 부탁으로 대리 운반하는 물품	□	□
12. 기타 신고여부에 의문이 있는 물품이나 사항	□	□

이 신고서의 내용은 사실과 같습니다.

년 월 일

신 고 인 : (서명)

473-00911민 85mm×210mm '06. 9. 5. 개정 일반용지 120g/㎡

관세청
전자통관시스템 UNI-PASS

세관신고 안내사항

※ 모든 입국자는 신고서를 작성하여야 하며, 세관공무원이 지정하는 경우 휴대품 검사를 받으셔야 합니다.

유 의 사 항

- 사회안전을 위협할 수 있는 총포, 도검, 화약류, 방사성 또는 유독성 물질 등 테러물품이 반입되지 않도록 휴대품 신고 및 신변검색에 적극 협조하여 주시기 바랍니다.
- 다른 사람의 부탁으로 대리운반하는 물품은 테러물품, 마약, 밀수품일 가능성이 많으며 이 경우 관계법규에 의한 처벌대상이므로 반드시 세관에 신고하시기 바랍니다.
- 성실신고하는 경우에는 세금을 사후에 납부하실 수 있고, 여행자가 제시한 영수증 가격을 특별한 사정이 없는 한 구입가격으로 인정합니다.
- 내용을 허위로 신고하거나 성실하게 신고하지 않을 경우 납부할 세액의 30%에 상당하는 금액의 가산세가 부과되며, 경우에 따라서 관세법에 따라 처벌됩니다.
- 해외여행 중 전염병 또는 가축질병 발생지역이나 가축 사육농장 방문사실이 있었을 경우 신고하시기 바랍니다.

휴대품 면세허용범위

- 종류에 관계없이 주류 1병(1ℓ 이하로써 US$400이내), 담배 200개비, 향수 2온스(60㎖ 이하로써 1병)
  (단 19세 미만인 경우 주류, 담배는 제외)
- 해외(국내외면세점 포함)에서 구입한 물품 합계액 중 US$400이내(자가사용, 선물용, 신변용품 등에 한함)
  ※ 단 농림축수산물, 한약 및 한약재는 총 구입금액 10만원이내이며 수량(중량) 제한이 있습니다.
- 승무원의 경우에는 면세범위가 여행자와 달리 관계법규에서 정하는 바에 따릅니다.

※ 휴대품 신고 및 면세제도에 의문이 있으면 세관직원에게 문의하십시오.

카) 가이드 미팅과 주차장 이동

세관심사를 끝내고 나오면 입국장이다. 보통은 여기서 가이드를 만난다. 처음에 가이드와 간단한 인사를 하고 팀에 대한 특이사항이나 전달한 내용을 이야기하고 바로 주차장으로 이동한다. 현지가이드 미팅의 경우 각국의 공항상황에 따라 차이가 난다. 이집트나 이탈리아에서는 공항 내 입국장까지 현지가이드가 업무상 출입할 수 있다. 입국장을 나오면서 공항에 있는 은행에서 환전을 할 수도 있으나 보통은 버스주차장으로 이동하게 된다. 그래서 사전에 출국 전에 환전하거나 현지호텔에서 환전을 하는 경우도 있다.

타) 인원확인 및 도착인사

주차장에 버스에 도착하면 자신의 짐을 확인하여 싣는다. 버스에 고객이 모두 착석하고 인원이 점검되면 해당 관광장소나 호텔로 이동하게 된다. 이때 국외여행인솔자는 손님들 여권을 확인시키고 간단히 도착인사하고 가이드를 소개하거나 마이크를 넘기도록 한다. 가이드는 인사 후 자신의 가이드업무를 시작하게 되며 TC는 배후에서 관리적인 측면에서 자신의 업무를 시작하게 된다.

4) 호텔투숙

일정이 마쳐지고 호텔에 투숙하게 되면 다음과 같은 절차를 거친다. 일명 호텔체크인 과정이다. 호텔을 퇴숙하는 것은 호텔체크아웃이라고 한다. 호텔에 도착하면 손님들이 로비에 앉아 기다리게 하고 호텔의 프런트데스크(Front Desk)에 가서 체크인(Check-in)을 한다. 체크인은 예약된 방의 키를 받고 익일 모닝콜(Morning Call)을 요청하고 식사장소를 확인하는 등의 과정을 말한다. 호텔관계자와의 업무가 끝나면 손님들에게 익일 아침식사 장소 등을 설명하고 시간과 장소를 공지시켜준다. 만약 식사쿠폰이 필요할 경우 공지하여 혼선이 없도록 한다. 또한 호텔의 이용 가능한 부대시설을 파악하여 손님들에게 정보를 제공한다. 러시아의 경우 입국한 날부터 3일 이내에 거주등록을 하도록 되어 있어서 호텔 체크인을 하면서 거주등록을 하도록 한다. 거주등록 확인증을 받아서 호텔에서 외출을 해야 안전하기 때문이다. 거주등록 비용은 호텔마다 다르고 호텔숙박비 이외에 별도로 지불(정찬종 · 신동숙, 2004 : 206)해야 하는 점도 유의한다. 모범적인 TC는 객실 내의 시설에 대해서도 상세히 파악하여 미니바 사용안내, 수신자 부담 전화 방법, 유료비디오 비용, 객실 키 사용법 등을 안내하여야 한다. 가능한 손님들의 객실을 일일이 방문하여 점검하여 주고 설명하는 수고는 고객만족을 높일 수 있다. 또한 국외여행인솔자는 객실을 고객들에게 알려주어 특별사항이나 비상시에 연락하도록 한다.

5) 가이드와 호흡을 맞춤

TC(Tour Conductor)는 현지일정 진행에 있어 현지가이드와 호흡을 맞추어서 진행하도록 한다. 현지가이드와의 좋은 팀워크는 좋은 분위기와 안정된 진행을 하게 한다. 국외여행인솔자는 회사의 대표자로서 현지가이드의 업무를 관리하는 역할을 하는 것이 일반적이지만 서로 존중하는 자세가 최선이다. 일정진행은 불가피한 상황을 제외하고는 원래의 일정표대로 진행하도록 하는 것이 문제가 생기지 않는다. 식사시에는 손님들의 식사가 확정된 메뉴대로 준비가 되었는지 그리고 손님 전원에게 식사가 서빙되었는지 확인하도록 한다. 아울러 고객 분들께 식사인사를 하는 것을 잊어서는 안 된다. 전체적인 충실한 진행과 고객별로 세심한 배려와 관심이 주어지는 안내라면 가장 이상적인 인솔이라고 사료된다. 문제는 안전과 사고에 대한 방지와 대비라고 하겠다. 여권이나 항공권을 분실하였다면 필요한 조치를 취하도록 한다. 다음 <표 7-9>를 참고하자. 그 외에 여행자수표 분실, 현금 및 귀중품의 분실, 환자 발생시 등의 대처요령은 다음 <표 7-10>을 참고하자.

표 7-9 여권 및 항공권 분실시 대응 방법

여권 분실시	항공권 분실시
1. 경찰서로 가서 분실신고를 하고 분실증명확인서를 받는다. 2. 분실증명서에 사진2장(5×5㎝)을 첨부하여 한국대사관·영사관에 가서 여행증명서 또는 여권을 재발행한다. 재발행은 2~7일 소요됨. 3. 여권번호, 발급연월일, 여권발급장소, 일정표, 보증서를 제출해야 함. 4. 여행증명서(Travel Certification) 발급 후 귀국하면 여행증명서 원본 및 사본을 제출해야 함.	1. 현지 해당 항공사 사무실에 가서 분실사유서를 작성하고 신고한다. 2. 분실신고시 항공권구입처, 전화번호, 가격, 구간, 발권일자 등을 기록해야 하며, 항공사는 기록내용을 근거로 발권 여부를 확인한다. 항공권을 발행한 한국의 여행사로 전문을 보내 확인 후 재발급하는 경우도 있음. 3. 정규요금 항공권은 재발급 및 미사용구간의 현금 환불이 가능하나 할인항공권은 재발급은 가능하나 환불은 불가능한 경우 많음.

자료 : 고종원, 투어오퍼레이터업무론, 현학사, 2005, p. 224.

표 7-10 사고유형별 대처요령

사고유형	대처요령
여행자수표 분실	• 구매계약서 사본(Purchaser's copy)을 가지고 가서 발행이나 제휴 은행에 번호 무효 수속 및 재발행 신청
현금 및 귀중품의 분실	• 보안책임자에게 보고 • 관할경찰서에 신고 • 경찰서 발행의 분실 및 도난증명서 수령
환자의 발생	• 우선 상주의사(House doctor)의 처치를 받음 • 입원의 경우 가족에게 연락 • 해외여행상해보험 약관을 확인 • 현지여행사 재외공관과 병원관계자 등에게 협조요청
사망사고의 발생	• 사망진단서 작성 • 사고사난 변사의 경우 검시진단서와 경찰서 사고증명서 수령 • 현지 한국공관에 연락 • 본사보고 • 유족과 장례절차 협의
천재지변의 발생	• 안전한 장소로 대피 • 한국공관에 연락 후 공관의 지시를 따름
현지 공항에서의 영접실수 (Meeting mistake)	• 상황설명 후 지정된 장소에 손님들을 대기시킴 • 다른 출구가 있는지 확인 • 현지여행사에 연락하여 원인 파악 • 현지여행사가 연락두절인 경우 택시나 공항버스를 이용하여 투숙 호텔로 이동시킴 • 호텔도착 후 원인규명하여 비용청구

자료 : 이교종, 2000 : 219~225; 정찬종 · 신동숙, 2004 : 192~193; 고종원, 2005 : 224~225.

6) 쇼 핑

쇼핑은 방문한 국가의 경쟁력 있는 상품과 기념이 될 만한 상품을 소개하고 구입하도록 한다. 인솔자와 가이드의 역할은 현지에서 가장 질이 좋고 가격이 저렴한 쇼핑센터나 면세점으로 안내하는 것이다. 특히 투어컨덕터는 같은 제품이라도 공항면세점, 기내면세, 시내면세점 등 가격이 제각기 다르므로 가장 저렴하게 구입할 수 있는 장소를 소개해 주도록 많은 사항을 알고 관심을 가져야 할 필요가 있다. 이러한 측면에서도 고객의 신뢰를 얻을 수 있다. 아울러 기념이 될 만한 부담 없는 값싼 기념품의 종류도 무난하다. 상품의 선택에 고민하는 고객에게 조언은 TC의 중요한 안내의 한 측면이라고 사료된다. 또한 고객이 구매한 물건이 하자가 있어서 반품이나 교환이 필요할 때 즉시 교환이 가능한 공신력 있는 구매장소여야 한다. 그리고 한국입국시 세관에서 면세를 초과하거나 문제될 수 있는 물건은 사전에 파악하여 고객에게 정확한 정보를 주어야 한다(고종원, 2005 : 226～227).

7) 출국절차

공항에서 다음 목적지로 이동을 위한 출국수속을 한다. 상식적으로 출국수속을 받기 위해서는 공항에 2시간 전에는 도착하여야 한다. 그러나 국가별로 공항의 출국방식에 차이가 있어서 특히 특수상황의 국가에 있어서는 주의를 기울여야 한다. 이스라엘의 경우는 적어도 3시간～3시간 30분 전에 도착하여 출국절차를 거쳐야 한다. 보안검색이 세계에서 가장 까다롭고 엄격하기로 소문이 나 있다. 그만큼 시간도 많이 걸리고 어려운 과정을 거치게 된다. 또한 공항에서 출국세를 납부해야 하는 태국의 경우 출국세를 구입하여 손님들에게 주어야 한다. 먼저 해당 항공사 카운터에서 탑승수속(Check-in)을 마치면 여권과 탑승권, 출국세티켓, 출국신고서를 갖고 출국장으로 이동한다. 보안검색을 받고 출국심사대에서 심사를 마치면 면세구역이 나오고 탑승권에 나오는 탑승구(Gate)로 찾아가면 된다. 규모가 큰 세계적인 공항의 경우 탑승구가 많아서 이동하는데 시간이 상당히 걸릴 수 있으므로 주의를 요한다. 탑승구의 탑승시간(Boarding time)에 맞게 도착하도록 한다. 시간개념이 없는 고객 때문에 단체가 고생할 수 있다는 점을 명심하자. 그래서 고객 한 사람 한 사람 각별히 관리하고 신경써야 한다. 그래야만 예기치 않은 문제가 발생하지 않는다.

8) 공항입국 / 귀국

세관신고서와 검역신고서 서류를 준비하여 항공기에서 내려 입국장(Arrival)으로 이동한다. 외국인이나 지방거주자의 경우는 다른 항공기로 접속을 위해 별도로 항공사 및 공항직원의 안내를 받아 접속(Transfer)하면 된다. 입국시에는 먼저 검역(Quarantine)을 받는다. 검역신고서를 작성하여 제출하면 된다. 사스(SARS)나 각종 인플루엔자 및 전염성 병이 세계적으로 확산되는 경우에는 체온감지기 시스템을 통해 검역을 강화하고 있다. 검역순서 다음에는 입국심사대에서 입국심사를 받는다. 이때는 여권을 제출한다. 그리고 출발 공항에서 부친 짐(Baggage)을 찾기 위해 탑승하고 온 항공사와 편명을 확인하여 해당 컨베이어로 이동하여 짐을 기다려서 찾는다. 손님들의 가방과 짐이 완전하게 도착했는지를 확인하고 분실시 등에 조치해야 하는 것이 TC의 임무이다. 마지막으로는 세관심사(Customs)이다. 소지품과 허용되지 않은 물건을 지참하였는지 확인을 받는다. 규정된 면세품 한도가 넘으면 적색심사대로, 면세범위에 해당하면 녹색심사대로 가서 세관원의 심사를 받는다. 세관신고서는 가족일 경우 1명이 대표하여 작성하면 된다. 개인에게 허용된 면세범위는 술 750ml 1병과 관세청이 정한 해외여행자 휴대품 면세한도액 400 US$이다. 세관심사가 마쳐지면 바로 입국장이다. 손님들께 작별인사를 하고 안부를 전하면 국외여행인솔자의 공식적인 임무는 종료된다. 국내선으로 이동해야 하는 손님이 있을 때에는 필요한 안내를 하도록 한다.

9) 회사 출장보고

출장보고서는 행사가 끝난 단체에 대한 전반적인 보고이다. 보고서에는 현지 사정을 알리고 현지에서의 특이한 정보 및 동향에 대한 보고이다. 그러나 위급 상황이나 돌발상황 발생시에는 바로 회사에 전화로 보고하는 것이 필요하다. 현재는 인터넷 홈페이지나 메일을 통해 현지에서 중간보고를 하기도 한다. 중간보고에는 팀의 현재 진행상황 및 특이점, 경쟁업체 동향, 현지정보, 향후 참조해야 할 사항 등을 언급하는 것이 좋다. 일정진행 후 최종보고는 고객에 대한 향후 영업예상 내용, 발전적인 상품진행 방향과 회사정책에 반영하여야 할 주요 사항들이어야 한다.

10) 사후 고객관리

바람직한 Tour Conductor의 자세와 업무역량은 투어 이후에 있다고 사료된다. 회사에 복귀 후 정산과 출장보고서를 작성하면서 금번 투어에 참가한 손님들에게 안부전화와 감사의 인사를 전하는 것이 진정한 프로정신이다. 이 과정에서 행사에 참여한 고객들의 평가와 의견을 정확하게 파악하고 모니터할 수 있는 기회가 된다. 만족한 고객에게는 더 큰 신뢰를 주며 불만족하고 불평이 있는 고객에게는 진심 어린 마음을 담은 사과와 미안함을 전할 수 있는 계기로 삼을 수 있게 된다. 아울러 고객지향적인 마케팅을 펼친다면 생일을 기억하여 카드나 축하엽서를 보내는 성의와 손님의 여권만기일을 파악하여 여행의 전반적인 관리를 해준다면 고객의 신뢰와 만족도는 높아질 것이다. 국외여행인솔자와의 여행기간동안의 인연과 이후의 고객감동은 TC의 경쟁력을 제고시켜주게 된다. 이러한 결과로 주변에 구전(Mouth to mouth)은 미래의 잠재고객들에게 가장 효과적인 광고와 홍보로 작용할 것임에 틀림없다고 하겠다.

06 현지안내원 업무

1) 현지안내원의 요건

(1) 갖추어야 할 자세

가) 한국그룹 안내 한국가이드

현지안내를 담당하는 현지가이드는 내국인을 담당하는 한국인 가이드일 경우 고국의 동포들이 여행을 온 만큼 만족하고 즐겁고 유익한 여행이 되도록 봉사하는 자세로 안내를 하여야 할 것이다. 우선적으로 그룹을 현지에서 이끄는 만큼 성실성이 요구된다. 성실하지 않은 안내는 내용이 부실할 것이기 때문이다. 아울러 그룹의 모든 손님에게 친절하여야 한다. 특정인에게 친절하고 다른 손님에게 불친절하다면 가이드의 자질에 문제가 제기되기 때문이다. 또한 가이드는 대인관계와 업무에 있어서 세심하며 치밀해야 한다. 만약에 그룹의 손님 가운데 노약자와 연로자 그리고 몸이 불편한 손님이 있다면 배려하여 병원으로 가서 진찰을 받거나 약을 처방할 수 있도록 돕는다든지 주의를 기울여 주는 자세를 갖추고 있어야 한다. 또한 식사시 음식을 잘못 먹는 손님이 있다면 별도로 기억하여 추후 식사시 다른 메뉴로 대체해 주는 등의 배려가 필요하다. 일정진행시 타국으로 그룹이 이동할 때 공항에서의 출국시간에 정확하게 도착할 수 있도록 치밀한 일정관리를 할 필요가 있다. 만약 어설픈 진행으로 항공기라도 놓치게 된다면 이것보다 낭패가 어디 있겠는가? 가이드에게는 책임감도 수반되어야 하는 덕목이다. 손님들의 안전을 위해 이동시 초행길의 손님을 직접 안내한다던지, 만약 손님이 여권을 분실하였다면 직접 경찰서에 신고해 주고 대사관이나 영사관을 통해 여권발급에 필요한 조치를 해주는 책임감 있는 모습이 필요하다 하겠다. 이러한 성실성, 친절성, 치밀함, 책임감이 몸에 배어 있어야 하며 여행자들이 즐겁고 잊지 못할 추억을 남길 수 있는 여정이 되도록 최선을 다하여야 할 것이다.

나) 외국인 현지가이드

외국인 현지가이드일 경우 기본적으로 한국인 가이드가 갖추어야 할 소양과 마찬가지로 성실, 친절, 배려, 책임감을 갖고 그룹안내에 임하여야 한다. 특히 외래 관광객의 입국 후 외국손님들을 안내하게 된 입장에서 자신의 국가의 대표자라는 정신자세를 갖고 좋은 이미지와 인상을 남기도록 최선을 다하여야 한다. 특히 일본그룹을 담당하는 한국인 가이드라면 양국의 국민정서에 민감한 문제인 독도 문제라든가 위안부 문제 등은 되도록이면 언급을 자제하는 것이 바람직할 것이다. 그리고 동남아 그룹을 담당하는 한국인 가이드일 경우 주의해야 할 것이 우리나라보다 경제적으로 뒤떨어지는 국가의 국민이라고 해서 선입관이나 고정관념을 갖고 대함으로써 관광객의 불쾌감과 불만을 야기시켜서도 안 될 것이다. 또한 한국의 관광일정을 담당한 만큼 한국의 우수한 문화와 관광지를 훌륭하게 설명하고 전통문화의 독특함과 특징을 이해시킴으로써 이들이 한국문화와 관광에 대한 홍보대사 역할을 할 수 있을 만큼 노력을 기울여야 할 것이다. 만약 한국그룹을 담당하는 태국의 현지가이드라면 우선적으로 태국의 전통문화에 있어서 기본적인 설명을 입국 직후 해줄 필요가 있다. 태국에서는 어린아이가 귀엽다고 머리를 만지면 안 된다는 규정을 몰라서 한국인들이 관광도중 실수를 할 가능성이 높기 때문이다. 또한 현지사정에 어두운 외국인 관광객들에게 소매치기와 도난사고 및 분실에 대한 주의를 환기시키고 개인적으로 야간에 외출함으로써 사고에 노출되지 않도록 제반 주의사항을 전달하여야 할 것이다(고종원, 2005 : 244~246).

(2) 안내시 복장 및 태도

가) 몸의 청결유지

손님들을 안내하는 직업인 만큼 몸의 청결을 유지하고 구취가 나지 않도록 복장에 신경을 쓰고 식사 후에는 양치질을 한다든지 고객에게 불쾌감을 주어서는 안 된다. 항상 두발이 정돈되고 의복이 청결하며 적당히 향수 등을 이용해서 고객들이 좋은 인상을 가질 수 있도록 해야 한다.

나) 수염 · 두발의 청결

되도록 수염을 잘 깎고 두발도 길지 않게 자르고 자주 감아서 비듬이나 냄새가 나지 않도록 해야 한다.

다) 지나친 화장금지

안내원은 개인적인 취향을 떠나서 공적인 입장에서 업무를 수행하여야 하므로 화장이 너무 진하거나 화려하지 않도록 주의할 필요가 있다.

라) 화려하고 야한 복장 및 장신구 착용금지

지나치게 야하고 노출이 심한 복장은 안내원의 품위와 자격을 떨어뜨리므로 자제하고 장신구의 착용에도 지나치지 않도록 해야 한다.

마) 회사에서 지정한 복장과 명찰 착용

가이드는 회사의 소속이므로 회사에게 규정한 복장과 명찰을 착용하여 손님들과 구별되고 안내자로서 구별되어야 할 것이다.

바) 쾌활하고 명랑하게 안내

가이드가 심각하거나 기분이 나빠 보여서는 손님들에게 제대로 된 서비스와 안내수행을 하기에 문제가 있게 된다. 안내원은 명랑하고 즐겁게 손님들을 안내하여 손님들의 기분을 향상시키도록 해야 할 것이다.

사) 매너와 예절

가이드는 유창한 설명과 언변 외에도 여행객들에게 매너 있는 안내와 자신보다 나이가 많은 손님은 물론 나이가 어린 고객들에게도 최대한의 예의를 갖추고 대해야만 가이드의 본분을 다하는 것이 될 것이다.

(3) 안내준칙과 방법

가) 일정대로 안내진행

사전에 결정된 안내진행서 대로 일정을 진행하여야 한다. 가이드의 기분이나 임의대로 진행하게 되면 고객들로부터 문제제기와 불만을 야기하게 된다.

나) 외국인에게 적합한 설명

가이드는 외국인에게 현지설명을 하게 되는 경우가 많으므로 지리, 역사, 기후, 풍속, 문화, 미술 등 모든 분야에 대한 연구를 필요로 하며 외국인에게 맞는 적절한 설명이 필요하다.

다) 불필요한 언행 삼가

가이드는 관광안내 시 필요시에는 재미있는 이야기나 농담을 할 수도 있다. 그러나 너무 지나치거나 심할 경우에는 오히려 손님들로부터 부정적인 반응과 불만을 야기시킬 수 있으므로 주의하여야 한다.

라) 상황에 맞는 설명구사

훌륭한 가이드는 안내타이밍을 효과적으로 이용한다. 장거리 시에는 아무래도 시간적인 여유가 있는 만큼 자신과 관련된 현지생활의 이야기로 손님들과의 거리를 좁히고 친근함을 가져올 수 있지만 관광지에서의 설명은 사적인 내용보다는 관광과 관련된 내용을 중심으로 설명하여야 할 것이다. 장소와 상황에 따른 언급이 요구된다.

마) 당일 기상상태, 일기, 환율, 여정 등을 설명

가이드는 하루의 관광일정을 시작할 때 해당일의 기상상태, 일기, 해당 그룹 국가와 현지국과의 환율, 예정하는 당일 코스 등을 설명하여 손님으로 하여금 당일 관광일정을 예측하고 필요한 준비를 할 수 있도록 언급하여야 할 것이다.

바) 가이드의 재능 반영

러시아에서는 레스토랑의 예약과 식사 등은 단체의 경우 여행사의 가이드를 통해 해야 한다. 지방의 중소 호텔에서는 식사가 정식 하나만 되어 있지만, 대도시의 큰 호텔에서는 모든 음식물은 일품요리로 되어 있어서 각각의 가격이 정해져 있다. 여행사의 가이드가 전원의 식사권(Meal coupon)을 확보하고 있어서 적당하게 주문하는 셈이다. 주문한 음식물의 총가격이 식사권의 총가격과 맞으면 좋기 때문에 그 범위 내에서 무엇을 주문하는지는 가이드에게 위임되어 있다. 그 때문에 가이드의 재능이 식탁에 반영된다(정찬종 · 신동숙, 2004 : 206~207)고 하겠다.

사) 침착한 성격과 인내심

가이드는 현지에서 주도적으로 손님들을 안내하면서 고객들의 요구사항에 대해서도 귀를 기울이며 처리하여야 한다. 그러나 때로는 지나친 고객의 불합리한 요구나 처리할 업무의 과다로 인하여 짜증이 나고 화가 날 수 있는 상황에 자주 직면하게 된다. 그럼에도 불구하고 자신의 일을 즐기며 즐겁게 고객을 위해 봉사한다는 자세와 마음가짐으로 행동하여야 가이드의 직무를 잘 수행할 수 있게 된다.

아) 위기상황 대처능력

약속된 시간에 회사에서 버스가 오지 않아서 고객들이 지루하게 기다려야 하는 상황, 투어 도중에 버스의 고장이나 사고로 버스교체를 위해 기다려야 하는 상황, 더운 날씨의 현지에서 차량이나 호텔의 에어컨의 고장이나 미설치로 인해 불편이 야기되는 상황, 현지의 파업으로 인해 항공기 탑승에 문제가 생길 때, 고객이 소지한 귀중품이나 수화물을 분실 또는 소매치기 당했을 때 등 무수한 사건이 일정진행 중에 발생될 수 있다. 그럼에도 불구하고 침착하고 현명하게 최선의 방법을 강구하여 문제해결을 도모하고 처리하는 것이 필요하다. 이러한 상황에서의 대처방식에 따라 베테랑가이드로서의 판단근거가 될 수 있다(고종원, 2005 : 246~250).

2) 국외여행인솔자와의 인간관계

❶ 가이드는 인솔자와 인간관계를 원만하고 친밀하게 유지를 하여야 한다. 국외여행인솔자는 여행사의 대표자격으로 출장을 나온 만큼 의견을 존중하면서 일정진행에 관해 전반적으로 협의하며 진행하여야 성공적인 투어로 이끌 수 있다.

❷ 현지에서의 수배사항이 변경되었다면 이에 대한 충분하고 합리적인 설명으로 인솔자의 이해를 구하여야 한다. 일방적인 진행은 투어진행의 부조화로 이어지게 된다. 수배사항 변경시는 가능한 국외여행인솔자의 요청을 감안하여 처리하여야 한다. 무엇보다도 인솔자가 이해하여 손님에게 변경사항에 대한 설득과 이해를 구하는 것이 효과적이고 설득력도 있기 때문이다.

❸ 가이드는 TC를 존중하도록 하여야 한다. TC의 그릇된 행동과 실수에 고객들 앞에서 무시는 팀의 분위기를 해치게 되므로 삼가도록 한다. 아울러 국외여행인솔자도 가이드를 존중하고 투어의 동반자로 대우하며 투어를 진행하여야 한다.

❹ 선택관광(Option tour)은 일정 중에 자유시간이 있을 경우 가이드는 국외여행인솔자와 먼저 상의하고 의견의 일치를 본 후에 고객들에게 설명과 판매를 유도해야 한다.

3) Hotel 투숙 및 퇴숙(Check-in / Check-out) 업무

❶ 공항도착 후 또는 당일투어가 종료되면 호텔로 이동하게 된다. 호텔도착 후 로비에 여행자들이 대기하도록 하고 수하물을 호텔의 벨맨(Bell man) 또는 포터에게 로비로 이동시키도록 하고 로비에 손님들이 잘 볼 수 있게 모아두고 수하물을 확인한다.

❷ 방배정표(Rooming list)를 프런트데스크에 제출하고 객실의 키를 손님예약

상황에 따라 받는다. 그리고 식당 및 시간확인과 모닝콜(Morning call)을 예약해둔다.

③ 벨맨들로 하여금 여행자들의 수하물에 스티커를 붙이고 객실에 운반하도록 조치한다.

④ 손님들에게 배정된 객실 키를 전달하고 저녁식사 및 아침식사 시간과 장소를 알려준다. 그리고 미리 버스에서 언급된 익일(이튿날) 일정을 위한 기상시간 모닝콜, Baggage down 시간, 출발시간 등에 대해서 공지사항을 전달하도록 한다.

⑤ 손님들의 입실 후 인솔자와 연락을 취하여 수하물이 해당 객실에 이상 없이 운반되었는지 확인하도록 한다.

⑥ 손님들의 투숙에 관한 모든 사항을 확인하고 이상이 없을 때 국외여행인솔자에게 귀가 통보를 최종적으로 한다.

⑦ 지방출장이라면 동일 호텔에서 투숙하면 될 것이다. TC가 이성일 경우는 특히 객실에 출입하는 것을 삼가하여야 한다.

⑧ 해당 그룹이 출국을 위해 체크아웃시에는 프런트데스크에서 고객들의 객실 키와 계산되지 않은 금액청구서를 지불하게 하고 또한 현지여행사 앞으로 기록된 계산서에 서명 날인하고 후불금액을 확인토록 한다(고종원, 2005 : 258~259).

4) 쇼핑안내

쇼핑은 해당 국가의 가장 대표성 있고 기념이 될 수 있는 저렴한 것이면 좋다. 또한 운반하는 도중에 깨어지거나 고장이 날 만한 것은 고려하고 포장을 잘 하여 문제가 발생하지 않도록 한다. 쇼핑은 가이드나 현지여행사의 계획과 의도대로만 진행하려고 하지 말고 여행자들의 의견을 중시하도록 한다. 이왕이면 현지여행사에서 계약되어 있는 쇼핑센터 가운데 고객들이 원하는 상품을 판매하는 곳으로 쇼핑일정을 잡도록 한다. 그리고 지나친 쇼핑횟수도 지양해야 한다. 상품구매에 관심이 없는 고객들은 과도한 쇼핑 횟수와 쇼핑유도로 인해 불만과 불평을 갖게 되고 결국에는 분쟁의 소지를 남기게 되기 때문이다. 쇼핑센터에 방문했을 때도 가이드는 자신의 이익을 위해 상품안내나 상담에 가담하거나 관여해서는 안 된다. 가이드는 단지 외국인이 운영하는 쇼핑센터일 경우 손님들의 통역 정도를 도와주는 것이 좋다. 그리고 상품에 대한 객관적인 태도를 갖고 고객에게 정보를 제공하여야 한다. 수익금을 고려하여 허위정보나 상품구매 유도를 하지 말아야 한다. 한편, 쇼핑 구매장소는 추후 물건의 이상시 반품도 고려하여 공신력 있는 점포로 안내를 하는 것이 가장 필요하고 중요하다고 사료된다(고종원, 2005 : 259).

5) 선택관광(Optional tour)의 판매

선택관광은 야간에 주로 이뤄진다. 나이트투어, 유람선(크루즈투어), 각종 쇼, 나이트클럽, 골프, 해양스포츠 등을 정규일정 외에 가이드와 현지여행사의 권유로 인해 별도의 경비를 지불하게 되는 관광상품을 말한다. 선택관광 판매시 고려해야 할 사항으로는 다음과 같은 것이 있다.

❶ 선택관광이 정규일정 외에 가능한 시간대에 편성되어 진행되는지를 파악해야 한다.

❷ 만약 주간일정 중에 자유시간이 있어서 선택관광을 하게 될 때 시간에 적합한 상품인가를 고려하여야 한다.

❸ 국외여행인솔자의 충분한 논의를 통해 합의 후 상품판매를 진행해야 한다.

❹ 가이드의 안내시 명확하고 간략히 설명하고 개별적으로 추후설명을 받고 전체가 있는 상황에서는 시간적으로 선택관광 건으로 소모하지 않도록 한다.

❺ 고객들이 판매가격, 소요시간, 교통편에 대한 의문이 없도록 잘 설명하여야 한다.

❻ 참가를 희망하는 여행자 대표를 통해 경비를 준비시키고 현지여행사 수배

담당자에게 연락하여 확정된 인원에 대한 예약 및 수배를 진행시키도록 한다(고종원, 2005 : 260).

6) 출국(Sending)서비스

현지가이드의 안내업무 중 가장 마지막으로 고객들을 실제적으로 모시고 행하는 업무가 된다. 손님들의 출국을 위해 봉사하는 최종단계이므로 이상 없이 현지출국을 하도록 노력해야 한다.

❶ 현지여행사를 통해 출국 항공편의 시간과 예약 재확인사항 여부를 검토한다.

❷ 공항에서 출국준비 동안 고객들이 자신들의 수하물을 잘 보관하고 관리하도록 주의시킨다.

❸ 적어도 2시간 전에는 공항에 도착하여 출국수속을 준비하도록 한다. 탑승절차가 복잡한 이스라엘의 경우에는 조사시간이 길어서 적어도 3시간 전에는 도착하는 것이 탑승에 문제가 생기지 않는다.

❹ 공항마다 공항세 징수를 거의 하게 된다. 항공권에 공항세가 포함되어 있지 않은 국가, 이를테면 태국 같은 경우에는 500바트가 필요한 바 여행사 여행조건에 포함되어 있으면 여행사인솔자가 지불하고 불포함 사항이면 고객들이 개별적으로 구입하여 준비하도록 안내한다.

❺ 현지의 환전한 여행경비를 많이 갖고 있는 손님이 있으면 환전하도록 한다. 물론 한국으로 와서 교환해도 환전은 가능하다.

❻ 탑승수속(Boarding check)이 끝나면 여행자들에게 탑승권과 여권, 짐표(Baggage claim tag)를 배부하고 개인별로 감사의 인사를 한다. 여행객들은 공항도착 직전 또는 이 순간에 현지가이드에게 감사의 표시로 팁(Tip)을 전달하게 되는데, 감사한 마음을 최대한 전달하여 여행자들도 기쁜 마음을 갖도록 해야 한다.

❼ 국외여행인솔자와 손님들이 출국장으로 입장한 후 20분 정도는 공항에서 대기 후 출발하도록 한다. 혹시라도 출국장에서 문제가 발생하여 출국장

입구로 손님이 나오거나 현지가이드가 필요한 상황이 발생할 수 있기 때문이다.

⑧ 최종적으로 현지여행사에 연락하여 특별한 지시사항이 있는지 확인하면 업무는 종료된다(고종원, 2005 : 260~261).

7) 항공기 연착 및 연발시의 대처

이러한 경우는 정상적인 상황 외에 기상이변 또는 항공사 파업 등의 예기치 않은 경우를 말한다. 이런 상황에서는 가이드가 안내하는 손님들을 일정외의 추가상황으로 계속적으로 손님들을 안내하여야 한다. 현지여행사를 통해 한국의 해당 여행사에 연락을 취하여 현지상황을 설명하고 추가조치에 대한 제반사항을 논의하여 대처하여야 한다.

① 먼저 TC에게 상황을 알려주고 현지여행사, 한국의 여행사에 연락을 취하도록 한다.

② 항공기가 연발 · 착하는 동안의 숙박과 식사, 관광에 관해서는 항공사의 지원과 부담 여부와 범위를 파악하여 서비스를 고객에게 지원하도록 한다.

③ 현지상황을 과장하거나 허위로 정보를 전달하면 안 된다. 모든 상황에 대해서 정확하게 고객들에게 전달하고 사건내용에 대해서도 축소나 은폐해서도 안 된다.

④ 고객들의 불안과 불평에 대해 합리적으로 대처하고 충분히 상황설명을 하여 이해하도록 하며 국외여행인솔자와 함께 노력하는 모습을 보인다(고종원, 2005 : 261~262).

8) 정산서 및 안내보고서 작성

공식적인 안내 업무를 끝내도 서류상으로 자신이 속해서 안내 업무를 한 현지여행사에 정산서와 안내보고서를 작성하여 제출하여야 한다.

❶ 안내일자 순서로 사용한 영수증을 정리하여 정산서를 정확하게 기입하고 첨부한다.

❷ 선택관광(Optional tour)으로 징수한 외화는 즉시 입금시키고 정산하도록 한다.

❸ 쇼핑센터에서 결제된 내용에 대해서도 회사측과 금액을 검토하고 정산하도록 한다.

❹ 행사진행 중에 서명날인한 후불분의 금액은 거래업소별로 확인하고 회사측에 내역을 보고하도록 한다.

❺ 안내보고서는 회사양식에 의거하여 작성하고 잘된 부분과 잘못된 부분에 대해서 상세히 기술하여 추후 행사시 반영되도록 한다.

❻ 국외여행인솔자의 특성에 대해 평가하고 기술하여 차후 행사시 반영한다.

❼ 고객의 불편사항, 쇼핑센터 만족도, 선택관광 만족도, 지상비 수령 및 보고(만약 가이드가 이 부분을 담당했다면 회사에 절대적으로 입금조치하고 보고함)한다.

❽ 향후 영업에 도움이 될 만한 특별한 특이사항이나 여행자에 대한 조사내용이 있으면 현지여행사에 보고하도록 한다. 또한 인솔자나 고객들이 불만과 불평을 해소하지 못하고 출국한 사항이 있다면 회사에 보고하여 해당 여행사와의 거래에 영향을 미치지 않도록 준비하고 조치해야 한다(고종원, 2005 : 262~263).

참고문헌

고종원·이광우, 여행업경영실무론, 대왕사, 2002.

고종원, 투어오퍼레이터업무론, 현학사, 2005.

노구치유키오, The Art of Travel; 서은혜 옮김, 여행기술, 랜덤하우스중앙, 2004.

이광우·고종원, 국외여행인솔자업무론, 대왕사, 2002.

고종원 외, 여행업경영실무론, 대왕사, 2001.

8

항공업무

FINLAND
STOCKHOLM
ESTONIA
LATVIA
LITHUANIA
POLAND
BELARUS
MINSK
MOSCOW
Kazan'
EUROPE
KIEV
UKRAINE
CZECH REP.
SLOVAKIA
AUSTRIA
HUNGARY
MOLDOVA
ROMANIA
BULGARIA
TURKEY

제8장 항공업무

01 주요 항공코드

항공업무에서는 영어로 된 용어와 약어가 많이 사용된다. IATA 및 ICAO에서는 항공업무에 사용되는 표준화된 약어(code)를 제공하고 있는데 국가, 도시, 공항, 항공사, 예약 등 그 종류가 많다. 항공업무에서는 이들 약어를 숙지하는 것이 중요하다. 주요 약어는 다음과 같다.

1) 항공사 코드(Airline Code)

항공사 코드란 영어의 알파벳과 숫자를 조합하여 약자를 만든 것으로 항공사마다 간단히 코드화한 것이다. 항공사 코드는 항공업무, 공항에서의 출발 및 도착 등 운항일정과 수하물 찾는 곳 등 모두 코드화한 것으로 표기하기 때문에 알아두어야 할 사항이다.

항공사 코드는 IATA(국제항공운송협회)와 ICAO(국제민간항공기구)가 지정하는 두 가지가 있는데, IATA 항공사 코드는 영문과 숫자를 조합한 두 글자로 구성되며 ICAO는 영문과 숫자를 조합한 세 글자로 구성된다. IATA와 ICAO 두 기구의 항공사 코드는 용도가 다른데, IATA는 상업적인 목적에 중점을 두고 항공사를 구분하기 위한 것으로 항공예약, 항공스케줄, 항공권, 요금표, 항공화물운송, 항공사간 통신에 사용되고, ICAO는 운항이나 관제용으로 사용된다.

항공사의 코드는 항공사가 선호하는 코드를 신청하면 되는데 기존에 있는 항공사의 코드와 중복이 되는 경우에는 해당 코드를 부여받지 못하고 다른 코드를 신청해서 지정받아야 한다.

주요 항공사코드는 <표 8-1>과 같다.

표 8-1 주요 항공사 코드

IATA	ICAO	항공사명	국적
AA	AAL	American Airlines / 아메리칸항공	미국
AC	ACA	Air Canada / 카나다항공	캐나다
AF	AFR	Air France / 프랑스항공	프랑스
AI	AIC	Air India / 인도항공	인도
AK	AXM	Air Asia	말레이시아
AM	AMX	Aero Mexico / 멕시코항공	멕시코
AN	AAA	Ansett Australia / 안셋항공	호주
AY	FIN	Fin Air	핀란드
AZ	AZA	Alitalia linee Aeree Italiane / 알리탈리아항공	이탈리아
BA	BAW	British Airways	영국
BC	SKY	Skymark Airlines	일본
BD	BMA	bmi	영국
BG	BBC	Biman Bangladesh Airlines	방글라데시
BI	RBA	Royal Brunei Airlines	브루네이
BL	PIC	Pacific Airlines	베트남
BR	EVA	Eva Air / 에바항공	대만
BX	ABL	Air Busan / 부산항공	한국
CA	CCA	Air China / 중국국제항공	중국
CI	CAL	China Airlines / 중화항공	대만
CM	CMP	Copa Airlines	파나마
CO	COA	Continental Airlines	미국
CX	CPA	Cathay Pacific / 케세이패시픽항공	중국
CZ	CSA	China Southern Airlines / 중국남방항공	중국

IATA	ICAO	항공사명	국적
DL	DAL	Delta Airlines / 델타항공	미국
EF	FEA	Far Eastern Air Transport / 원동항공	대만
EK	UAE	Emirates Airlines / 에미레이트항공	아랍에미레이트
ET	ETH	Ethiopian Airlines	에티오피아
EY	ETD	Ethiad Airways	아랍에미레이트
FB	LZB	Bulgaria Air	불가리아
FI	ICE	Iceland Airlines	아이슬랜드
FJ	FJI	Air Pacific	피지
FM	CSH	Shanghai Airlines / 상해항공	중국
F5	COZ	Cosmic Air	네팔
GA	GIA	Garuda Indonesia Airlines / 가루다인도네시아항공	인도네시아
GE	TNA	Transasia Airways / 부흥항공	대만
HA	HAL	Hawain Airlines / 하와이안항공	미국
HP	AWE	American West Airlines / 미서부항공	미국
HU	CHH	China Hainan Airlines / 중국해남항공	중국
HY	UZB	Uzbekistan Airways / 우즈벡항공	우주베키스탄
HZ	SHU	Sat Airlines / 사할린항공	러시아
IB	IBE	Iberia / 이베리아항공	스페인
IR	IRA	Iran Air / 이란항공	이란
JJ	TAM	Tam Airlines	브라질
JL	JAL	Japan Airlines / 일본항공	일본
KA	HDA	Dragon Air / 드래곤에어	중국-홍콩
KE	KAL	Korean Air / 대한항공	한국
KL	KLM	K.L.M. Royal Dutch Airlines / 케엘엠네덜란드항공	네덜란드
KQ	KQA	Kenya Airways / 케냐항공	케냐
KU	KAC	Kuwait Airways / 쿠웨이트항공	쿠웨이트
LA	LAN	Lan Airlines	칠레
LH	DLH	Lufthansa German Airlines	독일
LJ	JNA	Jin Air / 진에어	한국
LP	LPE	Lan Peru	페루
LX	SWR	Swiss International Air Lines	스위스
LY	ELY	EL Al Israel Airlines	이스라엘

IATA	ICAO	항공사명	국적
MF	CXA	China Xiamen Airlines / 중국하문항공	중국
MH	MAS	Malaysia Airlines / 말레이시아항공	말레이시아
MJ	MLR	Mihin Lanka	스리랑카
MK	MAU	Air Mauritius	모리셔스
MS	MSR	Egypt Air / 이집트항공	이집트
MU	CES	Chian Eastern Airlines / 중국동방항공	중국
MX	MXA	Mexicana	멕시코
NH	ANA	All Nippon Airways / 전일본공수	일본
NW	NWA	Northwest Airlines / 노스웨스트항공	미국
NX	AMU	Air Macau / 에어마카오	중국
NZ	ANZ	Air Newzealand / 뉴질랜드항공	뉴질랜드
OA	OAL	Olympic Airways / 올림픽항공	그리스
OK	OSA	Czech Airlines / 체코항공	체코
OM	MGL	Mongolian Airlines / 몽골리안항공	몽고
OS	AUA	Austrian Airlines	오스트리아
OX	OEA	Oriental Airlines	태국
OZ	AAR	Asiana Airlines / 아시아나항공	한국
PG	BKP	Bangkok Airways / 방콕항공	태국
PK	PIA	Pakistan International	파키스탄
PR	PAL	Philippine Airlines / 필리핀항공	필리핀
QF	QFA	Qantas Airways / 콴타스항공	호주
QR	QTR	Qatar Airways / 카타르항공	카다르
QV	LAO	Lao Airlines	라오스
RA	RNA	Nepal Airlines	네팔
RG	VRG	Varig Brazilian Airlines	브라질
RJ	RJA	Royal Jordanian Airlines / 로열요르단항공	요르단
RK	RKH	Royal Khmer Airlines	캄보디아
R8	KGA	Kyrgyzstan Airlines / 키르키즈탄에어	키르키즈탄
S2	RSH	JetLite	인도
SA	SAA	South African Airways	남아프리카공화국
SB	ACI	Aircalin / 에어칼린	뉴칼레도니아
SC	CDG	Shandong Airlines / 산동항공	중국

IATA	ICAO	항공사명	국적
SK	SAS	Scandinavian Airlines System	덴마크, 노르웨이, 스웨덴
SQ	SIA	Singapore Airlines / 싱가포르항공	싱가포르
SU	AFL	Aeroflot Russian International / 러시아항공	러시아
SV	SVA	Saudi Arabian Airlines	사우디아라비아
TG	THA	Thai Airways International Public Co., Ltd / 타이항공	태국
TK	THY	Turkish Airlines / 터키항공	터키
TN	THT	Air Tahiti Nui	타히티
TP	TAP	Tap Portugal	포르투갈
UA	UAL	United Airlines / 유나이티드항공	미국
UB	UBA	Myanmar Airways	미얀마
UL	ALK	SriLankan Airlines	스리랑카
UM	AZW	Air Zimbabwe	짐바브웨
US	AWE	US Airways / 유에스항공	미국
VN	HVN	Vietnam Airlines / 베트남항공	베트남
VS	VIR	Virgin Atlantic Airways	영국
VV	AEW	Aerosvit Airlines	우크라이나
W5	IRM	Mahan Air	이란
XF	VLK	Valdivostok Air / 블라디보스톡항공	러시아
XL	LNE	LAN Ecuador	에콰도르
XT	SKT	Sky Star Airways Co., Ltd	태국
ZE	ESR	Eastar Jet	한국
Z2	RIT	Zest Airways	필리핀
5J	CEB	Cebu Pacific	필리핀
6T	LMT	Air Mandalay	미얀마
7C	JJA	Jeju Air / 제주항공	한국
7G	SFJ	StarFlyer	일본
8B	BCC	Business Air	태국
8M	MMA	Myanmar Airways International	미얀마
9R	VAP	Phuket Air / 푸켓항공	태국

2) 주요 도시와 공항코드

세계의 특정 도시와 공항을 쉽게 파악하기 위해 세 글자로 된 코드가 사용된다. 이들 코드는 항공업무와 공항 등에서 필수적으로 사용된다.

공항코드도 국제적으로 두 개의 시스템이 있는데, 하나는 IATA가 제정한 것으로 세 글자의 영문자로 구성된 흔히 대중들에게 잘 알려진 것이며, 두 번째는 ICAO가 제정한 것으로 네 글자의 영문자로 구성된 것으로 국제적으로 사용된다.

세계 주요 도시와 공항코드는 다음과 같다.

표 8-2 주요 도시 및 공항코드

국가	도시	도시코드	공항코드
한국	서울	SEL	인천공항 ICN, 김포공항 GMP
	부산	PUS	PUS
	제주	CJU	CJU
	광주	KWJ	KWJ
일본	도쿄	TYO	나리타(Narita)공항 NRT, 하네다(Haneda)공항 HND
	오사카	OSA	오사카(이타미)(ITAM)공항 ITM, 간사이(Kanasai)공항 KIX
	후쿠오카	FUK	후쿠오카공항 FUK
	삿포르	SPK	치토세공항 CTS
	아키타	AXT	AXT
	아오모리	AOJ	AOJ
	가고시마	KOJ	KOJ
	나고야	NGO	NGO
	센다이	SDJ	SDJ
중국	북경	BJS	북경수도국제공항 PEK, 난유안공항 NAY
	상해(Shanghai)	SHA	SHA
	광주(Guangzhou)	CAN	CAN
	계림(Guilin)	KWL	KWL
	하얼빈	HRB	HRB

국가	도시	도시코드	공항코드
중국	남경(Nanjing)	NKG	NKG
	심양(Shenyang)	SHE	SHE
	천진(Tianjin)	TSN	TSN
	서안(Xian)	SIA	SIA
	연길(Yanji)	YNJ	YNJ
마카오	마카오	MFM	MFM
대만	타이페이	TPE	TPE
홍콩	홍콩	HKG	HKG
태국	방콕	BKK	스완나품국제공항 BKK, 돈무앙공항 DMK
	푸켓	HKT	HKT
	치앙마이	CNX	CNX
	사무이	USM	USM
	핫야이	HDY	HDY
	크레비	KBV	KBV
	파타야	PYX	우타파오 파타야국제공항 UTP
필리핀	마닐라	MNL	MNL
	세부	CEB	막탄세부국제공항 CEB
싱가포르	싱가포르	SIN	싱가포르 창이국제공항 SIN
말레이시아	쿠알라룸푸르	KUL	KUL
	코타키나발루	BKI	BKI
베트남	하노이	HAN	HAN
	호치민	SGN	탄손낫 국제공항 (Tan Son Nhat International Airport) SGN
	다낭	DAD	다낭국제공항(Da Nang International Airport) DAD
캄보디아	씨엠립	REP	REP
라오스	비엔티안	VTE	왓타이(Wattay) 국제공항 VTE
미얀마	양곤	RGN	RGN
미국	뉴욕	NYC	케네디(KENEDDY)공항 JFK, 라구아디아(LA GUARDIA)공항 LGA, 뉴왁(NEWARK)공항 EWR
	댈러스	DFW	DFW
	로스앤젤레스	LAX	LAX

국가	도시	도시코드	공항코드
미국	라스베가스	LAS	LAS
	마이애미	MIA	MIA
	보스턴	BOS	BOS
	시카고	CHI	CHI
	시애틀	SEA	SEA
	워싱턴	WAS	덜레스 (Dulles) 국제공항 IAD, 로널드 레이건 워싱턴국립공항 (Ronald Reagan Washington National Airport) DCA
	버펄로	BUF	BUF
	아틀란타	ATL	ATL
	휴스턴	HOU	HOU
	앵커리지	ANC	ANC
	호놀룰루	HNL	HNL
	괌	GUM	GUM
	사이판	SPN	SPN
캐나다	밴쿠버	YVR	YVR
	토론토	YYZ	토론토 피어슨 국제공항 (Toronto Pearson International Airport) YYZ
	켈거리	YYC	YYC
	몬트리올	YMQ	YMQ
	오타와	YOW	YOW
	퀘벡	YQB	YQB
멕시코	멕시코시티	MEX	MEX
브라질	상파울로	SAO	상파울로 구아울로스 국제공항 (São Paulo-Guarulhos International Airport) GRU
	리오데자네이로	GIG	리오데자네이로 갈리오 국제공항 (Rio de Janeiro-Galeão International Airport) GIG
아랍 에미레이트	두바이	DXB	DXB
사우디 아라비아	제다	JED	JED
바레인	바레인	BAH	BAH
터키	이스탄불	IST	IST

국가	도시	도시코드	공항코드
영국	런던	LON	히드로(Heathrow)공항 LHR, 게튀윅(Gatwick)공항 LGW
프랑스	파리	PAR	샤를르 드골 국제공항 (Charles de Gaulle International Airport) CDG 오를리 국제공항(Orly International Airport) ORY
독일	프랑크푸르트	FRA	FRA
이탈리아	로마	ROM	레오나르도 다빈치 국제공항 (Leonardo Da Vinci International Airport) FCO
네덜란드	암스테르담	AMS	AMS
스위스	쥬리히	ZRH	ZRH
스페인	마드리드	MAD	MAD
벨기에	브뤼셀	BRU	BRU
덴마크	코펜하겐	CPH	CPH
노르웨이	오슬로	OSL	OSL
스웨덴	스톡홀름	STO	STO
핀란드	헬싱키	HEL	HEL
러시아	모스크바	MOW	MOW
이집트	카이로	CAI	CAI
남아프리카공화국	요하네스버그	JNB	JNB

02 항공권

1) 항공권의 정의

항공권은 여객과 항공사 간에 운송계약을 체결한 운송증표로 항공사 혹은 여행사가 발행한다. 항공권에는 승객이 요청한 운송조건이 기재되는데, 여객성명, 출발지와 도착지, 이용하는 항공기 편명, 좌석의 종류, 항공권 유효기간, 운임,

배상책임, 발행장소 및 일자 등이다.

2) 항공권의 종류

(1) 여객항공권(Passenger Ticket and baggage check)

항공여행을 하는 승객이 운송에 대한 비용을 지불한 뒤 항공사나 여행사로부터 발행된 항공운송증표로 공항에서 탑승수속시 이를 제시하면 탑승권 및 수하물증표를 받는데 통상 항공권으로 통한다. 이전에는 종이항공권을 사용했으나 더 이상 종이항공권이 사용되지 않고 전자항공권(e-ticket)이 사용된다. 전자항공권은 발권과 구매정보가 발행항공사의 컴퓨터 시스템(e-ticket database)에 저장되어 필요시 환불, 항공권 재발행 등 해당 내용을 자유롭게 조회, 처리할 수 있는 발권방식이다. 전자항공권은 발권, 탑승수속, 수입관리, 회계 및 항공사간 정산 등 전반적인 항공사 업무절차의 변경을 의미한다(강혜숙, 2009 : 351). 또한 종이항공권의 분실이나 도난 등을 방지할 수 있으며 이메일로 이티켓을 송부할 수 있기 때문에 승객이 항공권을 수령하기 위한 방문의 불편함이 없어져 시간과 인력을 줄일 수 있다.

한국은 2005년부터 전자항공권을 발행하기 시작했고 2008년부터는 모두 전자항공권으로 발행하고 있다. 한편, 국제항공운송기구(IATA)의 회원항공사는 2008년 6월 1일부로 종이항공권을 더 이상 발행하지 않기로 했다.

(2) Miscellaneous Charge Order(MCO)

MCO는 전자항공권 이전에 사용되었던 종이항공권과 유사한 것으로 통상 항공서비스보다는 호텔, 여행사 등이 제공하는 부가적인 용역부분에 대해 여행수배가 이루어질 때 이 부분의 서비스 이용에 따른 지불영수증으로 항공사에 의해 발행된다.

MCO는 통상 두 가지 형태가 있는데, 하나는 특정한 가격이 명시된 쿠폰이 있는 것과 가격이 명시되지 않은 쿠폰이다. 가격이 명시되지 않는 쿠폰은 서비스의 비용이 얼마가 될지 모를 때 승객들이 사용한다.

(3) Manual neutral carbonized multiple purpose document(MPD)

국제항공운송기구(IATA)의 Passenger Service Conference의 결의에 따라 BSP 여행사들의 기존의 MCO로 사용되었던 것을 MPD로 변경하여 사용하게 되었고 그 내용은 다음의 세 가지 경우이다.

- Prepaid Ticket Advice(PTA)
- Specified Miscellaneous Charges Order : 추가금액징수 등
- Agents Refund Voucher-항공권 재발행 환불처리 용도(원종혜 외, 2009 : 14)

(4) 초과수하물표(Excess Baggage Ticket)

승객이 무료로 위탁할 수 있는 수하물의 허용량을 초과했을 때 승객으로부터 징수한 초과 수화물에 대한 요금에 대해 발행되는 영수증표다.

(5) 전세기용 항공권(Collective Ticket for Passenger)

정기편이 아닌 전세기 승객 혹은 대형단체 등에 대해 항공사와 승객 간에 운송계약에 관한 임시적으로 발행되는 운송증표이다.

3) 항공권의 발행주체

항공권을 발행하는 주체는 우선 항공사 자체와 그 대리점이 된다. 한편, 대리점은 자체적으로 항공권을 발행할 수 있는가의 여부에 따라 BSP(Billing Settlement Plan)과 ATR(Air Ticketing Request)로 나뉜다.

(1) BSP

BSP는 IATA가 항공사와 여객대리점 간의 항공판매, 판매보고, 관리를 간소화하고자 도입한 항공운임정산제도이다. 즉 항공사와 항공대리점 간에 은행이 개입하여 항공권의 양식배포, 판매대금 및 수수료의 정산 등을 하는 시스템이다.

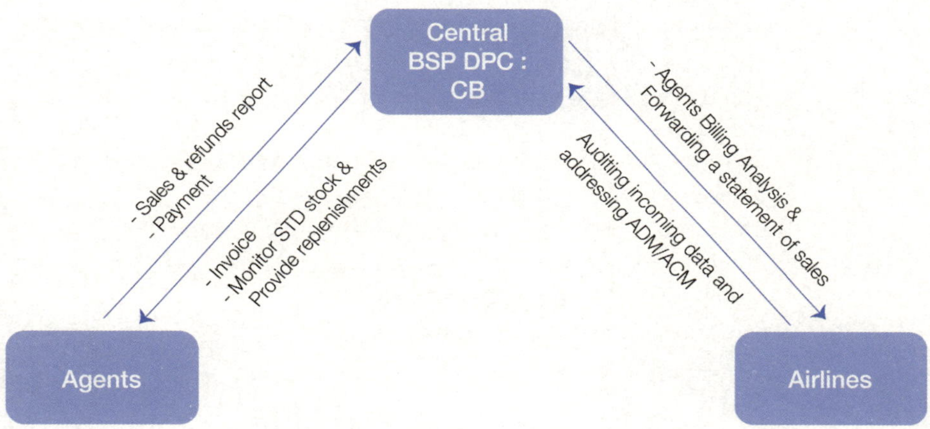

DPC : Data Processing Center. 전산처리센터로 항공권의 판매보고를 전산처리하여 청구서 작성.
한국의 경우 한국 외환은행임

CB : Clearing Bank. 정산은행으로 대리점으로부터 항공권 판매대금을 입금받고 항공사로 이를 정산해주는 은행

STD : Standard Traffic Documents. 항공권을 말함

ADM : Agent Debit Memo ACM : Agent Credit Memo

[그림 8-1] BSP시스템

우리나라는 1990년 4월 2일부터 도입하였으며 BSP은행은 한국 외환은행이다. BSP에 가입한 항공사와 여행사는 IATA가 지정한 표준항공권을 발권하고 판매할 수 있는 장점이 있다. IATA에 BSP대리점으로 가입하기 위해서는 다음

과 같은 조건을 갖추어야 한다.

표 8-3 IATA항공대리점 인가기준

항목	가입기준
재정	- 납입자본금 1억원 이상 : 국외여행업, 일반여행업 모두 해당 - 담보제공 : 평균 국제선 항공권 판매액(현금+카드매출액)의 16일 분에 해당하는 금액을 담보로 설정 - 재정보증인 설정 : 최소 담보액 2억원 이상 및 재산세 10만원 이상 납부한 재정보증인 1인 설정 필요 - 설립일자기준 6개월 이상 경과된 여행사
발권직원	- 자격 있는 직원 확보 : IATA에서 인증된 기관의 IATA / UFTAA 과정 또는 발권교육과정을 이수한 발권자격증 보유자를 최소 2명 보유 (IATA에서 인증된 기관 : IATA인가 교육기관, 항공사, CRS / GDS) - 경력자 1명 이상 필수 : BSP 여행사 혹은 항공사 국제선 발권 경력, 최근 4년 이내의 2년 이상의 경력자(증명서 첨부) - BSP 교육기준 : 최근 2년 이내에 BSP Training을 성공적으로 이수한 직원을 최소한 1명 이상 보유
기타	- 임직원 중 불명예스런 사건이나 부도 전력이 없어야 함 - IATA나 항공사의 이름이나 코드가 동일한 경우 사용할 수 없음 - 외국항공사의 GSA는 신청불가 - 모든 신청대리점은 관광사업자 등록증을 소유하고 있어야 함

자료 : http://www.iata.or.kr

(2) ATR

항공대리점 중 자본금이 부족하거나 담보능력이 부족하여 담보금을 예치할 수 없거나 혹은 BSP를 원하지 않는 대리점의 경우에는 자체 항공권을 보유할 수 없으므로 항공권을 항공사 발권카운터에서 직접 구매하거나 BSP에 가입한 여행사를 통해 구매해야 되는데, 이와 같은 여행사를 BSP와 대비하여 ATR여행사라고 한다. 따라서 ATR여행사는 BSP여행사보다 항공권 판매에 있어 불편하지만, 자본투자가 많이 필요 없다는 점에서 유리한 점도 있다.

4) 항공권의 내용

전자항공권은 승객명과 예약정보, 여정 그리고 운임정보와 법적 고지문으로 구성되어 있다. 법적고지문은 계약조건과 중요 안내사항이 기재된 것으로 여객, 수하물에 대한 책임제한, 환불신청, 항공권 제한사항 등 항공사가 여행객에게 안내할 내용 및 항공사와 여행객 간의 책임의무사항이 기록되어 있다. 다음은 전자항공권에 표시되는 구성내용이다.

(1) 승객성명(Passenger Name)

성(姓, last name)과 이름(名, first name) 그리고 마지막에 호칭(title)의 순서로 되어 있다. 승객성명은 여권상의 영문이름과 동일한 영문이름으로 기재되어야 한다. 호칭(title)으로 사용되는 것은 MR(성인남성), MS(미혼여성 또는 성인여성), MSTR(12세 미만 남성), MISS(12세 미만 여성), PROF(Professor), CAPT(Captain), DR(Doctor), SIR(Sir), LORD, LADY, REV 등이 있다.

(2) 예약번호(Booking Reference)

승객의 예약기록(PNR)을 예약시스템에서 찾기 위한 예약번호가 기재된다.

(3) 항공권번호(Ticket Number)

발행된 항공권의 고유한 번호이다.

(4) 여정(Itinerary)

가) 편명(Flight)

예약한 항공기의 코드와 편명

나) 출발 / 도착(Departure / Arrival)

예약한 항공기의 출발과 도착하는 도시의 공항이름과 날짜, 시간 그리고 터미널 번호

다) 예약등급(Class)

예약한 좌석의 등급

라) 예약상태(Status)

예약한 좌석의 상태로 예약코드에는 다음과 같은 것이 있다.

- OK : 예약이 확정되어 있는 경우로 좌석이 확보된 상태
- RQ : 예약을 신청하였으나 아직 확정되지 않은 경우 (대기자 명단에 있는 경우)
- HS : 좌석이 확보되어 예약이 된 상태
- HK : Holds Confirmed. 이미 예약이 확약되어 있는 상태
- HL : Have Waitlisted. 대기자 명단에 예약이 되어 있는 상태
- HN : Have Requested. 현재 예약상태는 모르나 요청한 적이 있었던 상태
- RR : Reconfirmed. 예약이 확약된 후 다시 재확인이 된 상태
- NS : 유아인 경우
- SA : 규정상 사전예약이 불가하고 잔여좌석이 있는 경우에만 탑승이 가능한 운임의 경우로 통상 SUBLO(Subject to Load) 코드로 항공사직원 항공권에 많이 사용

마) 운임(Fare Basis)

항공권에 적용된 운임의 종류를 code로 기재한 것으로 Prime Code, Secondary Code, Fare and Passenger Type Code의 세 가지 요소로 구성되어 기재되며 구체적인 것은 <표 8-4>와 같다.

표 8-4 Fare Basis 코드

Prime Code : Class Code	Secondary Code	Fair and Passenger Type Code
First Class Category : • R : SUPERSONIC • P : FIRST CLASS PREMIUM • F : FIRST CLASS	Seasonal Code • H : HIGHEST LEVEL OF FARE HAVING MORE THAN 1 SEASONAL FARE • K : 2ND LEVEL OF FARE HAVING MORE THAN 2 SEASONAL FARE • J : 3RD LEVEL OF FARE HAVING MORE THAN 3 SEASONAL FARE • F : 4TH LEVEL OF FARE HAVING MORE THAN 4 SEASONAL FARE • T : 5TH LEVEL OF FARE HAVING MORE THAN 5 SEASONAL FARE • Q : 6TH LEVEL OF FARE HAVING MORE THAN 6 SEASONAL FARE • L : LOWEST LEVEL OF FARE HAVING MORE THAN 1 SEASONAL FARE • K / Q : 성수기와 비수기의 중간	Fair Type Code • AP : ADVANCE PURCHASE FARE • E : EXCURSION FARE • B : BUDGET FARE • IT : INCLUSIVE TOUR FARE • AS : SUPER SAVER ADVANCE PURCHASE FARE • RTW : ROUND THE WORLD FARE • ZZ : YOUTH FARE
Business Category • J : BUSINESS CLASS PREMIUM • C : BUSINESS CLASS	Part of Week Code • W : WEEKEND • X : WEEKDAY	Passenger Type Code • AD : AGENT'S DISCOUNT • ID : AIR INDUSTRY EMPLOYEE • CG : TOUR CONDUCTOR • CH : CHILD DISCOUNT • EM : EMIGRNAT DISCOUNT • GV : INCLUSIVE TOUR GROUP • IN : INFANT DISCOUNT • IT : INCLUSIVE TOUR • SC : SHIP'S CREW DISCOUNT • SD / STO : STUDENT • MD : MILITARY AND DEPENDENT • CL : CLERGY DISCOUNT
Economy Category • Y : ECONOMY CLASS (Normal) • K : ECONOMY CLASS (Excursion) • M : ECONOMY CLASS (Promotional)	PART OF DAY • N : NIGHT	

주 : 1. FARE TYPE CODE : 뒤에 오는 숫자나 문자는 해당 운임의 유효기간을 나타낸다.
2. Passenger Type Code는 승객의 연령 및 신분에 따라 전 여정에 적용되는 할인 code를 나타내며, 코드 뒤에는 일반적으로 할인율을 기재한다.
3. Fare Basis의 예
- YHEE1M : Economy Class High Season Excursion Fare (일반석 성수기, 유효기간 1개월인 일주운임)
- MLXPB3M : Economy Class Low Season Advanced Purchase Budget Fare (일반석 비수기 사전구입 할인조건 유효기간 3개월)
- YHE1MGV10 : Economy Class High Season Excursion Fare for Group Tour (일반석 성수기 최소 단체인원 10명 이상 유효기간 1개월)
- YAD75 : Economy Class Agent Discount(일반석 대리점 할인율 75%)
- KHXEE3M : K Class High Season Weekday Excursion Fare (일반석 성수기 주중 왕복운임 3개월 유효)

이와 같이 Fare Basis에는 예약하는 항공좌석의 수준(Booking Class), 계절(비, 성수기), 시기(주중, 주말), 유효기간(최대체류기간), 운임의 특성, 고객의 특성, 할인율 등을 나타내고 있다.

한편, 여행사에서 흔히 사용되는 운임은 GV, EE, APEX가 있는데 각각에 대한 정의는 다음과 같다.

- GV : 단체(Group) 할인요금을 말하는 것으로 항공권은 10인 이상을 기준으로 단체로 인정한다. 단체로 인정된 경우 할인요금과 FOC(Free of Charge) Ticket을 받을 수 있다. IATA에서는 15인의 단체인 경우에는 1매, 30인 경우에는 2매, 45인 경우에는 3매의 무료항공권(FOC Ticket)을 받는 것으로 규정하고 있다. Fare Basis란에의 표기는 GV다음에 GV10, GV20 등 숫자를 병기하여 인원수를 나타낸다.
- EE : Excursion Fare로 개인에게 적용되는 왕복할인요금으로 단체 여부와 관계 없이 제한된 날짜 안에 귀국하는 것으로 조건으로 하며 왕복회유운임이라고 한다. 유효기간은 30일, 45일, 2개월, 3개월 등이 있으며 유효기간에 따라 요금이 달라진다.

- APEX(Advanced Purchased Excursion Fare) : 개인할인 왕복항공권으로 사전에 구입의 회유를 적용한 요금이다. 항공사마다 차이는 있지만 해외 체재일수가 보통 25일에서 45일에 이르는 여행자에게 판매되며 단순왕복할인요금보다 조건이 까다롭지만 할인폭이 크다(도미경, 2010 : 241~243).

바) 항공권 유효기간(Not Valid Before / Not Valid After)

항공권의 유효기간을 표시한 것으로 연도는 표기되지 않는다.

사) 무료수하물 허용량(Free Baggage Allowance)

이용하는 좌석등급(Class)을 기준으로 허용되는 무료수하물의 양으로 중량제(Weight System)인 경우 일반적으로 First Class의 경우 40kg, Business Class의 경우 30kg, Economy Class의 경우 20kg까지 허용된다. 미국, 캐나다지역 여행시에는 수하물의 수량제(Piece System)가 적용된다.

(5) 항공권 운임정보(Ticket / Fare Information)

가) 제한(Restriction)

항공권의 사용에 있어 적용 받은 운임에 근거한 제한사항을 기재한 것으로 환불이나 양도제한, 여정변경제한, 재발행제한, 무료좌석승급제한, 마일리지 적립제한, 체류연장제한 등과 같은 내용이 기재된다. 다음은 제한란에 기재되는 예이다.

- 환불에 대한 제한 : NON REFUNDABLE(NON-REF)
- 양도에 대한 제한 : NON ENDORSABLE(NON-ENDS)
- 여정변경 등에 대한 제한 : NON REROUTABLE
- 예약변경에 대한 제한 : RSVN CHNG NOT PERMITTED
- 마일리지 적립에 대한 제한 : NO MILE CREDIT
- 체류연장에 대한 제한 : NO EXTENSION

나) **연결항공권 번호**(Conj. Ticket No.)

탑승구간이 많아 1매 이상 여러 개의 항공권이 연결되어 발행되는 경우에 사용되며, 같은 형태의 항공권 일련번호를 순서대로 기재하며 최초 항공권이외의 연결항공권 번호는 마지막 두 자리만 기입하고, 12세 미만의 소아 항공권 번호는 보호자의 항공권에 적는다.

다) **운임산출**(Fare Calculation)

항공권의 운임계산 내역이 기재되어 있어 여정 변경시 정확한 운임이 다시 신속하게 계산될 수 있으며 항공사 간에 정확한 정산이 될 수 있도록 한다(고종원 외 2001 : 183). NUC라는 항공운임 산출용 화폐단위로 표시된다.

라) Tour Code

항공사와 포괄여행 계약을 체결한 단체(GIT) 또는 개인관광(IIT) 운임 적용 승객의 항공권에 항공사가 부여한 승인번호(Auth No.)를 표기한다.

마) **항공운임**(Fare Amount)

최초여행 출발국가의 통화로 된 운임을 기록하며 세 자리로 된 통화코드를 운임 앞에 기재한다.

바) **등가환산**(Equiv. Fare Paid)

출발지국 통화 이외에 다른 통화로 지불하는 경우 환율에 따라 산출된 지불 통화금액으로 통화코드와 같이 기재된다.

사) **세금**(Tax)

승객으로부터 징수할 세금을 실제 지불통화로 기재하며 세금의 종류로는 공항세, 항공운송 판매세, 항공운송세, 유류할증료 등이 있다.

아) 총운임(Total Amount)

항공운임(Fare Amount)과 세금(Tax) 합계. 여기에 표시되는 금액은 IATA의 공시운임으로 실제 판매가와는 다르다.

자) 지불수단(Form of Payment)

운임을 지불한 형태를 표시하며 현금이나 여행자수표는 CASH로 표기하며 신용카드, 후불(Invoice), 선불제(PTA) 등등이 있다.

차) 전자항공권 발행일 / 발행장소(e-Ticket Issue Date / Place)

항공권 발행 일자와 항공사 혹은 여행사의 IATA번호, 발권자의 SYSTEM SIGN이 기재된다.

03 항공운임

1) 항공운임의 개요

(1) IATA의 지역구분

IATA는 항공운임과 관련 규정의 결정과 적용을 정확히 하도록 하기 위해 세계를 Area 1, Area 2, Area 3로 3개 지역으로 구분하였고, 각 Area별로 다시 몇 개의 Sub Area로 나누고 있다. 각 Area별로 운임조정회의(Tariff Coordination Conference)를 운영하고 있다. 각 Area와 Sub Area는 <표 8-5>와 같다.

표 8-5 IATA의 지역구분

구분	Area	Sub Area
서반구 (Western Hemisphere)	Area 1	• 북미(North America) : USA, Canada, Mexico, St. Pierre & Miquelon and etc. • 중미(Central America) : Belize, Costa Rica, El Salvador, Guatemala and etc. 남미(South America) : Argentina, Bolivia, Brazil, Chile, Colombia, Ecuador, French Guiana, Guyana, Panama, Paraguay, Peru, Suriname, Uruguay, Venezuela and etc. • 카리브해군도(Caribbean Islands) : Antigua, Bahamas, Barbados, Bermuda, Cuba, Dominica, Haiti, Jamaica, Martinigue, Puerto Rico and etc.
동반구 (Eastern Hemisphere)	Area 2	• 유럽(Europe) : Albania, Algeria, Armenia, Austria, Azerbaijan, Belarus, Belgium, Bosnia & Herzegovina, Bulgaria, Croatia, Cyprus, Czech republic, Denmark, Estonia, Faroe Island, Finland, France, Georgia, Germany, Greece, Hungary, Iceland, Italy, Latvia, Lithuania, Luxembourg, Malta, Monaco, Morocco, Netherlands, Norway, Poland, Portugal, Romania, Russian Federation, Slovakia, Slovenia, Spain (including Balearic & Canary Islands), Sweden, Switzerland, Tunisia, Turkey, Ukraine, United Kingdom, Denmark(excluding Greenland), Norway, Sweden and etc. • 아프리카(Africa) : - 중앙아프리카(Central Africa) : Malawi, Zambia, Zimbabwe - 동아프리카(Eastern Africa) : Burundi, Ethiopia, Kenya, Rwanda, Somalia, Tanzania, Uganda and etc. - 남아프리카(Southern Africa) : Botswana, Lesotho, Mozambique, South Africa, Swaziland and etc. - 서아프리카(Western Africa) : Angola, Benin, Burkina Faso, Cameroon, Cape Verde, Central African Republic, Congo, Cote d'Ivoire, Gabon, Gambia, Ghana, Guinea, Liberia, Mali, Mauritania, Niger, Nigeria, Sao Tome & Principe, Senegal, Sierra Leone, Togo - 인도양군도(Indian Ocean Islands) : Comoros, Madagascar, Mauritius, Mayotte, Seychelles and etc. - 리비아(Libya) • 중동(Middle East) : Bahrain, Egypt, Iran, Iraq, Israel, Jordan, Kuwait, Lebanon, Qatar, Saudi Arabia, Sudan, Sultanate of Oman, Syrian Arab Republic, United Arab Emirates(Abudabi, Ajman, Dubai, Fujairah, Ras Al Khaimah, Sharjah, Umm Al, Qaiwain), Yemen

구분	Area	Sub Area
동반구 (Eastern Hemisphere)	Area 3	• 한국 / 일본(Korea / Japan) • 동남아시아(South East Asia) : Brunei, Cambodia, China, Guam, Hong Kong, Indonesia, Kazakhstan, Kyrgyzstan, Laos, Macau, Malaysia, Mongolia, Myanma, Palau, Philippines, Russia east of Urals, Singapore, Thailand, Tajikistan, Turkmenistan, Uzbekistan, Viet Nam and etc. • 남아시아대륙(South Asian Sub Continent) : Afghanistan, Bangladesh, Bhutan, India, Nepal, Pakistan, Sri Lanka, Maldives • 남서태평양(South West Pacific) : American Samoa, Australia, Cook Islands, Fiji, New Caledonia, New Zealand, Niue, Papua New Guinea, Samoa, Solomon Island, Tonga and etc.

(2) 항공운임의 적용방향

항공운임은 최초 출발지 국가의 통화를 기준으로 한 운임을 공시하고 있으며 동일한 구간이라 할지라도 여정의 방향(GI)에 따라 운임이 달라진다. 따라서 운임을 산출할 때에는 여정의 적용방향(GI)이 항공운임에 큰 영향을 미친다. 여정 적용방향의 기본원칙은 여정의 진행방향으로 적용하나 출발지국가로 되돌아오는 여정에 대해서는 여정진행의 반대방향으로 운임을 적용한다.

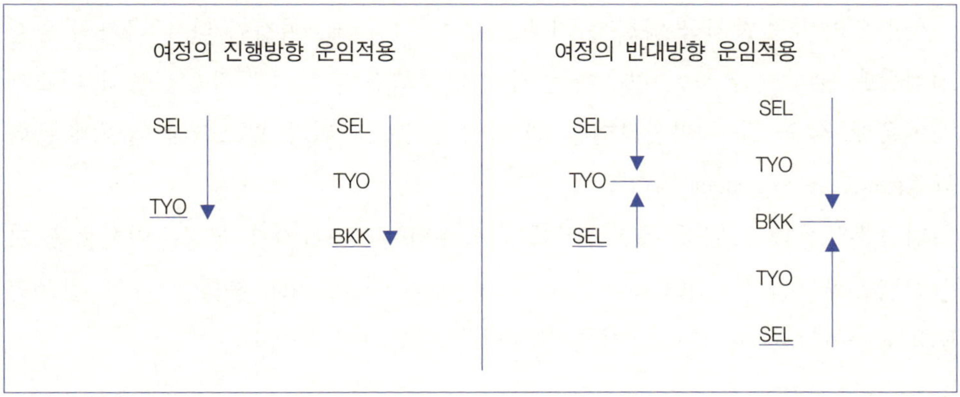

(3) 항공운임의 적용

항공운임은 편도운임(OW)과 왕복운임(RT)의 두 가지이며, Tarriff 책자에는 대부분 편도운임이 기준으로 공시되어 있다. 하지만 왕복운임이 별도로 공시되어 있는 경우도 있다. 왕복운임을 적용할 때에는 해당 운임마다에 왕복운임의 절반인 1/2RT운임을 적용하는데 왕복여정(RT), 일주여정(CT), Noramal Open Jaw Trip(NOJT)인 경우이며, 그 외 1/2RT 요금을 적용하지 않는 기타 모든 여정에는 편도운임(OW)여정을 적용한다.

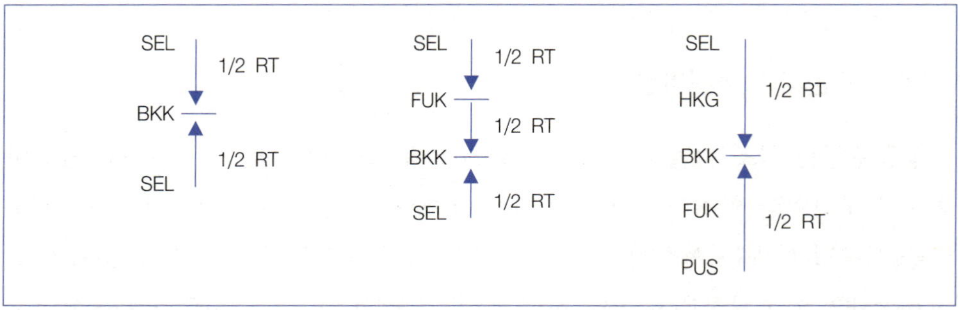

(4) 통화규정

항공운임은 출발지국 통화를 기준으로 공시되는데, 여정이 다른 국가의 중간 지점들을 많이 경유하는 경우에는 각국의 통화단위 차이로 운임산출과 비교가 어려운데, 이와 같이 환산작업을 위해 공통 통화단위가 필요한데 이것이 통화규정(Currency Regulation)이다.

항공운임산출을 위해 통화규정에서 사용되는 두 가지가 항공운임산출용 가상중립통화단위인 NUC(Neutral Unit of Construction)와 NUC통화에 대한 환율인 ROE(Rate of Exchange)이다. 이들의 개념을 살펴보면 다음과 같다.

가) NUC

1989년 7월 이후부터 현재까지 사용되고 있는 것으로 항공운임산출의 기본단위로 모든 구간의 운임을 NUC 및 출발지국 통화로 표시하며 서로 다른 통화로 표시된 운임을 결합하거나 비교할 때 사용한다.

나) ROE

출발지국 통화로 표시한 항공운임과 NUC 통화를 서로 환산할 때 사용하는 환율을 ROE라 한다. ROE는 보통 환율처럼 매일 다르게 결정되는 것이 아니라 IATA가 매년 1월, 4월, 7월, 10월의 1일에 4차례 공시하여 각각 3개월 간 사용된다. 단 3개월 간 사용기간 중에 통화가치가 USD 대비 10% 이상 변동할 경우에는 IATA에서 ROE를 변경, 공지할 수 있다.

다) 환산공식

출발지국통화운임과 NUC운임은 산출은 다음 공식에 의한다.

- 출발지국 통화운임 = NUC × ROE
- NUC = 출발지국통화운임 ÷ ROE

NUC단위로 운임을 표시할 때에는 소숫점 둘째 자리까지 표시하고, 출발지국 통화의 운임표시는 각국의 통화마다 정해진 끝 단위처리 방법에 의하여 표시한다.

예 : ICN-BKK 간 NUC산출운임이 1211.98이고 ROE가 1136.6500이면 이 항공권의 한국화폐로의 공시요금은? 단, KRW의 R / U는 100.00이다.

답 : 1211.98 × 1136.6500 = 1,377,597.067
∴ KRW 1377600

표 8-6 주요 국가의 통화 Code 및 Rounding Unit

국가	통화명	통화Code	R / U	비고
Australia	Dollar	AUD	1	
Bahrain	Dinar	BHD	1	

국가	통화명	통화Code	R / U	비고
Canada	Dollar	CAD	1	반올림
China	Yuan Renminbi	CNY	10	
Denmark	Krone	DKK	5	
Hong Kong	Dollar	HKD	10	
India	Rupee	INR	5	
Japan	Yen	JPY	100	
Malaysia	Ringgit	MYR	1	
New Zealand	Dollar	NZD	1	
Norway	Krone	NOK	5	
Saudi Arabia	Riyal	SAR	1	
Singapore	Dollar	SGD	1	
South Africa	Rand	ZAR	10	
Sweden	Krone	SEK	5	
Switzerland	Franc	CHF	1	
Taiwan	Dollar	TWD	1	
Thailand	Baht	THB	5	
United Kingdom	Pound	GBP	1	반올림
USA	Dollar	USD	1	반올림
대부분 유럽국가	Euro	EUR	1	

2) 항공운임의 결정과 변경

항공운임은 각 항공사가 운임안을 IATA 산하의 운임조정회의(Tariff Coordinating Conference)에 상정하고 참석회원 항공사의 만장일치 결의로 국제선 운임이 우선 신설, 변경, 조정된다. 새로운 운임이 결정되면 각국 정부에 보내 정부인가를 받아야 하는데, 인가방식은 각국 정부와 체결한 항공협정에 따라 다르나, 대부분 목적지 국가별로 인가제와 신고제의 두 가지 방법이 분리되어 운영되고 있다. 우리나라의 경우도 국가별 항공협정의 체결내용에 의거하여 인가제 혹은 신고제의 방식으로 항공운임을 인가하고 있다. 현재 우리나라는 미주, 프랑스, 독일 등 일부 유럽과 호주는 신고제가 적용되어 국토해양부에 신고만 하면 새로운 운임을 결정할 수 있고 일본, 중국, 캐나다 등은 인가제가 적용되어 허가를 받아야 새로운 운임을 결정할 수 있다. 참고로 인가제인 경우 신청한 새로운 항공요금에 대하여 정부의 인가가 필요하고 처리기간은 17일이다. 그리고 신고제는 신청받은 새로운 항공요금에 대하여 신고 수리를 하면 새로운 요금으로 인가되고 처리기간은 7일이다.

정부의 인가를 받게 되면 새로운 정식운임으로서 항공사나 여행사가 이 요금으로 판매를 할 수 있으며 이 요금을 공시운임(Through fare)이라고 한다.

국내선 운임의 경우 IATA 운임 조정 대상에서 제외되며, 우리나라의 경우 1999년 자율화되어 국내항공운송업자가 20일 이상 사전 예고하여 운임을 변경하도록 하는 예고제를 운영하고 있다.

3) 특별운임

항공요금은 정상요금(Normal Fare)과 특별요금(Special Fare)으로 나뉘는데, 다시 특별요금은 판촉운임(Promotional Fare)과 할인요금(Discounted Fare)으로 구분된다. 특별요금의 구체적인 것은 다음과 같다.

(1) 판촉운임

다양한 여행형태에 부합하여 개발된 운임으로 여행기간, 여행조건, 여정형태 등에 제한을 주어 개발한 다양한 운임을 말하는데, 제한조건만 충족시키는 경우 판촉운임을 적용받을 수 있다. 여행사의 판매촉진에 역할을 한 운임이다.

(2) 할인요금

가) 유아운임(Infant Fare : IN)

여행일을 기준으로 생후 14일 이상에서 만 2세 미만의 좌석을 차지하지 않는 유아에게 적용되는 운임으로 성인요금의 10%를 적용한다. 성인승객 1명에 1명의 유아할인만 가능하며 2명 이상의 유아를 동반할 경우에는 1명만 유아요금을 적용하며 나머지는 소아운임(Child Fare)을 적용한다.

나) 소아운임(Child Fare : CH)

최초 여행일 기준 만 2세 이상에서 만 12세 미만으로 성인보호자가 동반하는 승객에게 적용되는 요금이다. 지역별, 항공사별로 약간의 차이가 있으나, 대체로 성인요금의 75% 혹은 50% 수준이다. 무료수하물은 중량제(Weight System)와 수량제(Piece System) 모두 성인승객과 동일하게 적용된다.

다) 비동반 소아운임(Unaccompanied Minor Fare : UM)

최초 여행일 기준 만 5세 이상에서 만 12세 미만 승객으로서 성인 보호자 없이 혼자 여행하는 소아에게 적용되는 요금이다. 운임은 성인운임의 100%를 적용하며 무료수하물은 중량제(Weight System)와 수량제(Piece System) 모두 성인승객과 동일하게 적용된다. UM항공권을 이용하려면 사전에 해당항공사를 통해 운송허가를 받아야 한다.

라) 학생운임(Student Fare : SD)

최초여행일 기준 만 12세 이상에서 만 26세 미만으로 목적지국 정규교육기관에 6개월 이상 교육과정에 등록된 학생으로, 재학기간 중이거나 학업개시 전 6개월부터 학업종료 후 3개월까지 적용한다. 운임은 성인정상운임의 75%를 적용한다. 구비서류는 국가마다 다르다.

마) 단체인솔자 운임(Tour Conductor Discount : CG)

10명 이상의 단체승객을 인솔하는 승객에게 적용되며, 단체 구성원수에 따라 인솔자운임이 달라진다. 단체구성원수가 10~14명의 경우 1명에게만 50%의 할인율이 적용되며, 15~24명의 경우 1명에게 100%의 할인율이, 25~29명의 경우에는 1명은 100% 할인율을, 또다른 1명에게는 50% 할인율을 적용한다. 30~

39명인 경우에는 2명에게 100%의 할인율이 적용된다. 단체인원 산정 시 소아 2명은 성인 1명으로 본다.

바) 선원운임(Ship's Crew Discount Fare : SC)

선원운임에는 개인 선원운임과 단체 선원운임이 있다. 개인 선원운임 적용 시에는 선원이 승선하는 선박의 국적에 따른 특별규정을 먼저 참조하고, 해당 사항이 없을 때 일반규정을 적용한다. 조업과 관련해 선박을 타기 전까지 여행하는 선원의 일반석 편도요금은 개인선원 운임의 경우 성인 정상운임의 75%, 단체선원 운임의 경우에는 60%를 적용한다. 증빙서류로는 선박회사 발행의 Seaman Certificate나 Seaman Book 또는 선원고용계약서 등이 있다(이지영 외, 2008 : 195). 도중체류가 불가하며 무료수하물은 일등석에 준한다.

사) 대리점직원 할인요금(Agent Discount : AD)

항공사와 대리점 계약을 체결한 대리점직원 및 그 배우자에게 적용되는 운임으로 본인의 경우에는 75%, 배우자에게는 50% 할인율을 적용한다. 항공권 발행일로부터 3개월 간 유효하며 항공대리점의 사용신청서, 항공사의 승인서가 필요하며 타 항공사 개입 시 해당 항공사 동의서가 필요하다.

참고문헌

강혜숙, 원스톱서비스 e-티켓 항공예약발권, 대왕사, 2009.

고종원 · 이광우, 여행업경영실무론, 대왕사, 2001.

도미경, 신 웰빙시대의 여행사실무, 백산출판사, 2010.

원종혜 · 윤대순 · 최이선, 항공운임발권실무, 한올출판사, 2009.

이지영 · 이병윤, CRS실습매뉴얼, 백산출판사, 2008.

9

여행항공광고와 여행업 변화

제9장 여행항공광고와 여행업 변화

01 항공상품 광고 홍보

1) 국내항공사

(1) 대한항공

세계 38개국 103개 도시에 취항 중인 대한항공은 중국, 일본 등 아시아 지역 18개국 60개 도시에 취항한다. 여객 부문에서 차세대 항공기와 명품 기내 서비스를 기반으로 한 고품격서비스를 제공한다. 대한항공은 중국에서 21개 도시, 27개 노선을 운영하며 중국 취항 외항사 중 최다 스케줄을 보유해 현지 승객들이 미주, 대양주 등으로 환승하는 수요를 집중 유치하고 있다. 중국은 세계경제의 핵심지역으로 중요성이 있다는 판단이다.

대한항공은 중국시장에서 차별화를 추구하고 있다. 고품격서비스와 현지 사회공헌 활동인 애심(愛心)계획 등을 바탕으로, 2009년 중국에서 중국인이 가장 선호하는 외국항공사 등 5개의 상을 수상하였다. 2010년에는 중국을 취항하는 외국항공사 톱3에 오르기도 했다.

한편, 화물부문에서 중앙아시아 물류 허브 육성으로 21세기 신실크로드 건설을 목표로 프로젝트들을 추진하고 있다. 우즈베키스탄의 나보이공항을 2009년 1월부터 위탁경영을 하고 있다. 연간 10만톤 처리규모의 화물터미널도 상반기에 완공 예정으로 알려졌다. 또한 세계 최대 물류시장으로 떠오르는 중국시장의 거점확보를 위해 텐진화물터미널 건설도 추진하고 있다(조선일보, 2010.4.29, C2면). 이렇듯 여객운송부문과 화물운송부문에서 대한항공은 경쟁력을 키워가며 향후 확대된 시장에 대비한 준비를 착실히 해가고 있는 상황이다.

참고적으로 중국의 3대항공사 중의 하나인 동방항공은 2011년 중반부터 스카이팀 정식 회원사로 가입하여 활동할 예정이며, 80여개의 국제노선과 330여개의 국내노선 등 110개 도시에 이르는 노선망과 250여 대의 항공기를 보유하고 있다(조선일보, 2010.4.17, A17면). 현재의 대한항공의 상황과 비교차원에서 제시해 보았다.

대한항공은 향후 2016년에는 항공기를 60여대를 신규 구입하여 총 180여대로 여객수송실적 세계 10위권과 화물수송실적 세계 1위를 지켜갈 의지와 목표를 세운 것으로 알려지고 있다.

(2) 대한항공 직항 여행 몰디브

천상의 낙원 몰디브, 대한항공 직항으로 떠나는 여행으로 광고한다. 몰디브 대한항공 직항 찬스로 총 22회, 대한항공 직항으로 몰디브를 다녀올 수 있는 기회를 놓치지 말 것을 권유한다. 기간은 2010년 4월 25일부터 5월 31일까지 매주 일, 월, 목, 금요일에 출발한다. 3박 5일과 4박 6일 여정이다. 08 : 30 인천 출발하여 13 : 30 몰디브에 도착한다. 또한 17 : 00 몰디브를 출발하여 06 : 00 인천에 도착한다. 택시 및 유류할증료 15만원은 불포함되어 있다. 숙박시설과 조건에 따라 가격이 차이가 난다. 최저 쿠룸바 3박 1,199,000원부터 최고가로 할라벨리 4박 2,990,000원까지 요금이 형성되어 있다. 판매여행사는 와이페이모어, 참좋은여행, 모두투어, 몰디브투어(갤럭시), 세진여행사, 아쿠아몰디브, 온라인투어, 월드아일랜드투어, 클럽 허니문, 허니문리조트, 허니문여행사, 환희투어, 룸얼랏코리아이다.

(3) 저가 항공사의 발전

저비용항공사의 성장세가 빠르게 눈에 띈다. 한국공항공사 집계에 따르면 지난 2009년 국내선 탑승객은 총 1천 800만 명으로 이 가운데 제주항공, 진에어, 에어부산, 이스타항공 등 저비용항공사 4사를 이용한 승객은 3명 중 1명꼴인 500만 명에 이른 것으로 나타났다.

국내선에서 가장 수요가 많은 김포-제주노선의 경우 2008년 116만 명을 수송하며 16%에 불과했던 저비용항공사 수송분담률은 지난해 272만 명을 수송하며 34.3%로 2배 이상 늘었다. 항공사별로는 94만 7천 명을 수송한 제주항공이 12.0%로 가장 높았고, 94만 3천 명을 수송한 진에어가 11.9%, 82만 6천 명을 수송한 이스타항공이 10.4%로 뒤를 이었다(Cityplaza, 2010.1.18, 20면; www.clubcity.kr).

이러한 현상은 대한항공과 아시아나항공 외에도 저가항공시장의 수요가 커지는 것을 의미하며 향후에도 시장에서의 비중이 더욱 높아질 것을 예견할 수 있는 자료로 판단된다.

2) 인천국제공항의 경쟁력

인천국제공항이 5년 연속 세계 최고의 공항으로 평가되고 있다. 2009년 2위는 싱가포르, 3위는 홍콩이었다. 쿠알라룸푸르도 그간 2~3위를 차지해왔다. 인천국제공항은 세계 181개국 1,700여 공항의 협의체인 국제공항협의회(ACI)[1]가 실시하는 세계 공항서비스평가에서 2005년 이후 5년 연속 세계 최고 공항으로 선정되었다. 공항분야의 노벨상이라 불리는 이 평가에서 아랍에미리트(UAE)의 두바이공항이 3연패를 한 적이 있지만, 5년 연속 1위는 인천공항이 처음으로 알려졌다. 이 평가는 국제공항협의회가 서비스와 시설·운영분야 등 34개 분야에 걸쳐 전 세계 공항 이용객 25만 명을 대상으로 면접 조사한 결과 나온 것이

1) ACI(Airports Council International : 국제공항협의회)는 매년 ASQ(Airport Service Quality : 세계공항 서비스평가)를 실시하고 있다.

라 공항서비스에 대한 종합평가로 여겨진다. 현재 인천공항은 이라크의 아르빌 공항, 러시아 하바로프스크공항에 돈을 받고 공항 운영노하우를 수출하는 것으로 보도되었다. 인천공항은 출입국시간이 고객만족도에 영향을 미친다는 분석에 따라 출국시간은 5년 전 29분대에서 17분대로, 입국시간은 20분대에서 13분대로 줄였다. 이러한 결과는 출입국 시간이 대폭 줄면서 승객들에게 여유가 생겨 공항 내 쇼핑센터 매출도 세계 최고로 높아졌다고 한다. 서비스산업의 중요성을 인식하여 수출의 가능성을 보여준 인천공항공사 사장은 "공항은 신속・안전・편리한 것이 기본으로 여기에 인천공항은 문화예술을 더해 고객들의 감성을 자극한 것이 주효했다"고 평가한다. 예를 들면, 노선별로는 물론 요일과 날씨에 따라 공항라운지에 내보내는 음악을 달리했다는 것이다. 또한 3만 5,000명 공항 종사자들의 1등을 하고자 하는 마음이 하나로 묶어낸 것이 5연패 달성의 핵심(조선일보, 2010.2.18 : A8면)이었다고 언급하였다.

세계 양대 여행전문지인 글로벌 트래블러와 비즈니스 트래블러, 영국 항공서비스 조사기관인 스카이트랙스 등의 조사에서도 세계 최고 공항으로 평가를 받고 있다. 동아시아의 허브공항으로 위치하면서 연간 500만 명이 넘는 환승객을 유치하고 있다. 인천공항의 경쟁력부문으로 출입국 심사와 함께 수화물을 찾는 시간도 가장 짧다. 일본 나리타공항이나 중국 푸동공항에서 환승할 때는 승객들이 직접 수화물을 찾아 환승비행기에 다시 맡겨야 하지만 인천공항에서는 자동처리된다. 정보기술(IT)을 활용해 출입국 심사와 세관검색 등 서비스를 꾸준히 개선해 온 결과다. 공항에서 주요 도시와 호텔로 연결되는 교통편도 어느 공항보다 잘 갖춰져 있다(조선일보, 2010.5.14, A35면)는 평가이다. 그러나 현재 인천공항에 관련된 인프라 구축비용에 많은 적자로 인천공항의 수익과 경영성과가 희석되는 문제점을 보이고 있다. 도로건설과 전철건설 비용에 따른 지원비용이 과다하기 때문이다.

인천공항은 현재 동북아에서도 경쟁력에 있어서 우위를 차지하고 있다는 평가를 받고 있다. 2009년 환승객이 520만 명으로 일본인만 74만 명이 인천공항에서 환승(조선일보, 2010.4.10, A10면)한 것으로 나타났다. 다음 표는 인천, 푸동, 나리타공항을 비교한 것이다.

표 9-1 인천 · 푸동 · 나리타공항 비교(2009년 기준)

인천공항	푸동(상하이)	나리타(도쿄)
1. 취항항공사 --- 62개	1. ----- 53개	1. ----- 59개
2. 취항 국가 --- 53개	2. ----- 미확인	2. ----- 36개
3. 취항 도시 --- 177개	3. ----- 90개	3. ----- 98개
4. 국제노선(하루평균) --- 531개	4. ----- 미확인	4. ----- 474개
5. 환승객 --- 520만 명	5. ----- 미확인	5. ----- 450만 명
6. 환승률 --- 18.5%	6. ----- 15.4%	6. ----- 18.2%
7. 대당 착륙료 --- 400만원	7. ----- 780만원	7. ----- 1800만원

출처 : 조선일보, 2010.4.10, A10면.

인천공항은 간사이공항과도 비교가 되고 있다. 취항국가의 경우 인천공항은 54개국, 간사이공항은 27개국으로 인천공항이 2배 많고, 취항도시는 인천공항이 177곳, 간사이공항 68곳으로 3배차이가 난다. 착륙료는 B747-400을 기준으로 인천공항이 대당 385만원이지만, 간사이공항은 1258만원으로 3배 이상 높다. 인천공항이 24시간 통관체계를 구축해 수출입에 필요한 통관기간을 2~3일에서 1일로 단축해 놓은 점도 좋은 조건(조선일보, 2010.5.29 : A10면)이다. 이렇게 인천공항은 공항 인프라와 비용 등 이점을 갖추고 있다.

표 9-2 인천 · 간사이공항 비교

	인천공항	간사이공항
전체 면적	2129만m^2	510만m^2
화물터미널 면적	110만m^2	37만m^2
취항항공사	65	57
연간 국제여객	2808만 명	957만 명
연간 국제화물	231만t	60만t

출처 : 조선일보, 2010.5.29 : A10면

인천국제공항공사 홍보 광고

세계를 빛내고 있는 별, 인천국제공항! 세계의 하늘 길을 열어가고 있습니다.
전 세계 1,700개 공항과 경쟁하여 4년 연속 공항서비스 세계 1위 달성!
전 세계 15만 여행객이 선정한 글로벌 트래블러 4년 연속 1위와 비즈니스 트래블러 '세계최고공항상' 수상!!
국민여러분의 변함없는 성원과 사랑, 그리고 3만 5천여 공항가족의 열정이 만들어낸 대한민국의 자부심, 인천국제공항!
문화와 예술의 향기 속에 고객감동의 차별화된 서비스로 세계 리더 공항으로서 대한민국의 브랜드 가치를 드높여 가겠습니다.

- 2009. 3월 Frost & Sullivan 선정 '2009 아태 최고 공항'
- 2009. 4월 Route Development Group 선정 '2009 동북아 항공마케팅 최우수 공항'
- 2009. 4월 Skytrax 선정 세계 최우수 공항
- 2009. 10월 CAPA 선정 '올해의 공항도시상'
- 2009. 12월 비즈니스 트래블러 선정 '세계 최고 공항상'
- 2009. 12월 글로벌 트래블러 선정 4년 연속 1위

자료 : 국토해양부·인천국제공항공사 일간지 광고 참조

3) 국외항공사

(1) AIR MACAU

마카오는 세계문화 유산의 도시 그리고 동양속의 작은 유럽으로 광고한다. 인천-마카오 저녁출발 증편(2010년 3월 29일부터 매주 월, 금요일)함으로 여유롭게 저녁에 출발함을 공지한다. 7월 중순부터 주 2회(목, 일요일) 추가 증편 예정을 알린다. 인천-마카오 구간에 NX 835편이 운항된다. 주력 운항 기종은 에어버스 321 178석(비즈니스 16석, 이코노미 162석)임을 공지한다. ASEAN의 관문(상공업의 중심) 난닝(Nanning) 및 중국 IT산업의 중심인 무한(Wuhan) 당일 연결편을 알린다. 꽃보다 마카오 여행-에어텔 상품인 Air Macau Holiday(AMH)은 1박 3일 최저가 411,500원임을 공지한다. 새롭게 떠오르는 쇼핑 천국 마카오를 홍보하며 마카

오 AMH 에어텔 상품은 홍콩 디즈니랜드 옵션[2)]을 광고한다. 인천-마카오-방콕 매일 운항을 알린다.

(2) 싱가포르항공

가) 싱가포르항공 SIA Holidays

싱가포르 419,000원(2인1실 기준 요금이며 2010년 3월 1일부터 30일까지 출발 및 발권기준이며 세 및 유류할증료가 불포함)부터임을 공지한다. 포함내용은 왕복 이코노미클래스항공권, 호텔 2박, 공항-호텔간 교통편, SIA Hop-On 버스이다. 최근 자유여행이 증가하는 추세에 부응하여 싱가포르항공 자유여행상품이 출시된 것이다. 싱가포르항공의 다양한 프로그램인 기내 엔터테인먼트 시스템 크리스월드를 전 좌석에서 즐길 수 있음을 공지한다(02-755-0000).

싱가포르 항공에서는 이코노미클래스 왕복항공권, 호텔 2박, 공항-호텔간 교통편, SIA Hop-on 버스를 포함하여 499,000원부터의 상품가격으로 내놓고 있다. 당신의 여행을 최고의 순간으로 기억되게 한다는 광고를 하고 있다. 이 상품은 개별여행객이 증가되는 최근의 여행패턴에 부응하는 일종의 에어텔상품으로 보면된다. 비즈니스의 수요도 있지만 개별여행자를 위한 여행의 측면이 휴가철에는 부각된다. 싱가포르항공 자유여행상품 SIA Holidays와 함께 싱가포르에서 잊지 못할 추억을 만들어 볼 것을 권유한다. 또한 여행 중 싱가포르항공의 기내 엔터테인먼트시스템인 크리스월드를 통해 전 좌석에서 다양한 프로그램을 즐기실 수 있다고 설명한다. 타 항공사에서도 부러워하는 최상의 기내서비스도 함께 함을 공지한다. 499,000원 가격은 2인 1실 기준 1인당 요금이며 예약 및 발권기간은 2010년 7월 1일부터 9월 30일까지이며 여행기간은 2010년 11월 30일까지임을 공지한다. 2010년 7월 1일부터 8월 15일 출발시 성수기 요금 15만원이 추가됨을 알리고 있다. 세금 및 유류할증료가 포함되어 있지 않음

2) 마카오-홍콩 구간 이코노미클래스 터보젯 페리 티켓, 페리터미널-홍콩 디즈니랜드 왕복 버스 이용, 디즈니랜드 이용 티켓, 가이드 서비스가 포함된다(www.airmacau.or.kr).

을 공지한다(02-755-0000).

나) 싱가포르항공의 새로운 비즈니스 클래스

싱가포르항공은 스타얼라이언스 회원사이다. A great way to fly를 표방한다. 지금까지 볼 수 없었던 가장 여유로운 공간으로 소개한다. 동급 좌석 중 가장 넓고 여유로운 공간으로 완전한 평면침대로 전환이 가능한 좌석의 편안함을 공지한다. 싱가포르항공 A380기종, A345기종과 777-300ER기종에서 만나 볼 수 있음을 광고한다(singaporeair.com).

다) 싱가포르항공 A330 - 새로운 경험이 기다림

2010년 6월 2일부터 싱가포르항공의 최신 기종 A330을 만나 볼 것을 권유한다. 인체공학적으로 설계된 비즈니스 클래스 평면 좌석으로 싱가포르를 더욱 편안히 여행할 수 있음을 알린다. 또한 인천-싱가포르 노선에 SQ609 / SQ608편이 주 4회 증편되어 서남아시아, 호주, 유럽 등 전 세계로 연결하는 노선이 더욱 다양하고 편해짐을 공지한다. 증편은 2010년 6월 1일부터이며 2010년 7월 1일부터 싱가포르항공 SQ609 / SQ608노선에 A330이 도입된다(singaporeair.com).

(3) 세부패시픽에어

글로벌비전웨이즈(주)에서는 세부패시픽에어 필리핀 직항 항공권을 세일한다. 판매기간은 2010년 4월 7일부터 8일까지이며 여행기간은 2010년 9월 1일부터 11월 30일까지이다. 인천-세부 또는 마닐라 매일 직항 운항한다. 부산-세부는 주 2회 직항이다. 가격은 편도 72,000원부터로 공지한다. 해당 할인 항공권은 환불이 불가함을 알린다. 체크인 수속수화물이 있을 경우에는 편도기준으로 항공요금에 3,000원이 추가된다. 편도요금에만 적용되며 조기 매진될 수 있음을 알린다. 항공권에 부과되는 세금과 수수료 부분에는 할인이 적용되지 않음을 공지한다. 예약과 동시에 구매해야 하며 예약 변경은 출발 24시간 전까지 가능하며 요금차액 및 변경수수료가 발생함을 공지하고 있다(cebu pacificair.com).

(4) 인도네시아로 가는 가장 편한 길

가루다인도네시아항공은 인도네시아 국내 28개 지역, 해외 21개 지역을 운항하고 있는 인도네시아 최대 국영항공사로서, 인천을 출발하여 인도네시아 주요 도시를 24시간 이내에 연결 가능한 강력한 국내 네트워크를 보유하고 있음을 공지한다. 인천-자카르타 주 12회 운항과 인천-발리 주10회 운항을 알리고 있다(www.garuda.co.kr).

(5) 항공권 세일

CEBU PACIFIC AIR를 판매하는 글로벌비전웨이즈(주)에서는 필리핀 직항편도 55,000원부터 항공권을 공지한다. 판매는 2010년 5월 21일부터 23일까지이며 여행기간은 2010년 8월 1일부터 10월 31일까지이다. 인천-필리핀 세부 또는 마닐라 매일 직항과 부산-필리핀 세부 주 2회 직항을 공지한다. 해당 할인항공권은 환불이 불가함을 공지한다. 체크인 수속 수화물이 있을 경우, 예매 시 항공요금에 3,000원이 추가된다(편도기준). 항공권에 부과되는 세금과 수수료 부분에는 할인이 적용되지 않음도 알리고 있다. 예약과 동시에 구매해야 함과 항공권 예약 변경은 출발 24시간 전까지 가능하나 요금 차액 및 변경수수료 발생을 공지하고 있다(cebupacificair.com).

글로벌비전웨이즈(주)에서는 필리핀 직항 항공권 세일 50% 할인을 공지한다. 판매기간은 2010년 5월 29일부터 31일까지이다. 여행기간은 2010년 7월 1일부터 9월 30일까지이다. 인천-마닐라 또는 세부로 매일 직항한다. 부산-세부는 주 2회 직항한다. www.cebupacificair.com을 통해 해당 할인 항공권 구입이 가능함을 공지한다. 해당 할인항공권은 환불이 불가하며 항공권 예약변경은 출발 24시간 전까지 가능하나 요금차액과 변경수수료가 발생함을 알리고 있다. 조기매진될 수 있음과 항공권에 부과되는 세금과 수수료 부분에는 할인이 적용되지 않음 그리고 예약과 동시에 구매해야 함을 공지하고 있다(cebu pacificair.com).

(6) FINNAIR

유럽 비즈니스를 위한 최고의 선택으로 광고하고 있다. 서울-유럽 비즈니스 클래스가 280만원부터임을 공지한다. 유럽 내 최신 항공기 탑승 환영, 서울과 유럽을 연결하는 최단 노선인 헬싱키를 경유하여 유럽 내 45개 주요도시로 운항함을 공지한다. 핀에어의 편리한 항공스케줄과 고품격 비즈니스 클래스 서비스로 빠르고 편안한 유럽 여행을 권고한다. 개인공간이 넓은 비즈니스 클래스의 침대형 좌석과 승무원의 세심한 서비스로 최고의 여행을 만들어 줌을 광고한다(www.finnair.kr).

(7) QATAR항공

카타르항공의 독보적인 서비스는 이미 월드 리딩 비즈니스클래스 부문의 2년 연속수상으로 세계로부터 검증되었음을 홍보한다. 고객이 더 편안할수록 카타르항공이 더 높이 비상할 수 있다는 믿음을 공지한다. 카타르항공은 그 믿음으로 고객이 주는 끊임없는 관심과 사랑에 최상의 편안함을 서비스해 드릴 것을 밝힌다. 카타르항공은 서울-도하 매일 직항으로 운항함과 World's 5star airline임을 알린다(qatarairways.com/kr).

(8) 에미레이트항공

가) 하늘에서 만나는 상쾌함

에미레이트항공 A380은 서울에서 두바이 간 매일 운항한다. 40,000피트 상공에서 즐기는 기분 좋은 샤워를 홍보한다. 에미레이트 항공의 A380 기내 샤워 스파와 함께 편안하고 상쾌한 기분으로 목적지에 도착할 수 있음을 공지한다. 또한 에미레이트 항공 A380 기내 라운지는 여행의 또다른 기쁨을 드릴 것이라고 광고하고 있다. 한 차원 높은 항공여행을 경험할 것을 권고한다. 세계적인 수상 경력의 서비스, 1,000개 이상의 주문형 엔터테인먼트 시스템, 한식을 비롯한 품격 높은 기내식도 광고한다. 기내 샤워 스파는 퍼스트 클래스 전용이며 기내 라운지는 퍼스트 및 비즈니스 클래스 전용임을 공지한다. 에미레이트 항공은 400여 개 이상의 국제적인 상을 수상하였으며, 현재 A380으로 운항중인 런던과 파리 등을 포함하여 전 세계 100여개 이상 도시로 운항함을 공지한다(emirates.com/kr).

나) 특별한 손님, 특별한 만남

Fly Emirates, Keep discovering. 에미레이트 항공 A380의 기내라운지에서 하늘 위에 만들어진 특별한 사교의 공간에서 즐거운 대화와 함께 새로운 기회를 경험해 볼 것을 권유한다. 에미레이트 항공의 A380에 탑승하는 순간부터 한 차원 높은 항공여행을 경험하게 될 것을 홍보하고 있다(emirate.com/kr).

에미레이트항공 A380 기내라운지

특별한 손님, 특별한 만남으로 홍보한다. 하늘 위에 만들어진 특별한 사교의 공간에서 즐거운 대화와 함께 새로운 기회를 경험해 볼 것을 권유한다. 퍼스트 및 비즈니스 클래스 승객만을 위한 특별한 공간, 에미레이트 항공 A380의 기내 라운지를 갖추고 있으며 항공의 미래가 바로 여기 있음을 홍보한다.
아울러 에미레이트 항공은 400여 개 이상의 국제적인 상을 수상하였으며, 전 세계 100여개 취항지로 고객을 모심을 공지한다. 2010남아공월드컵 FIFA 파트너임을 홍보한다.

자료 : emirates.com/kr

(9) 여행의 새로운 관문 디트로이트

델타항공에서는 새로운 디트로이트 논스톱 항공편 취항으로 북미 동부 도시로의 여행이 훨씬 더 편리해짐을 광고하고 있다. 2010년 6월 2일 신규 취항하는 서울-디트로이트 논스톱 서비스를 이용하면 뉴욕, 보스톤, 애틀랜타, 토론토는 물론 기타 북미 동부 도시로의 출장이나 가족, 친구와의 만남이 한층 더 편리해짐을 공지한다. 글로벌 프리미어 항공사인 델타항공이 제공해 주는 미국여행에 대한 새로운 옵션을 최대한 활용할 것을 권유한다.

신규 취항 기념 특별혜택으로 2010년 9월 30일까지 신규 항공편을 이용하는 비즈니스엘리트 클래스 고객은 세 배의 마일, 일반석 고객에게는 두 배의 마일을 적립해 주는 것을 홍보한다. 보너스 마일 적립에는 별도의 약관이 적용되며 모든 스카이마일스 프로그램 규정이 적용됨을 공지하고 있다(delta. com). 참고로 스카이팀 회원사는 최근 가입한 베트남 항공이 열 번째이며 전 세계 850여개 도시로 노선이 연결된다. 델타항공은 초창기에 대한항공과 에어프랑스 등이 주축이 되어 시작된 주요 회원사이다.

02 여행상품 광고 홍보

1) 레일위의 특급호텔

일본 JTB여행사, 세계언론이 극찬한 관광상품으로 호텔식 기차여행상품을 해랑이라고 한다. 와인, 과일, 식사 풀 서비스가 제공된다. 기업체 이사회, 임원회의, 부부동반여행, 세미나 최적상품으로 광고하고 있다. 해오름 / 씨밀레여행(520,000원부터)상품은 매주 토요일 출발하는 1박 2일 코스로 패밀리룸은 3인 1실로 520,000원, 디럭스품은 640,000원, 스위트룸은 2인 1실로 770,000원이다. 1박 2일 동남부권 일주인 해오름코스는 서울역-경주관광-정동진, 망상-태백관광-서울역코스이다. 1박 2일 서남부권 일주인 씨밀레코스는 서울역-익산-목포관광-순천관광-서울역 코스이다. 아우라여행상품은 2박 3일코스로 패밀리룸 800,000원으로 3인 1실 조건이다. 2인 1실 디럭스룸은 975,000원, 스위트룸은 1,160,000원이다. 서울역-곡성관광-부산관광-경주관광-정동진, 망상-태백관광-서울역 코스이다(www.korailtours.com).

2) 이색관광

(1) 슬럼투어

세계의 이색적인 관광코스 가운데 빈민촌관광이 주목을 받고 있다. 브라질의 리오데자네이루의 빈민촌인 파벨라(favela : 빈민촌 의미)투어와 인도의 다라비는 슬럼투어의 대표적인 곳이다. 현지 안내원 없이는 투어에 참가하는 것이 상당히 위험하기 때문이다. 강도를 만나거나 상해를 당하기 쉽기 때문이다. 현지지역에 익숙한 가이드를 동행하여 관광하는 것이 필요하다. 이러한 관광지가 인기를 끄는 이유는 평범한 사람들에게 이 곳 빈민촌은 자신이 삶을 돌아보고 어려운 상황에서 살아가는 사람들의 모습 속에서 자신이 얼마나 행복하고 부유한가를 느낄 수 있는 기회가 주어지는 감동의 시간이 되기 때문이라는 분석이다.

3) 고가 국내여행상품

최근에 국내의 대표여행사인 H여행사에서 출시한 내나라여행상품이 주목을 받고 있다. 현재 110만원 정도를 고객에게 받고 있다고 한다. 처음에 출시된 2007년 가을에는 89만 9천원이 상품가였다고 한다. 처음에는 국내여행상품으로서 너무 고가상품이 아닌가라는 질문과 함께 전문가들에게서도 부정적인 시각과 전망을 받았다고 한다. 그러나 현재 이 상품은 2009년 5천 명 이상 행사를 치룬 것으로 나타났다. 외국인의 참가비율도 높아서 30% 정도를 차지하고 있다고 한다. 국내의 정선된 관광지와 최고급 숙박시설 그리고 현지의 특식으로 일정이 짜여져 있다. 일반적인 상식으로 안 될 것 같은 전망에도 불구하고 상품개발자가 확신을 갖고 전국의 일정이 짜여진 장소에 숙박시설에 가서 협상을 하고 지금은 오히려 자사의 숙박시설을 이용해 달라고 요청이 들어오는 성공적인 상품으로 결과를 내놓고 있다. 고객들도 고가임에도 불구하고 이용을 한 후에는 가격대비 만족도가 높다는 평가를 받고 있는 상품으로 시장에서의 평가는 분명 고객 스스로가 하는 것임에 틀림없다는 결론을 내리게 된다.

4) 창립기념 / 계열사카드 할인상품

롯데그룹 여행사인 롯데제이티비에서는 Trust(믿음), Originality(창의), Pleasure(즐거움) Memory(추억)를 드린다고 홍보한다. 괌을 즐기는 또 하나의 스케줄-진에어, 괌 매일 오전 10시 출발 상품을 공지한다. 2010년 4월 20일부터 적용됨을 알린다. Good Morning GUAM 롯데JTB 3주년 기념 7% 청구할인을 공지한다. 가족끼리 롯데홈쇼핑 아동반값 괌PIC 골드 4일(799,000원) 상품, 연인&가족끼리 노팁 호핑투어 공짜 괌PIC 로얄타워 골드 4일(999,000원부터) 상품, 친구끼리 내 멋대로 자유여행 트롤리버스 괌PIC 자유 4일(699,000원부터) 상품이 있다. 4 / 7 ~ 4 / 15일 결재자 조건으로 롯데카드 7% 청구 할인된다(www.lottejtb.com).

5) 중국 명산투어

한진관광에서는 중국 최고의 명산 시리즈상품을 홍보한다. 중국명산시리즈 1탄은 세계자연유산 황산상품이다. 황산 / 항주 / 상해 4일(399,000 ~ 649,000원)상품, 황산 완전일주(499,000 ~ 749,000원)상품 등이 있다. 중국 명산 시리즈 2탄은 정저우 상품이다. 중국 고대 문명여행으로 유네스코 지정 운대산 국립공원, 중국 3대 석굴 용문석굴, 중국 소림사 방문, 5성급 호텔, 특식으로 웰빙식과 수석식, 가이드 및 기사팁 포함된다. 정주 / 소림사 / 용문석굴+개봉 5 / 6일(399,000 ~ 729,000원) 상품, 정주 / 운대산 / 시안 / 병마용+화산+고속열차 5 / 6일(799,000 ~ 949,000원) 상품이 있다. 3탄은 장가계 상품이다. 장사 / 장가계 / 원2014년 2월 23일가계+천문산 4 / 5 / 6일(699,000 ~ 1,890,000원) 상품은 천문산 케이블카, 발마사지, 특식 3회 이상, 상강유람선이 포함된다. 품격상품은 비즈니스석 탑승한다. 4탄은 동화의 나라 구채구상품이다. 구채구 / 황룡풍경구 / 시안 / 진시황릉 5일(849,000 ~ 1,249,000원) 상품으로 병마용, 화청지, 아방궁, 황룡 케이블카, 국내선 이동, 4성급 호텔 조건이다(www.kaltour.com).

6) Club Med

지금 예약하면 여름방학 가족휴가비 최대 60만원 할인을 광고한다. 카비라 전세기 스페셜은 다음과 같은 내용이다. 일본 오키나와 클럽메드 카비라리조트는 가장 가까운 열대 낙원, 일본 전통문화를 체험할 수 있는 오키나와 최남단, 이시가키섬에 위치한 최고의 휴양지이다. 그리고 썸머 보너스 혜택이 있다. 4박 5일 성인 139만원부터, 5박 6일 성인 149만원부터 가격이 형성되어 있다. 7~8월 지정일 출발시, 50일전 예약하면 만 4세 이상 어린이 10만원이 할인된다. 출발일시는 2010년 5월 8일부터 10월 27일까지이다.

여름방학 보너스 스페셜을 살펴보면 다음과 같다. 해당 리조트는 클럽메드 발리, 푸켓, 체러팅, 빈탄 리조트이다. 썸머 보너스 혜택은 에어 패키지 3박 이상 예약시 가능하다. 발리, 푸켓, 체러팅 리조트는 성인 20만원, 어린이 10만원이 할인된다. 빈탄리조트는 성인, 어린이 각각 15만원 할인된다. 성인 1인당 어린이 1인/어린이는 만 4세 이상의 조건이다. 출발일시는 2010년 7월 10부터 8월 25일 여름방학기간이다. 예약기간은 2010년 6월 1일부터 7월 31일까지이다.

클럽메드 프리미엄 올 인클루시브 패키지는 왕복항공권, 공항세, 픽업서비스+1일 3식의 다양한 뷔페서비스+편안하고 안락한 객실 서비스+오픈바에서 즐기는 무료 음료+스포츠, 레저, 전문스포츠 GO 강습+어린이 연령에 맞는 미니클럽+매일 밤 나이트 엔터테인먼트가 포함되어 있는 상품이다(www.clubmed.co.kr).

7) 국내 주요 여행상품

굿모닝여행사에서는 새만금방조제/배수갑문전망대/변산반도/채석강상품을 공지한다. 세계 최장의 33km 새만금방조제를 방문한다. 63개의 섬 군산선유도 유람투어/수산물어시장 상품도 새만금 방조제 투어를 진행한다. 매실의 귀족 청매실 따기 체험상품은 광양매실농원/섬진강야생화 체험상품이다. 강천사 구름다리계곡/메타쇠콰이어길/담양대나무골 죽녹원/순창고추장 상품 등이 판매되고 있다(www.gmtr.co.kr).

리더하나투어에서는 제주도 2박 3일 올레길 노팁 노옵션 투어상품, 소매물도 · 하얀등대섬 / 외도 맛기행(통영 미륵산케이블카 / 남해 금산 보리암 1박 + 강천산 병풍폭포 / 담양 대나무죽녹원 / 화개장터 / 하동 쌍계사 / 메타세콰이어길 / 순창전통고추장마을 2박)상품, 청풍명월 / 단양팔경(충주호 유람선 투어 / 금월봉 / 청풍문화재단지)상품, 청산도 / 보길도(봄의왈츠 · 서편제 / 고산윤선도 유적지 / 대흥사 · 보성녹차밭 / 땅끝마을 · 두륜이블카상품, 홍도 / 흑산도1박 + 비금도 / 도초도 2박 NO쇼핑 NO팁 NO옵션)상품 등이 있다(1588-0000).

8) 투르 드 코리아

원래 프랑스의 유명한 자전거 경주가 투르 드 프랑스로 많이 알려져 있다. 녹색성장의 동반자로 투르 드 코리아를 소개하고 있다. 2010년에는 4월 22일부터 5월 2일까지 열렸다. 4대강을 지나 친환경 복합도시 새만금을 달려 광화문까지 무연료 무공해의 초록빛 레이스를 펼쳤다. 제주를 시작으로 하여 강진, 여수, 군산, 당진, 충주, 구미, 영주, 양양, 춘천, 서울로 코스가 이어졌다. 주최는 국민체육진흥공단, 주관은 2010 Tour de Korea 등이며 정부부처 후원은 문화체육관광부, 행정안전부, 환경부 등이다. 미디어 후원은 KBS, MBC 등이며, 지자체 후원은 제주시, 강진군, 여수시, 군산시, 당진군, 충주시, 구미시, 영주시, 양양군, 춘천시이다. 공식후원은 기업은행, SK energy, 스포츠 토토 등이며 공식지원으로는 삼천리자전거와 후원의료기관은 서울아산병원, 자생한방병원이 참여하였다.

9) 우수여행상품 선정 국내여행

롯데제이티비에서는 명품국내여행 아! 대한민국 봄꽃과 함께 고품격으로 떠나는 국내여행상품을 출시하였다. 특급호텔 및 리조트 숙박, 최신형 28인승 리무진 이동, 지역별 특식, 전문가이드 동행, 노팁 노옵션 노쇼핑 조건이다. 서울-

정선-속초코스인 강원권 3일(399,000원부터), 서울-목포-담양코스인 호남권 3일(399,000원부터), 서울-광양-거제코스인 한려수도 3일(399,000원부터) 상품이 있다(www.lottejtb.com).

10) 제주도여행

(1) 제주투어

제주투어(주)에서는 제주도여행 완전정복 1탄 유채꽃/고사리꺾기체험 제주올레 최고의 7코스(139,000원)상품을 광고한다. 매일출발이며 소인국테마파크, 올레7코스(외돌개-돔베낭길), 승마체험, 성읍민속마을, 일출랜드, 섭지코지 포함이다. 해피타운과 서귀포유람선 그리고 몽골리안마상쇼는 현지지불 조건이다. 왕복항공, 호텔 2박, 조식 2회, 중식 2회, 여행자보험 포함이다. 석식, 가이트팁(3일 10,000원), 현지지불코스, 유류할증료 13,200원은 불포함임을 공지한다. 제주투어는 창립 17주년으로 2008년 제주관광대상 수상, 제주특별자치도 관광협회 정회원, 한국일반여행업협회 정회원, 제주관광공사 내국인면세점 협력사임을 공지하고 있다. 완전정복 2탄은 제주올레투어 마라도(149,000원) 상품이며 완전정복 3탄은 마라도+우도잠수함(169,000원) 상품이다. 마라도와 마라도짜장면 포함조건이다(www.jeju-tour.net).

(2) 제주자유여행사

제주도 지정 우수관광사업체이며 2009 제주관광 대상 수상 그리고 제주특별자치도 선정 2년 연속 모범여행사와 제주시 선정 친절대상 수상을 한 제주자유여행사에서는 히트상품을 광고한다. 유채꽃밭+올레길 여행특선 2박 3일(219,000원) 상품을 광고한다. 프시케월드&유리궁전, 더마파크, 여미지식물원, 올레 7코스, 선녀와나무꾼, 일출랜드, 유채꽃밭트래킹, 섭지코지를 방문한다. 석식과 가이드수고비(3일 10,000원) 그리고 선택관광은 불포함이다. 가고고 싶은 섬속의섬 우도 특선(259,000원)상품은 관광1급호텔조건이며 우도투어, 나비공원, 더마파크공연, 여미지식물원, 올레트래킹, 선녀와 나무꾼, 유채꽃밭 기념촬영 포함이며 석식과 가이드 수고비 그리고 선택관광은 불포함이다(www.jejudogaja.com).

(3) 매직투어

제주의 숨겨진 비경 + 올레투어(179,000원) 상품은 특1급호텔 2박(2인1실), 호텔 뷔페 2식, 관광 2일, 왕복항공이 포함되어 있다. 정상가격의 50% 할인으로 매일 선착순 100명에게 적용된다. 제주최고의 경관(송악산), 선녀와 나무꾼, 해피타운, 오설록뮤지움, 제주의 숨겨진 비경 고망난돌, 굉이오름, 제주의 사계, 내국인 면세점, 도두봉, 어영해안도로, 용연구름다리, 용두암, 섭지코지를 방문한다. 서귀포 유람선, 코끼리랜드는 현지지불조건이다. 유류할증료, 공항이용료, 현지지불코스, 기사가이트팁(10,000원), 석식, 부과세는 불포함된다. 매직투어는 제주도 녹색관광 전문여행사로 제주관광공사 내국인면세점 협력사, 한중협회 공식여행사로 광고하고 있다(www.mtjeju.com).

11) 기차여행

(1) 별밤열차

한국철도공사 계열사인 코레일 관광개발에서는 사랑과 낭만이 있는 별밤열차(49,000원부터)가 퇴근 후 7시 30분부터 당일 2시간 30분 환상여행코스를 진행한다. 가수공연, DJ방송, 풍선이벤트, 간식증정, 와인증정, 장미이벤트가 포함된다. 출발은 2010년 2월~3월 기준이다(www.korailtravel.com).

(2) 국립공원생태체험

치악산 / 금강소나무명품길체험 / 정선풍경열차(54,000원부터)상품, 속리산 / 승마체험 / 전통음식 만들기(75,000원부터)상품, 내장산 / 단풍나무심기 / 고로쇠액 맛보기(79,000원부터)상품이 당일여행으로 출발된다. 2010년 3~4월 출발기준이다(www.korailtravel.com).

(3) 환상눈꽃 기차여행

추전역-승부역-단양 환상선 순환열차(39,000원부터)상품, 뮤지컬 사랑하면 춤을 춰라 관람하는 정동진 해돋이 / 태백산 눈꽃여행(64,000원부터)상품, 문화체육관광부 인증 우수여행상품 정동진 / 바다열차 / 레일바이크(89,000원부터)상품 등이 있다. 출발은 2010년 2~3월 기준이다(www.korailtravel.com).

(4) 국내최초 마라톤 특별열차

경주 벚꽃 마라톤 특별열차(62,000원부터)상품이 2010년 4월 2일 출발한다. 마라톤대회 참가비는 별도이며 경주 벚꽃, 보문단지와 역사탐방한다(코레일관광개발 상품).

(5) 코레일관광개발 상품

가) 아리아리! 정선 5일장 대오픈 이벤트

코레일 관광개발에서는 유쾌! 상쾌! 통쾌! 신나는 정선 레일바이크(49,000원부터) 상품, 정선 5일장 자유여행(29,000원부터) 상품, 계곡 따라 달리는 정선 풍경열차(43,000원부터) 상품, 정선 화암8경(화암약수, 화암동굴 / 43,000원부터) 상품을 출시하였다. 열차 내 행운권 추첨하여 특산품 제공, 장바구니(쇼핑백)1인 1개 제공, 정선 5일장 자유여행 선착순 100명에 한해 5,000원 할인이 제공된다. 2010년 4월 출발 기준이다.

나) 스페셜 진해군항제 기차여행

코레일 관광개발에서는 대한민국 벚꽃 1번지 진해군항제 특별열차(52,000원부터) 상품과 진해군항제 / 외도보타니아 / 해금강유람선(87,000원부터) 상품을 출시하였다.

다) 열차를 통째로 빌려드립니다.

코레일 관광개발에서는 기업단체여행, 고객초청이벤트, 성당, 교회, 수학여행, 학단행사로 전용열차를 대여하는 광고를 게재하고 있다(www.korailtravel.com).

12) 크루즈

크루즈는 의료관광, 컨벤션과 함께 현 정부에서도 가장 육성시켜야 할 관광의 주요한 분야로 분류하고 육성시키고자 하는 부문이다. 여러 가지 크루즈상품이 있지만 여기서는 최근에 광고를 통해서 많이 소개되고 있고 수요도 있어 어느 정도 송출되고 있는 크루즈 상품을 소개하고자 한다.

(1) 지중해 크루즈 성지순례

산타크루즈에서는 4개국 7기항지 성지순례 코스상품을 출시하였다. 9박 10일 / 10박 11일(349만원) 상품이다. 부활절 기념(2010년 4월 8 / 9일 출발)상품이다. 순례국은 터키(이스탄불 / 쿠사다시) - 이스라엘(아스돗 / 예루살렘)-이집트(카이로 / 알렉산드리아)-그리스(크레타 / 아테네)이다. 승 / 하선은 아테네 또는 이스탄불이며 항공편은 LH, QR, KE, TK항공이다. 주최는 한국기독교총연합회이다. 주관은 (사)평화한국이며 후원은 CTS TV, CGN TV, 극동방송, 국민일보, 이스라엘 관광청이다. 왕복항공료, 크루즈요금, 호텔체재비, 전 일정 식사, 크루즈 선사팁(56유로), 항구세(215불), 각종 TAX 및 유류 할증료, 2억원 여행자보험, 각종 팁(운전기사 / 인솔자 / 가이드 / 식당), 인솔자 및 초청인사, 기항지 순례비용 등 일체의 비용이 포함되어 있다. 크루즈는 5성급 루이스 크리스탈호이다. 26,000톤급이며 길이 162m, 폭 25m, 속도 18노트, 승객수 1,200명, 승무원 406명이 승선한다. 부대시설로는 리셉션홀, 대극장, 뷔페 / 정찬 레스토랑, 카지노, 헬스센터, 사우나, 온천, 수영장, 라운지, 각종 바, 병원, 골프연습장, 미용실, 면세점, 영화관, 인터넷 룸 등이 있다(www.biblesanta.com).

(2) 한・중・일 크루즈

로얄캐리비안 크루즈 한국사무소에서는 부산 출발 한・중・일 크루즈상품을 홍보한다. 세계적인 미국 정통 크루즈로 소개한다. 레전드호로 한・중・일 운항 최대 크루즈선(7만톤)이다. 레전드 한・중・일 크루즈 8일(부산왕복 / 1,099,000원부터) 상품은 2010년 6월부터 8월까지 운행한다. 일정상 상해 대산 텐진에서 운항할 수도 있다. 부산-상해-미야자키-고베-후쿠오카-부산 코스이다. 한국인 승객만을 위한 특별서비스는 한국인 승무원 20여명이 상주하고 한글 선상신문, 다이닝 메뉴, 안내방송 등 한국어 안내서비스가 제공된다. 김치 등 다양한 메뉴가 제공된다. 레전드호 층별 안내지도 및 가이드 북이 제공된다. 1회 이상 탑승한 골드멤버에게는 할인쿠폰북이 제공된다. 스파, 면세점, 와인, 빙고게임, 사진촬영 등에 사용할 수 있다. 이벤트로는 여름방학 특별요금으로 18세 미만에게는 7 / 9~8 / 26 항차에 적용된다. 선상 월드컵 응원전시 월드컵 응원 티셔츠 제공, 탑승객 전원에게 여행용 기초화장품 세트를 캐빈당 제공한다(www.rccl.kr). 판매여행사는 하나투어, 모두투어이다.

로얄 캐리비안 크루즈 / 레전드호

로얄캐리비안 크루즈는 미국 마이애미에 본사를 둔 세계최대 글로벌 리딩 선사이다. 뉴욕 증시 및 오슬로 증시 상장기업으로 세계 최대 크루즈선인 22만톤 오아시스호를 포함해 총 39척의 크루즈선을 보유하고 있다. 아시아, 알래스카, 지중해, 북유럽, 카리브해, 멕시코, 남미, 호주 / 뉴질랜드, 갈라파고스, 남극 등 전 세계 80여개국 400여개 목적지를 운항하고 있다.
로얄캐리비안 레전드호는 2009년, 2010년 2년 연속 아시아 최고의 크루즈선 "The best cruise operator"로 선정된 미국 정통 크루즈이다. 타이타닉호의 2배, 아파트 13층 높이의 한중일 운항 최대 크루즈선이다. 총 톤수 7만톤, 총 탑승인원 2,074명, 승무원 726명, 전장 264m, 전폭 32m이다.

자료 : www.rccl.kr

13) 카페리여행

(1) 초쾌속카페리 오렌지호

(주)장흥해운에서는 장흥-제주도 초쾌속카페리 오렌지호가 취항함을 광고한다. 2010년 7월 1일 제주도가 가까워짐을 홍보한다. 내 차로 제주도까지 1시간 40분 소요됨을 공지한다. 운항스케줄을 보면 매일 2회 왕복운항하며 장흥노력항에서 성산포항까지 1시간 40분 소요된다. 취항기념이벤트로 여객운임 50% 할인된다. 4인 이상 승용차는 무료 선적된다. 이벤트 기간은 2010년 7월 2일부터 16일까지이다. 협찬은 장흥군과 제주도이다(www.jhferry.com).

14) 섬여행

(1) 울릉도・독도

섬여행 전문회사인 홍익여행사, 파랑새투어, 두레고속여행에서는 나라사랑캠페인 아름다운 섬 울릉도와 독도의 신비를 찾아 떠나자 상품을 출시하였다. 묵호에서 울릉도 간 매일 출발하며 2박 3일(242,000원부터) 상품과 1박 2일(212,000원부터) 상품이다. 울릉도 특가로 2박 3일(219,000원) 상품은 합숙이며, 서울-묵호 왕복버스비, 묵호-울릉도 왕복선박료, 육로관광, 여관 및 대아리조트 2박, 5식이 포함사항이다. 6~7월 단 5회 출발한다(www.ktxtour; www.paransaetour.com; www.drtour.kr).

(2) 대마도여행

부산에서 대마도까지는 49.5km로 1시간 20분이 소요된다. (주)대아고속해운, (주)대아여행사에서는 가장 가까운 외국, 가장 저렴한 해외여행경비, 조선통신사의 섬임을 홍보한다. 부산 출발 09 : 30과 대마도 출항 15 : 00을 공지한다. 편도는 75,000원이다. 배멀미 없는 배, No비자, 면세점 이용을 공지하고 있다(www.daea.com).

03 관광청 홍보 광고

1) 여행의 시작, 터키

2천년 동안 섭씨 30도의 뜨거운 태양 아래에 그대로 구워져버린 듯 우뚝 솟아있는 넴룻산의 거대한 석상들을 소개하며 터키를 홍보하고 있다. 터키 문화관광부 한국 홍보사무소, 주일본 문화공보담당공사가 광고를 담당하고 지원한다(www.goturkey.com). Turkish Airlines 예약발권부도 같이 광고하고 있다.

2,500년 동안 슬픈 사랑의 전설을 간직한 채 당신을 기다리고 있는 이스탄불의 메이든타워를 광고한다. 2010년 유럽문화수도 이스탄불도 홍보하고 있다(turkishairlines.com).

2) 말레이시아 관광청

열대의 햇살아래 펼쳐질 최고의 휴식이 이제 시작된다고 광고한다. 한국에서 말레이시아 쿠알라룸푸르까지는 6시간 30분이 소요됨을 공지한다. 주요도시 랑카위, 코타키나발루도 공지한다. 크리스탈처럼 맑고 투명한 바다가 펼쳐진 열대의 이국적인 휴식이 말레이시아의 해변과 섬들에서 시작됨을 홍보한다. 세계적인 다이빙 포인트에서 신비로운 심해, 눈부신 열대의 햇살이 쏟아지는 해변에서 선베드에 누워 달콤한 트로피컬 드링크 한 잔의 여유를 만끽하는 상상을 권유한다. 열대의 해변과 섬의 풍경에 둘러싸여 매일 세상 가장 행복한 게으름을 즐길 것을 권고한다. 1,007개의 섬 어디에서도 생애 최고의 휴가를 꿈꿀 수 있음과 완벽한 일상탈출이 잊지 못할 행복을 안겨 줄 말레이시아임을 알리고 있다(www.mtpb.co.kr/Theme/Honeymoon.asp).

3) 호주관광청 광고

올 겨울 가족여행은 따뜻하고 안전한 호주로 떠나세요!

올 때는 평범한 가족여행객을 왔다가 갈 때는 모험을 즐기는 탐험대가 되어 돌아갑니다.
호주는 흥미로운 곳으로 상상치 못한 새로운 것들을 발견하게 되며 호주의 매혹적인 풍광, 자연의 경이로움과 친절한 영혼을 일깨우고, 신나는 모험 속으로 이끌어 줌을 광고한다.
눈부신 태양아래 따뜻한 여름인 호주! 아이들과 함께 특별한 가족여행을 즐기기에 완벽함을 알린다. 맑고 깨끗한 바다에서 우리 가족만의 오붓한 시간을 보내고, 아름다운 호주 도시에서 전혀 색다른 문화를 접할 수도 있고, 유명 대학의 캠퍼스를 투어하며, 미래의 꿈을 심어줄 수도 있음을 홍보한다.
800종이 넘는 호주만의 야생동물과 교감하고, 살아 숨쉬는 듯한 거대한 열대우림과 아웃백에서 웅장한 자연과 마주하며, 독특한 문화를 가진 호주 원주민들과 만나는 호주에서의 이 모든 경험들은 아이들에게 평생 잊혀지지 않을 교육의 현장이 될 것으로 평가한다.
한 번 쯤은 꼭 가족과 함께 여행해 보고 싶은 곳, 호주! 가족과 아이들에게 평생 기억될 멋진 추억을 선물할 것을 권유하고 있다. 다음 9개의 여행사에 연락하면 패키지여행부터, 자유여행, 영어교육을 위한 교육여행까지 안내 받을 수 있음을 공지한다.
교원여행, 내일여행, 넥스투어, 롯데관광, 모두투어, 블루, 원더스페이스, 참좋은여행, 하나투어가 9개 여행사에 포함되어 있다.

자료 : Austalia.com

04 항공좌석의 변화

최근에는 항공사의 경쟁에 힘입어 기존의 고정적인 F, C, Y 클래스 외에도 새롭게 조정되어 구상된 클래스가 선보이고 있다. 이러한 변화는 소비자의 한 층 다양한 요구와 경쟁적인 항공사의 서비스 덕분에 이뤄진 변화의 내용으로 사료된다.

05 여행사의 최근 변화 및 트랜드

1) 대형 여행사의 전 영역 취급 추세

코스닥 상장법인인 클럽리치 세계투어는 홀세일만 하는 여행사만을 위한 여행사, 온라인 홀세일, 동남아 · 중국 · 일본을 기본으로 오지 특수지역 전문 홀세일, 패키지 · 항공 · 에어텔 · 전 세계 호텔 · 인바운드 · 국내여행 등 모든 상품에 대해 항시 최고조건을 보장함을 광고한다. 특히 여행사만을 위한 여행사를 홍보하며 18~10%의 수수료 지불을 홍보한다. 신속/정확/저렴/친절과 전국 9천여 대리점과 함께 함 그리고 단체항공권 · 인센티브행사의 최고수익보장을 공지한다. 또한 지역별 지상수배도 저렴한 투어피와 차별화된 VIP 전문수배로 최고임을 홍보한다. 대만/홍콩, 싱가포르, 필리핀(세부/보라카이/마닐라), 중국 전지역, 일본 수배, 미주/캐나다/하와이, 유럽/러시아/지중해, 호주/뉴질랜드/피지, 서남아/몽골/바이칼, 허니문, 골프, 일본호텔을 취급한다(www.segyetour.com; www.clubrich.com).

2) 세계화 추구와 경기 활력

그동안 몇 년 동안은 여행업계가 어려웠던 게 사실이다. 금융위기, 신종플루, 고환율 등 많은 악재로 인하여 여행수요가 감소하여 송출실적은 미미하고 경영성과도 현격히 떨어졌던 것이 현실이었다. 이로 인해 여행사들은 긴축경영에 몰입하였고, 여행업계 종사자들은 어려운 나날들을 보냈던 것이 일상이었다. 특히 2008년 하반기 이후와 2009년은 매우 어려웠던 시간들이었다. 2010년에는 다행스럽게도 경기가 서서히 살아나서 여행업계의 경기가 점차 살아나 수요가 늘어나고 있는 상황이다. 이는 경기회복세의 영향으로 올해 여행객 규모는 가장 좋은 기록을 낼 것으로 여행업계 관계자들은 전망하고 있다.

그러나 상황이 계속 좋은 것만을 고려할 수는 없는 게 지혜로운 대비책일 것이다. 국내 시장은 5천만으로 인근의 중국 13억 명과 일본의 1억 3,000만 명과 비교한다면 한계가 보인다. 최근에 한·중·일 크루즈 상품 등이 출시되고 동북아 연계상품의 공조 및 필요성에 대한 제기가 많이 되고 있는 것도 이러한 측면에서 요청되는 것으로 판단된다. 4대강 사업과 전국 운하 건설건도 중국의 13억 수요에 대한 대안으로 제시되었던 것도 사실이며 가능성도 엿보인다. 그래서 주위 국가들의 수요, 즉 인바운드 수요에 대비하는 것이 여행업계에서 필요한 핵심 내용이다. 또한 내국인의 국내여행분야도 상품의 콘텐츠 강화와 차별화로 부각시킬 수 있다. 단체여행 외에도 개별여행 수요의 증가에 대비한 상품 개발이 더욱 확대되어져야 한다. TV 드라마 및 영화 촬영지 상품도 수요가 확대될 수 있는 주요 상품이다. 중동에서 드라마의 인기에 힘입어 유학생이 한국에 입국하는 수요가 눈에 띄기 시작하는 것도 이러한 인기를 뒷받침한다. 향후 경쟁적인 측면에서 여행사의 변화의 노력은 오너뿐만 아니라 직원 스스로 노력하고 아이디어를 내고 상품을 개발할 때 이뤄지며 경쟁력을 강화시킬 수 있는 중요한 요인이기 때문이다.

3) G세대 여행

얼마전 신세대로 불리던 젊은세대가 현재는 G세대로 불리고 있다. 2010 벤쿠버 동계올림픽에서 금메달을 따서 우리나라 국민을 즐겁게 해준 선수들도 G세대들이다. G세대는 19~24세의 나이인 젊은세대를 말한다. 2009년 대한민국 라이프스타일 조사에서 이들은 삶의 영역이 한국에만 있다고 생각하지 않고 여행형태고 정해진 코스의 여행보다 자유스러운 여행을 선호한다. 그리고 모험적인 여가활동을 여행 중에 할 의향이 있는 것으로 나타났다(제일기획, 2009). G세대는 기존의 패키지여행에 따라 이동하는 것보다 자신이 원하는 일정을 직접 선택하여 경험하려는 욕구가 강한 세대로 세계화된 시대에 개방되어 있으며 하고자 하는 일도 많은 것으로 평가되고 있다. 이들은 보통 대학생들이 많고 자신이 아르바이트 등을 통해 여행경비를 마련하게 된다. 물론 부족한 경비는 부모님들이 보조하여 여행을 하게 되는 경우가 많다. 배낭여행이 젊은 세대의 주요한 여행형태였으나 최근에는 자전거를 이용한 여행도 증가추세에 있다. 부족한 여행경비탓에 이들은 현지에서 현지인을 통해 숙박을 해결하기도 한다. G세대는 세계의 사람들과 교통하는 것을 즐기며 여행의 순간순간을 즐기며 행복감을 느끼는 것으로 평가된다. 한국관광공사의 자료에 따르면 20세 이하 해외 출국자가 1999년 35만 4,806명에서 2009년에는 91만 3,184명으로 늘어나 세배 가까운 증가세를 보였다.

4) 명소관광

여행전문가들은 지구온난화 및 재해로 인해 가능한 빨리 여행할 곳들을 추천하고 있다. 유럽에서는 이탈리아의 베니스가 가장 대표적인 곳으로 추천되어 왔다. 수상도시가 매년 물에 잠겨가기 때문에 가능한 이곳을 다녀올 것을 권고하고 있는 것이다. 또한 피사의 사탑도 매년 기울어지고 있어서 마찬가지로 권고되고 있다. 다음의 지구촌 명소들도 기후 등의 이유로 인해 사라져갈 명소로 가능한 빠른 시간 안에 여행해야 하는 곳으로 추천되는 장소들이다. 아울러 이러한 자연적인 환경 외에도 전통적으로 세계 7~8대 불가사의 지역으로 추천되는 명소들도 권고되는 여행지로서 자리잡고 있다. 만리장성, 성소피아성당, 타지마할, 자금성, 앙코르와트 등의 장소들이다.

5) 여행전시 · 박람회

우리나라의 가장 대표적인 관광전시회라고 하면 한국국제관광교류전이라고 말할 수 있다. 국내외 많은 관광기업들이 참여해서 적극적으로 홍보전을 펼치기 때문이다. 외국의 경우에도 많은 관광관련전시회 및 박람회가 개최되고 있다. 독일의 베를린 국제관광박람회가 대표적인 관광박람회이다. 다음은 우리나라의 주요 관광전을 소개하고자 한다.

(1) 한국국제관광교류전

한국국제관광교류전은 우리나라의 대표적인 관광전시회라 할 수 있다. 일반적으로 2010년 6월초에 4일가량 개최된다. KOTFA(Korea World Travel Fair : 한국관광교류전)는 한국관광협회중앙회가 주최하며 주식회사 코트파가 주관하며 문화체육관광부, 한국관광공사, 대한항공, 2010~2012 한국방문의 해, 중국국가여유국서울지국 등이 후원한다. 장소는 코엑스에서 보통 열린다. 2010년 한국국제관광전은 23회이며 광고홍보내용은 다음과 같다.

1. 한국국제관광전에 오면 해외 50여개 국의 관광명소와 문화를 보고 느끼며 온 가족과 함께 즐기는 1일 세계 여행코스+국내외 여름 여행상품 현장 할인 판매
2. 신나는 세계각국민속 공연-세계 각국의 민속공연, 유명 관광지와 문화를 소개하는 멀티큐브 프리젠테이션
3. 세계 전통 문화 체험 이벤트-세계 각국 전통문화, 민속의상, 사해 머드팩, 도자기 체험 등 즐거움과 놀라움이 가득한 다양한 부대행사
4. 푸짐한 경품과 다양한 이벤트-매일 오후 5시 놀라운 행운경품 추첨 이벤트 / 미주, 대양주, 동남아, 일본 등 장거리 해외 왕복 항공권 다수 / 세계 각국 참가자들이 제공하는 푸짐하고 놀라운 경품 추첨(www.kotfa.co.kr)

(2) 하나투어여행박람회

하나투어의 위상과 규모에 걸맞게 하나투어에서는 여행박람회를 개최하고 있다. 2010년에는 5월 28일부터 30일까지 3일간 개최하였다. 장소는 고양시 킨텍스(KINTEX)1홀에서 열렸다. 런던증권거래소 상장기업인 하나투어의 여행박람회는 특전이 있다. 첫째, 여행상품을 현장판매하여 최대 40만원까지 저렴하다. 99,000원부터 시작하는 해외여행상품도 매일 선착순 제공한다. 둘째, 다양

한 경품제공이다. 3일 가족여행권, 무료 패키지여행, 크루즈숙박권, 무료항공권 등이 제공된다. 여행경매, 디지털카메라, MP3 등이 제공된다. 셋째, 유명 세계 쇼와 공연-타피니쇼, 변검, 게이샤 무용공연, 나마하게, 연변예술단 공연 등을 관람할 수 있다. 넷째, 다양한 체험거리와 맛볼거리 제공으로 유나이티드에어라인 퍼스트클래스 좌석시승체험, 동남아 전통도자기 굽기 등과 골프체험, 사진강좌 등 PIC 나눔씨앗 영어클래스(아동대상)가 실시된다. 입장료는 하나투어 회원을 무료이며 비회원 성인은 5,000원이며 동반 아동 2명까지는 무료이다 (www.hanatoursesang.com).

6) 여행바우처제도

우리나라도 복지관광과 사회관광을 활성화하는 차원에서 문화체육관광부와 한국관광협회중앙회에서 시행하는 여행바우처제도가 도입되었다. 저소득층에게 국내여행에 한해 지원하는 제도로 주목되며 보다 많은 혜택과 지원이 이루어져 결실을 맺는 제도로서 정착되기를 바라며 세부적인 사항을 살펴보고자 한다.

문화체육관광부와 한국관광협회중앙회에서는 국내여행경비를 지원하는 '여행바우처' 사업을 진행하고 있다. 저소득 근로자와 자영업자의 복지향상을 실현하고 국내관광수요 확대를 위해 국내여행경비의 일부를 지원하는 사업이다. 2010 여행바우처 사업의 주요 내용을 보면 다음과 같다.

❖ 지원 내용

- 여행사에서 국내여행상품 결제시 상품가격의 30~50%를 지원함
- 지원금은 여행 형태(가족여행·개별여행)에 따라 최고 15만원 이내로 지불함

❖ 지원 인원 : 약 6,000명

❖ 신청자격 : 월 소득이 212.5만원 이하의 근로자

(2010년 5, 6월 건강보험료 납부자)

월 소득은 건강보험료 납부금액으로 판단하며, 소득 212.5만원

은 건강보험료 56,630원(본인부담금) 납부에 해당함

❖ 지원상품기준 : 2010.10.31(일)까지 종료되는 국내여행상품

❖ 신청방법

- 여행바우처 홈페이지(www.vtour.kr)에서 인터넷으로 신청함
- 신청기간 : 2010.7.12(월)10 : 00～7.21(수)18 : 00(10일간)

❖ 선정방법 및 발표

- 방법 : 지역, 대상, 급여수준 등을 고려하여 선정
- 발표 : 2010.7.23(금) 15 : 00 이후
  여행 바우처(www.vtour.kr) 및 한국관광협회중앙회
  (www.koreatravel.or.kr) 홈페이지에 발표

❖ 유의사항

- 선정된 근로자는 신용카드 형태의 바우처를 발급받아야 함
- 선정된 근로자는 신한카드사에 관련 증빙서류를 제출하여야 하며, 증빙서류 미제출 혹은 급여수준 등이 신청정보와 상이할 경우 선정이 취소됨
- 전국 여행사에서 판매되고 있는 국내여행상품을 결제하여야 함
- 공무원, 여행업계 종사자, 신한카드사 직원, 기 복지관광 및 여행 바우처 수혜자는 신청이 불가함
- 철도 항공 등 단순 매표대행 및 사치상품(골프 등)은 지원 불가함

(www.vtour.kr)

❖ 참고 : 여행이벤트

참좋은여행에서는 롯데면세점과 함께 사상 최대의 여행이벤트를 실시한다. 2010년 7～9월 해외여행을 떠나는 고객 10만분(선착순)께 롯데면세점 선불카드 5만원권(현금과 동일)을 제공함을 광고한다. 총 50억원 상당의 금액으로 가수 비를 광고모델로 이용하고 있다.
(www.verygoodtour.com)

참고문헌

www.airmacau.or.kr
www.austalia.com
www.biblesanta.com
www.cebupaficair.com
www.clubcity.kr
www.clubmed.co.kr
www.clubrich.com
www.daea.com
www.drtour.kr
www.emirates.com/kr
www.finnair.kr
www.garuda.co.kr
www.gmtr.co.kr
www.goturkey.com
www.hanatoursesang.com
www.jejudogaja.com
www.jejudogaja.com
www.jhferry.com
www.kaltour.com
www.korailtours.com
www.korailtravel.com
www.koreatravel.or.kr
www.kotfa.co.kr
www.ktxtour.
www.lottejtb .com
www.mtjeju.com
www.mtpb.co.kr
www.qatarairways.com/kr
www.rccl.kr
www.segyetour.com
www.singaporeair.com
www.vtour.kr
Cityplaza, 2010.1.18.
조선일보, 2010.2.18; 2010.4.10; 2010.5.14; 2010.5.29.

부 록

FINLAND
STOCKHOLM
LATVIA
RIGA
LITHUANIA
KALININGRAD (RUSSIAN FED.)
VILNIUS
MINSK
BELARUS
POLAND
WARSAW
MOSCOW
Kazan'
E U R O P E
KIEV
UKRAINE
CZECH REP.
SLOVAKIA
AUSTRIA
HUNGARY
MOLDOVA
ROMANIA
CROATIA
SERBIA
BULGARIA
TURKEY

부 록

1. 여행관련 용어

A

• AD

agent discount의 약자로 여행사 직원의 항공사, 선박, 숙박시설 등을 이용할 때 제공되는 특별할인가격

• Add-on Fare

항공운임중의 하나로 운임이 없는 경우 다른 운임과 결합하여 해당구간의 운임을 계산하는 것

• Adjoining Room

서로 이웃하고 있는 객실로 connecting room처럼 객실 내에 객실 간 연결문이 없다.

• Aile

항공기의 좌석배열 중 통로쪽 좌석

• Airport Tax

공항세

- À La Carte

일품요리로 셋트메뉴와는 달리 메뉴판에서 골라서 주문하는 요리를 말함

- American Plan

객실과 1일 3식이 포함된 요금체계로 full board라고도 한다.

- Annex

호텔의 별관

- ASTA

American Society of Travel Agents. 미국여행업자협회. 1931년 4월 20일 미국 증기선업자와 여행사협회로 시작하여 현재 140여개국에서 회원이 있는 세계최대의 관광업계협회다. 관광사업의 판매촉진과 정보지식교류를 목적으로 한다.

B

- Baggage Allowance

무료수화물 허용량. 국제선의 경우 이코노미 클래스는 20kg, 비즈니스 클래스는 30kg, 포스트클래스는 40kg까지 허용된다.

- Baggage Claim Tag

위탁수하물영수증

- B&B

조식이 포함되어 있는 객실요금제

- Bell Boy

호텔에서 고객의 짐을 객실까지 나르거나 체크아웃시 객실에서 고객의 짐을 로비로 나르는 호텔직원

- Berth

열차나 선박의 침대

- Block

호텔의 객실이나 항공기의 좌석을 필요한 만큼 확보하기 위해 예약한 것

- Boarding Pass

탑승권

- Brochure

판촉물의 하나로 상품을 알리기 위해 사진이나 글로 구성된 책자

- BSP

Bank Settlement Plan의 약어이다. 국제선 항공권 판매대금을 항공사와 대리점간에 개별적으로 정산하는 방식대신에 통합 Invoice에 의한 정산은행으로 일괄 정산하는 IATA 표준항공여객운임 정산제도

C

- Cancelation Charge

예약취소료

- Carrier

승객과 화물을 운반하는 운송회사의 일반적 명칭

- Cashier

수납원

- Charter

항공기, 버스, 철도 등의 대절하는 것

- CIQ

Customs, Immigration, Quarantine의 약어로 세관, 출입국, 검역을 말한다.

- City Code

도시명의 약어를 말하는 것으로 Incheon이 ICN으로 표기하는 것과 같이 보통 3자로 구성되어 있다.

- Cloak Room

휴대품보관소

- Coach

대형버스

- Code Share

다른 항공사와 공동으로 운항하는 항공편

- Commission

수수료

- Concierge

유럽의 호텔에 있는 것으로 리셉션이나 프런트데스크와는 별개로 객실 열쇠, 우편물, 전보, 고객의 짐을 돌보고 해당 지역의 관광시설에 대한 정보제공과 예약도 돕는 업무를 하는 호텔직원이나 부서

- Concourse

역이나 공항 등의 여객대합실 겸 통로

- Conductor

열차의 차장

- Confirmation Slip

예약확인서

- Connecting Room

서로 이웃하고 있는 두 개의 객실이 서로 안에서 통할 수 있도록 문을 설치한 객실

- Continental Plan

객실과 조식을 포함한 요금체계

- CVB

Convention and Visitor Bureau의 약자로 destination marketing을 하는 기관으로 주로 공기업형태로 운영된다. 주업무는 통상 MICE의 유치이다.

- Cooks European Timetable

 유럽철도시각표

- Couchettes

 유럽의 침대열차칸

D

- Delay

 연착. 지연

- Demi-pension

 2식이 포함되어 있는 호텔요금제

- Deposit

 객실의 확보하기 위해 호텔이나 리조트 등에 미리 일정분의 예약금을 지불해 두는 것. 또는 호텔에 체크인시 일정분의 예치금을 카드나 현금으로 예치해 두는 것으로 체크아웃시 미지불금과 함께 정산처리된다.

- DFS

 Duty Free Shop의 약어로 면세점을 말함

- Double Room

 대형 2인용 침대가 설치되어 있는 2인용 객실

E

- ED Card

 Embarkation Disembarkation Card의 줄임말로 출입국카드

- Endorsement

 배서(背書)의 의미로 어떤 탑승예정구간에 대해서 항공권에 예정된 항공사를 여객 본인의 의사 또는 해당 항공사의 사정에 의해 다른 항공사

로 변경하여 이용할 할 때 예정된 항공사가 항공권에 대한 권리의 양도로 하는 배서를 말한다.

- ETA

Estimated Time of Arrival의 약어로 도착예정시간

- ETD

Estimated Time of Departure의 약어로 출발예정시간

- Eurail Pass

유럽철도이용권

- European Plan

조식이 포함되지 않고 객실료만 포함된 요금체제

- Eurostar

런던과 파리, 브루셀 간을 운항하는 초특급열차

- Excess Baggage

무료수화물용량을 초과하는 수화물

- Extra Bed

호텔객실에 원래 설치된 침대 이외에 추가로 설치하는 침대로 추가요금이 부가된다.

F

- Family Plan

부가요금 없이 어린이들이 부모와 같은 객실에 투숙할 수 있는 호텔체계이며 어린이의 나이는 호텔마다 다르며 대부분의 호텔이 이 체계를 제공하고 있다.

- Fam Tour

familization tour로 새로운 지역의 프로모션 내지 교육을 위해 시행하는 투어로 통상 주최자가 비용을 부담한다.

- First Class

가장 비싼 항공좌석으로 좌석간 공간이 다른 좌석보다 넓으며 기내서비스도 고급이다. 통상 항공기의 앞부분에 일부를 운영하고 있다.

- FIT

Foreign Independent Tour의 약어로 패키지 여행이 아닌 자신들이 여행소재를 예약하여 자신만의 자유로운 일정을 따라하는 독립적인 여행을 말한다.

- FOC

Free Of Charge의 약자로 무료로 제공되는 현물로 다양한 관광소재가 해당되며 무료항공권, 무료객실 등을 들 수 있다.

- Free Baggage Allowance

무료수하물허용량

- Front

호텔의 접객부서로서 Registration 혹은 Reception이라는 용어로도 사용된다.

- Full Pension

객실에 3식이 포함된 호텔객실의 요금체제로 American Plan 혹은 Full Board라고도 한다.

G

- Gate

항공기나 선박의 탑승구

- Global Distribution System(GDS)

토파스(Topas)나 아마데우스(Amadeus)와 같이 항공기나 기타 관광사업자의 관광소재 공급에 대한 국제적인 전산예약시스템을 말한다.

- Giveaway

프로모션이나 행사에 사용되는 경품

• Greenwich Mean Time(GMT)

영국 그리니치의 평균태양시로서 세계 다른 국가에 대한 기준으로 표준시가 된다.

• Ground Staff

항공회사의 지상근무직원

• GSA

General Sales Agent의 약어로 총판대리점

H

• Half Pension

객실에 1일 조식과 중식, 석식 중 1식이 포함된 2식이 포함된 요금체제로 modified american plan 혹은 demi-pension이라고도 한다.

• Hand-carry

휴대수화물로 cabin baggage라고도 한다.

• Handling Fee

취급수수료로 handling charge라고도 한다.

• High Season

성수기로서 가장 여행수요가 많은 시기를 말한다. 한국의 경우는 7월 말부터 8월 그리고 12월 말부터 2월 말까지의 시기가 성수기에 해당한다.

• Hotel Representative

호텔 대표사무소로 통상 외국에 있는 호텔이거나 국내이지만 멀리 떨어져 마케팅이나 판매업무의 직접적인 수행이 어려울 때 본사의 직원을 파견하거나 제3자와의 계약을 통해 이러한 업무를 대행하는 것을 말한다.

• Housekeeper

호텔 내에서 객실의 정비를 맡고 있는 부서와 직원

- House Phone

호텔의 구내전화

- Hydrofoil

수중익선

I

- IATA

International Air Transport Association의 약어로 국제항공운송협회이다. 1945년 4월 항공사 간 항공운송에 관한 국제기구로 쿠바 하바나에서 설립되었다. 2010년 현재 126개국 240여 개의 회원들로 구성되어 있으며 전 세계적으로 150개국을 관할하는 101개의 해외사무소가 있으며 우리나라는 1990년에 설립되어 현재까지 운영되고 있다.

- ICAO

International Civil Aviation Organization의 약어로 국제민간항공기구. 1944년 11월 국제민간항공회의(International Civil Aviation Conference)에 55개국이 참여하면서 민간항공에 관한 규정, 표준화, 절차와 조직에 있어서 통일을 기하기 위한 국제협력을 목표로 52개국이 서명하면서 ICAO의 설립이 발효되었으며 1947년에 설립되었다. 한국은 1952년에 가입하였다.

- Incentive Tour

기업이나 단체가 소속원들에게 동기부여를 제공하기 위한 보상여행

- Inclusive Tour

관광, 교통, 식사, 가이드 등 모든 것이 포함된 팩키지투어를 말한다.

- Interline

항공기를 연결해서 탑승할 때 다른 항공사의 항공기를 이용하는 경우를 말한다.

- International Date Line

날짜변경선으로 경도 180°선을 기준으로 동쪽과 서쪽이 하루 차이가 난다. 1시간은 경도 15°마다 차이가 난다.

- Invoice

청구서

J

- Jet Lag

시차로 인해 발생하는 졸음이나 피로

L

- Landing Card

입국카드

- Land Operator

지상수배업자로 inbound에 해당한다.

- Layover

다음 교통편을 기다리는 동안 발생하는 일정 시간으로 통상 항공기를 갈아타기까지 남는 시간을 말한다.

- Load Factor

좌석이용률

- Long Distance Call

장거리 국제전화

- Low Season

비수기를 말하는 것으로 여행수요가 낮을 때를 말하며 한국은 7월 말에서 8월 말, 그리고 12월 말에서 2월 말까지를 제외한 기간이 비수기에 해당한다.

M

- **MCT**

Minimum Connecting Time의 약어로 항공기 환승시 최소로 필요한 시간을 말한다.

- **Modified American Plan**

객실과 조식과 중식 혹은 조식과 석식 등 2식이 포함된 요금체제로 half board라고도 한다.

N

- **National Carrier**

어떤 나라의 국적을 지닌 대표적 항공사

- **NON SUB**

Non Subject to Load의 약자로 무료, 또는 할인이 적용되는 여객 중 좌석예약이 되는 경우를 말한다.

- **No Show**

예약한 승객이 항공기의 탑승수속을 마칠 때까지 나타나지 않는 것

O

- **OAG World Airways Guide**

영국이 발행하는 세계 항공사의 정기편 시간표

- **Off Season**

비수기

- **Open Jaw**

돌아오는 항공편이 첫 번째 도착한 도시와 다른 곳에서 돌아오는 여정을 말한다. 예를 들면, 인천에서 태국 푸켓으로 여행을 가서 푸켓에서

태국의 방콕으로 육로를 통해 이동하고 항공기로 방콕에서 인천으로 돌아오는 여정이다.

- Overbooking

공급량보다 많은 분량을 예약한 초과예약. 취소로 발생하는 손해를 보존하기 위해 시행한다.

P

- Package Tour

주최 내지 기획여행의 전형적인 형태로 모든 관광소재를 결합하여 단체관광을 대상으로 만든 저렴한 여행상품

- PATA

Pacific Aisa Travel Association의 약어로 아시아태평양관광협회이다. 1951년 아시아 태평양지역의 관광산업 발전을 도모하기 위해 정부관광기관, 항공사, 호텔, 여행업자 등의 민관합동 국제기구로 설립되었다. 한국은 1963년 한국관광공사가 정부회원으로 가입하였다. 전 세계 73개국 1,000여개의 회원들로 구성되어 있다.

- Pre Tour

대규모 행사 전에 실시하는 투어

- PNR

Passenger Name Record의 약자로 항공사의 컴퓨터 예약시스템에 저장된 승객이름, 항공편, 여정 등의 예약기록

- Post Tour

대규모 행사 후에 실시하는 투어

- Prepaid Ticket Advice

선불항공운임을 말하는 것으로 항공료를 지불하는 사람과 승객이 다른 것으로 예약국과 탑승국이 다른 국가인 항공권. 전자티켓이 도입되면서 선불항공여객운임이 상당히 줄어들었다.

- Principal

항공사, 호텔, 관광지 등의 관광소재로 관광상품을 구성하는 자본

- Published Fare

공시된 항공요금으로 표준요금이다.

- Purser

항공기나 선박의 기내 혹은 선박 내 서비스를 담당하고 있는 사무장

R

- Reconfirmation

예약재확인

- Retailer

wholesaler(도매업자)로부터 여행상품을 받아 판매하는 소매업자 혹은 대리점

- Rooming List

호텔의 객실숙박자 명단

- Round Trip

왕복여행

S

- Safety Box

안전금고로 호텔의 프런트에 있고 최근에는 많은 호텔이 객실 내 안전금고를 설치해 있다.

- SIT

Special Interest Tour의 약자로 특별한 테마를 중심으로 실시하는 여행. 예를 들면 다이빙, 낚시, 요리관광 등을 들 수 있다.

- **Shoulder Season**

  성수기와 비수기의 사이에 위치한 시즌

- **Single Room**

  1인용 객실

- **Standby**

  대기승객을 말하는 것으로 탑승수속장에서 취소나 no show로 발생하는 비는 좌석을 확보하여 여행하려는 승객

- **Stopover**

  다른 목적지로 이동하기 전에 경유지에서 하루 혹은 그 이상 체류하는 것

- **Studio Room**

  1인용 침대와 침대겸용의 소파가 하나 있는 2인용 객실

- **SUBLO**

  Subject to Load의 약자이며 좌석이 있으면 탑승시킨다는 의미로 무료, 또는 할인이 적용되는 여객 중 좌석예약이 안되는 경우를 말한다. 유료 탑승자가 많으면 탑승이 안 되고 후편에서 좌석가능 여부를 배정받아야 한다.

- **Suite Room**

  객실, 욕실, 응접실 등을 갖춘 고급객실

T

- **Table D'hôte**

  정식

- **Tariff**

  요금표

- **Tax free**

  면세

• TC

단체여행의 인솔자의 의미인 Tour Conductor 혹은 여행자수표인 Traveler Check을 말한다.

• Tickeitng

항공권의 발권

• Through Check In

2회 이상 항공기를 탑승하는 경우 최종목적지까지 탑승수속을 하는 것

• Ticketing Time Timit

항공권구입시한을 말하며 통상 TL이라고 한다.

• Transfer

항공여행시 직항편이 없는 경우 항공기를 갈아타는 것을 말하거나 공항이나 기차역, 항구 등에서 호텔이나 관광지까지의 이동을 말한다.

• Transit

여행목적지까지 가는 동안 중간지점에서 들러 가는 것을 말한다.

• Traveler's Check

여행자수표

• Tripple Room

3인용 객실

• Twin Room

2인용 객실

V

• Visa

입국허가를 내어주는 공식문서인 사증(査證)

• Voucher

호텔, 관광시설, 식당 등 관광소재를 이용할 때 지불수단으로 사용되는

것으로 나중에 지불할 것으로 보장하는 유가증권 같은 것

W

• Waiting List

대기자명단. 예약이 완료되어 항공기나 호텔의 객실을 이용할 수 없을 취소로 인해 발생하는 좌석이나 객실을 우선적으로 확보하기 위해 대기 예약을 하는 것

• Wholesaler

여행업의 도매업자를 말하는 것으로 소매업자인 대리점을 통한 간접영업을 한다.

• Window

항공기 좌석배열 중 창가쪽 좌석

Y

• Yellow Card

예방접종 증명서

2. 여행업표준약관

1) 국내여행표준약관

표준약관 제10020호

제1조(목적) 이 약관은 ○○여행사와 여행자가 체결한 국내여행계약의 세부이행 및 준수사항을 정함을 목적으로 합니다.

제2조(여행업자와 여행자 의무)

① 여행업자는 여행자에게 안전하고 만족스러운 여행서비스를 제공하기 위하여 여행알선 및 안내・운송・숙박 등 여행계획의 수립 및 실행과정에서 맡은 바 임무를 충실히 수행하여야 합니다.

② 여행자는 안전하고 즐거운 여행을 위하여 여행자 간 화합도모 및 여행업자의 여행질서 유지에 적극 협조하여야 합니다.

제3조(여행의 종류 및 정의) 여행의 종류와 정의는 다음과 같습니다.

1. 희망여행 : 여행자가 희망하는 여행조건에 따라 여행업자가 실시하는 여행
2. 일반모집여행 : 여행업자가 수립한 여행조건에 따라 여행자를 모집하여 실시하는 여행
3. 위탁모집여행 : 여행업자가 만든 모집여행상품의 여행자 모집을 타 여행업체에 위탁하여 실시하는 여행

제4조(계약의 구성)

① 여행계약은 여행계약서(붙임)와 여행약관・여행일정표(또는 여행 설명서)를 계약내용으로 합니다.

② 여행일정표(또는 여행설명서)에는 여행일자별 여행지와 관광내용・교통수단・쇼핑횟수・숙박장소・식사 등 여행실시일정 및 여행사 제공 서비스 내용

과 여행자 유의사항이 포함되어야 합니다.

제5조(특약) 여행업자와 여행자는 관계법규에 위반되지 않는 범위 내에서 서면으로 특약을 맺을 수 있습니다. 이 경우 표준약관과 다름을 여행업자는 여행자에게 설명하여야 합니다.

제6조(계약서 및 약관 등 교부) 여행업자는 여행자와 여행계약을 체결한 경우 계약서와 여행약관, 여행일정표(또는 여행설명서)를 각 1부씩 여행자에게 교부하여야 합니다.

제7조(계약서 및 약관 등 교부 간주) 다음 각 호의 경우에는 여행업자가 여행자에게 여행계약서와 여행약관 및 여행일정표(또는 여행설명서)가 교부된 것으로 간주합니다.

1. 여행자가 인터넷 등 전자정보망으로 제공된 여행계약서, 약관 및 여행일정표(또는 여행설명서)의 내용에 동의하고 여행계약의 체결을 신청한데 대해 여행업자가 전자정보망 내지 기계적 장치 등을 이용하여 여행자에게 승낙의 의사를 통지한 경우
2. 여행업자가 팩시밀리 등 기계적 장치를 이용하여 제공한 여행계약서, 약관 및 여행일정표(또는 여행설명서)의 내용에 대하여 여행자가 동의하고 여행계약의 체결을 신청하는 서면을 송부한데 대해 여행업자가 전자정보망 내지 기계적 장치 등을 이용하여 여행자에게 승낙의 의사를 통지한 경우

제8조(여행업자의 책임)

① 여행업자는 여행 출발시부터 도착시까지 여행업자 본인 또는 그 고용인, 현지여행업자 또는 그 고용인 등(이하 '사용인'이라 함)이 제2조제1항에서 규정한 여행업자 임무와 관련하여 여행자에게 고의 또는 과실로 손해를 가한 경우 책임을 집니다.

② 여행업자는 항공기, 기차, 선박 등 교통기관의 연발착 또는 교통체증 등으

로 인하여 여행자가 입은 손해를 배상하여야 합니다. 단 여행업자가 고의 또는 과실이 없음을 입증한 때에는 그러하지 아니합니다.

③ 여행업자는 자기나 그 사용인이 여행자의 수화물 수령·인도·보관 등에 관하여 주의를 해태하지 아니하였음을 증명하지 아니하는 한 여행자의 수화물 멸실, 훼손 또는 연착으로 인하여 발생한 손해를 배상하여야 합니다.

제9조(최저 행사인원 미 충족시 계약해제)

① 여행업자는 최저행사인원이 충족되지 아니하여 여행계약을 해제하는 경우 당일여행의 경우 여행출발 24시간 이전까지, 1박 2일 이상인 경우에는 여행출발 48시간 이전까지 여행자에게 통지하여야 합니다.

② 여행업자가 여행참가자 수의 미달로 전항의 기일 내 통지를 하지 아니하고 계약을 해제하는 경우 이미 지불받은 계약금 환급 외에 계약금 100% 상당액을 여행자에게 배상하여야 합니다.

제10조(계약체결 거절) 여행업자는 여행자에게 다음 각 호의 1에 해당하는 사유가 있을 경우에는 여행자와의 계약체결을 거절할 수 있습니다.

1. 다른 여행자에게 폐를 끼치거나 여행의 원활한 실시에 지장이 있다고 인정될 때
2. 질병 기타 사유로 여행이 어렵다고 인정될 때
3. 계약서에 명시한 최대 행사인원이 초과되었을 때

제11조(여행요금)

① 기본요금에는 다음 각 호가 포함됩니다. 단, 희망여행은 당사자 간 합의에 따릅니다.

1. 항공기, 선박, 철도 등 이용운송기관의 운임(보통운임기준)
2. 공항, 역, 부두와 호텔사이 등 송영버스요금
3. 숙박요금 및 식사요금
4. 안내자경비

5. 여행 중 필요한 각종 세금
6. 국내 공항·항만 이용료
7. 일정표 내 관광지 입장료
8. 기타 개별계약에 따른 비용

② 여행자는 계약 체결시 계약금(여행요금 중 10% 이하의 금액)을 여행업자에게 지불하여야 하며, 계약금은 여행요금 또는 손해배상액의 전부 또는 일부로 취급합니다.

③ 여행자는 제1항의 여행요금 중 계약금을 제외한 잔금을 여행출발 전일까지 여행업자에게 지불하여야 합니다.

④ 여행자는 제1항의 여행요금을 여행업자가 지정한 방법(지로구좌, 무통장 입금 등)으로 지불하여야 합니다.

⑤ 희망여행요금에 여행자 보험료가 포함되는 경우 여행업자는 보험회사명, 보상내용 등을 여행자에게 설명하여야 합니다.

제12조(여행조건의 변경요건 및 요금 등의 정산)

① 위 제1조 내지 제11조의 여행조건은 다음 각 호의 1의 경우에 한하여 변경될 수 있습니다.

1. 여행자의 안전과 보호를 위하여 여행자의 요청 또는 현지사정에 의하여 부득이하다고 쌍방이 합의한 경우
2. 천재지변, 전란, 정부의 명령, 운송·숙박기관 등의 파업·휴업 등으로 여행의 목적을 달성할 수 없는 경우

② 제1항의 여행조건 변경으로 인하여 제11조제1항의 여행요금에 증감이 생기는 경우에는 여행출발 전 변경 분은 여행출발 이전에, 여행 중 변경 분은 여행종료 후 10일 이내에 각각 정산(환급)하여야 합니다.

③ 제1항의 규정에 의하지 아니하고 여행조건이 변경되거나 제13조 또는 제14조의 규정에 의한 계약의 해제·해지로 인하여 손해배상액이 발생한 경우에는 여행출발 전 발생 분은 여행출발이전에, 여행 중 발생 분은 여행 종료 후 10일 이내에 각각 정산(환급)하여야 합니다.

④ 여행자는 여행출발 후 자기의 사정으로 숙박, 식사, 관광 등 여행요금에 포함된 서비스를 제공받지 못한 경우 여행업자에게 그에 상응하는 요금의 환급을 청구할 수 없습니다. 단, 여행이 중도에 종료된 경우에는 제14조에 준하여 처리합니다.

제13조(여행출발 전 계약해제)

① 여행업자 또는 여행자는 여행출발 전 이 여행계약을 해제할 수 있습니다. 이 경우 발생하는 손해액은 '소비자피해보상규정'(재정경제부고시)에 따라 배상합니다.

② 여행업자 또는 여행자는 여행출발 전에 다음 각 호의 1에 해당하는 사유가 있는 경우 상대방에게 제1항의 손해배상액을 지불하지 아니하고 이 여행계약을 해제할 수 있습니다.

1. 여행업자가 해제할 수 있는 경우
   가. 제12조제1항제1호 및 제2호사유의 경우
   나. 여행자가 다른 여행자에게 폐를 끼치거나 여행의 원활한 실시에 현저한 지장이 있다고 인정될 때
   다. 질병 등 여행자의 신체에 이상이 발생하여 여행에의 참가가 불가능한 경우
   라. 여행자가 계약서에 기재된 기일까지 여행요금을 지불하지 아니하는 경우
2. 여행자가 해제할 수 있는 경우
   가. 제12조제1항제1호 및 제2호사유의 경우
   나. 여행자의 3촌 이내 친족이 사망한 경우
   다. 질병 등 여행자의 신체에 이상이 발생하여 여행에의 참가가 불가능한 경우
   라. 배우자 또는 직계존비속이 신체이상으로 3일 이상 병원(의원)에 입원하여 여행 출발시까지 퇴원이 곤란한 경우 그 배우자 또는 보호자 1인
   마. 여행업자의 귀책사유로 계약서에 기재된 여행일정대로의 여행실시가 불가능해진 경우

제14조(여행출발 후 계약해지)

① 여행업자 또는 여행자는 여행출발 후 부득이한 사유가 있는 경우 이 계약을 해지할 수 있습니다. 단, 이로 인하여 상대방이 입은 손해를 배상하여야 합니다.

② 제1항의 규정에 의하여 계약이 해지된 경우 여행업자는 여행자가 귀가하는데 필요한 사항을 협조하여야 하며, 이에 필요한 비용으로서 여행업자의 귀책사유에 의하지 아니한 것은 여행자가 부담합니다.

제15조(여행의 시작과 종료) 여행의 시작은 출발하는 시점부터 시작하며 여행일정이 종료하여 최종목적지에 도착함과 동시에 종료합니다. 다만, 계약 및 일정을 변경할 때에는 예외로 합니다.

제16조(설명의무) 여행업자는 이 약관에 정하여져 있는 중요한 내용 및 그 변경사항을 여행자가 이해할 수 있도록 설명하여야 합니다.

제17조(보험가입 등) 여행업자는 여행과 관련하여 여행자에게 손해가 발생 한 경우 여행자에게 보험금을 지불하기 위한 보험 또는 공제에 가입하거나 영업보증금을 예치하여야 합니다.

제18조(기타사항)

① 이 계약에 명시되지 아니한 사항 또는 이 계약의 해석에 관하여 다툼이 있는 경우에는 여행업자와 여행자가 합의하여 결정하되, 합의가 이루어지지 아니한 경우에는 관계법령 및 일반관례에 따릅니다.

② 특수지역에의 여행으로서 정당한 사유가 있는 경우에는 약관의 내용과 다르게 정할 수 있습니다.

출처 : 공정거래위원회 표준 약관 제 10020호

2) 국외여행표준약관

표준약관 제10021호

제1조(목적) 이 약관은 ○○여행사와 여행자가 체결한 국외여행계약의 세부이행 및 준수사항을 정함을 목적으로 합니다.

제2조(여행업자와 여행자 의무)

① 여행업자는 여행자에게 안전하고 만족스러운 여행서비스를 제공하기 위하여 여행알선 및 안내・운송・숙박 등 여행계획의 수립 및 실행과정에서 맡은 바 임무를 충실히 수행하여야 합니다.

② 여행자는 안전하고 즐거운 여행을 위하여 여행자 간 화합도모 및 여행업자의 여행질서 유지에 적극 협조하여야 합니다.

제3조(용어의 정의) 여행의 종류 및 정의, 해외여행수속대행업의 정의는 다음과 같습니다.

1. 기획여행 : 여행업자가 미리 여행목적지 및 관광일정, 여행자에게 제공될 운송 및 숙식서비스 내용(이하 '여행서비스'라 함), 여행요금을 정하여 광고 또는 기타 방법으로 여행자를 모집하여 실시하는 여행
2. 희망여행 : 여행자(개인 또는 단체)가 희망하는 여행조건에 따라 여행업자가 운송・숙식・관광 등 여행에 관한 전반적인 계획을 수립하여 실시하는 여행
3. 해외여행 수속대행(이하 수속대형계약이라 함) : 여행업자가 여행자로부터 소정의 수속대행요금을 받기로 약정하고, 여행자의 위탁에 따라 다음에 열거하는 업무(이하 수속 대행업무라 함)를 대행하는 것
   1) 여권, 사증, 재입국 허가 및 각종 증명서 취득에 관한 수속
   2) 출입국 수속서류 작성 및 기타 관련업무

제4조(계약의 구성)

① 여행계약은 여행계약서(붙임)와 여행약관・여행일정표(또는 여행 설명서)를

계약내용으로 합니다.

② 여행일정표(또는 여행설명서)에는 여행일자별 여행지와 관광내용·교통수단·쇼핑횟수·숙박장소·식사 등 여행실시일정 및 여행사 제공 서비스 내용과 여행자 유의사항이 포함되어야 합니다.

제5조(특약) 여행업자와 여행자는 관계법규에 위반되지 않는 범위 내에서 서면으로 특약을 맺을 수 있습니다. 이 경우 표준약관과 다름을 여행업자는 여행자에게 설명해야 합니다.

제6조(계약서 및 약관 등 교부) 여행업자는 여행자와 여행계약을 체결한 경우 계약서와 여행약관, 여행일정표(또는 여행설명서)를 각 1부씩 여행자에게 교부하여야 합니다.

제7조(계약서 및 약관 등 교부 간주) 여행업자와 여행자는 다음 각 호의 경우 여행계약서와 여행약관 및 여행일정표(또는 여행설명서)가 교부된 것으로 간주합니다.

1. 여행자가 인터넷 등 전자정보망으로 제공된 여행계약서, 약관 및 여행일정표(또는 여행설명서)의 내용에 동의하고 여행계약의 체결을 신청한데 대해 여행업자가 전자정보망 내지 기계적 장치 등을 이용하여 여행자에게 승낙의 의사를 통지한 경우
2. 여행업자가 팩시밀리 등 기계적 장치를 이용하여 제공한 여행계약서, 약관 및 여행일정표(또는 여행설명서)의 내용에 대하여 여행자가 동의하고 여행계약의 체결을 신청하는 서면을 송부한데 대해 여행업자가 전자정보망 내지 기계적 장치 등을 이용하여 여행자에게 승낙의 의사를 통지한 경우

제8조(여행업자의 책임) 여행업자는 여행 출발시부터 도착시까지 여행업자 본인 또는 그 고용인, 현지여행업자 또는 그 고용인 등(이하 '사용인'이라 함)이 제2조 제1항에서 규정한 여행업자 임무와 관련하여 여행자에게 고의 또는 과실로 손해를 가한 경우 책임을 집니다.

제9조(최저행사인원 미 충족시 계약해제)

① 여행업자는 최저행사인원이 충족되지 아니하여 여행계약을 해제하는 경우 여행출발 7일전까지 여행자에게 통지하여야 합니다.

② 여행업자가 여행참가자 수 미달로 전항의 기일 내 통지를 하지 아니하고 계약을 해제하는 경우 이미 지불받은 계약금 환급 외에 다음 각 목의 1의 금액을 여행자에게 배상하여야 합니다.

가. 여행출발 1일 전까지 통지시 : 여행요금의 20%

나. 여행출발 당일 통지시 : 여행요금의 50%

제10조(계약체결 거절) 여행업자는 여행자에게 다음 각 호의 1에 해당하는 사유가 있을 경우에는 여행자와의 계약체결을 거절할 수 있습니다.

1. 다른 여행자에게 폐를 끼치거나 여행의 원활한 실시에 지장이 있다고 인정될 때
2. 질병 기타 사유로 여행이 어렵다고 인정될 때
3. 계약서에 명시한 최대행사인원이 초과되었을 때

제11조(여행요금)

① 여행계약서의 여행요금에는 다음 각 호가 포함됩니다. 단, 희망여행은 당사자 간 합의에 따릅니다.

1. 항공기, 선박, 철도 등 이용운송기관의 운임(보통운임기준)
2. 공항, 역, 부두와 호텔사이 등 송영버스요금
3. 숙박요금 및 식사요금
4. 안내자경비
5. 여행 중 필요한 각종세금
6. 국내외 공항·항만세
7. 관광진흥개발기금
8. 일정표내 관광지 입장료
9. 기타 개별계약에 따른 비용

② 여행자는 계약체결시 계약금(여행요금 중 10% 이하 금액)을 여행업자에게 지불하여야 하며, 계약금은 여행요금 또는 손해배상액의 전부 또는 일부로 취급합니다.

③ 여행자는 제1항의 여행요금 중 계약금을 제외한 잔금을 여행출발 7일 전까지 여행업자에게 지불하여야 합니다.

④ 여행자는 제1항의 여행요금을 여행업자가 지정한 방법(지로구좌, 무통장입금 등)으로 지불하여야 합니다.

⑤ 희망여행요금에 여행자 보험료가 포함되는 경우 여행업자는 보험회사명, 보상내용 등을 여행자에게 설명하여야 합니다.

제12조(여행요금의 변경)

① 국외여행을 실시함에 있어서 이용운송・숙박기관에 지불하여야 할 요금이 계약체결시보다 5% 이상 증감하거나 여행요금에 적용된 외화환율이 계약체결시보다 2% 이상 증감한 경우 여행업자 또는 여행자는 그 증감된 금액 범위 내에서 여행요금의 증감을 상대방에게 청구할 수 있습니다.

② 여행업자는 제1항의 규정에 따라 여행요금을 증액하였을 때에는 여행출발일 15일전에 여행자에게 통지하여야 합니다.

제13조(여행조건의 변경요건 및 요금 등의 정산)

① 위 제1조 내지 제12조의 여행조건은 다음 각 호의 1의 경우에 한하여 변경될 수 있습니다.

1. 여행자의 안전과 보호를 위하여 여행자의 요청 또는 현지사정에 의하여 부득이하다고 쌍방이 합의한 경우
2. 천재지변, 전란, 정부의 명령, 운송・숙박기관 등의 파업・휴업 등으로 여행의 목적을 달성할 수 없는 경우

② 제1항의 여행조건 변경 및 제12조의 여행요금 변경으로 인하여 제11조제1항의 여행요금에 증감이 생기는 경우에는 여행출발 전 변경 분은 여행출발 이전에, 여행 중 변경 분은 여행종료 후 10일 이내에 각각 정산(환급)하여야

합니다.

③ 제1항의 규정에 의하지 아니하고 여행조건이 변경되거나 제14조 또는 제15조의 규정에 의한 계약의 해제・해지로 인하여 손해배상액이 발생한 경우에는 여행출발 전 발생 분은 여행출발이전에, 여행 중 발생 분은 여행종료 후 10일 이내에 각각 정산(환급)하여야 합니다.

④ 여행자는 여행출발 후 자기의 사정으로 숙박, 식사, 관광 등 여행요금에 포함된 서비스를 제공받지 못한 경우 여행업자에게 그에 상응하는 요금의 환급을 청구할 수 없습니다. 단, 여행이 중도에 종료된 경우에는 제16조에 준하여 처리합니다.

제14조(손해배상)

① 여행업자는 현지여행업자 등의 고의 또는 과실로 여행자에게 손해를 가한 경우 여행업자는 여행자에게 손해를 배상하여야 합니다.

② 여행업자의 귀책사유로 여행자의 국외여행에 필요한 여권, 사증, 재입국 허가 또는 각종 증명서 등을 취득하지 못하여 여행자의 여행일정에 차질이 생긴 경우 여행업자는 여행자로부터 절차대행을 위하여 받은 금액 전부 및 그 금액의 100% 상당액을 여행자에게 배상하여야 합니다.

③ 여행업자는 항공기, 기차, 선박 등 교통기관의 연발착 또는 교통체증 등으로 인하여 여행자가 입은 손해를 배상하여야 합니다. 단, 여행업자가 고의 또는 과실이 없음을 입증한 때에는 그러하지 아니합니다.

④ 여행업자는 자기나 그 사용인이 여행자의 수하물 수령, 인도, 보관 등에 관하여 주의를 해태(懈怠)하지 아니하였음을 증명하지 아니하면 여행자의 수하물 멸실, 훼손 또는 연착으로 인한 손해를 배상할 책임을 면하지 못합니다.

제15조(여행출발 전 계약해제)

① 여행업자 또는 여행자는 여행출발 전 이 여행계약을 해제할 수 있습니다. 이 경우 발생하는 손해액은 '소비자피해보상규정'(재정경제부고시)에 따라 배상합니다.

② 여행업자 또는 여행자는 여행출발 전에 다음 각 호의 1에 해당하는 사유가 있는 경우 상대방에게 제1항의 손해배상액을 지불하지 아니하고 이 여행계약을 해제할 수 있습니다.

1. 여행업자가 해제할 수 있는 경우
   가. 제13조제1항제1호 및 제2호사유의 경우
   나. 다른 여행자에게 폐를 끼치거나 여행의 원활한 실시에 현저한 지장이 있다고 인정될 때
   다. 질병 등 여행자의 신체에 이상이 발생하여 여행에의 참가가 불가능한 경우
   라. 여행자가 계약서에 기재된 기일까지 여행요금을 납입하지 아니한 경우
2. 여행자가 해제할 수 있는 경우
   가. 제13조제1항제1호 및 제2호의 사유가 있는 경우
   나. 여행자의 3촌 이내 친족이 사망한 경우
   다. 질병 등 여행자의 신체에 이상이 발생하여 여행에의 참가가 불가능한 경우
   라. 배우자 또는 직계존비속이 신체이상으로 3일 이상 병원(의원)에 입원하여 여행 출발 전까지 퇴원이 곤란한 경우 그 배우자 또는 보호자 1인
   마. 여행업자의 귀책사유로 계약서 또는 여행일정표(여행설명서)에 기재된 여행일정대로의 여행실시가 불가능해진 경우
   바. 제12조제1항의 규정에 의한 여행요금의 증액으로 인하여 여행 계속이 어렵다고 인정될 경우

제16조(여행출발 후 계약해지)

① 여행업자 또는 여행자는 여행출발 후 부득이한 사유가 있는 경우 이 여행계약을 해지할 수 있습니다. 단, 이로 인하여 상대방이 입은 손해를 배상하여야 합니다.

② 제1항의 규정에 의하여 계약이 해지된 경우 여행업자는 여행자가 귀국하

는데 필요한 사항을 협조하여야 하며, 이에 필요한 비용으로서 여행업자의 귀책사유에 의하지 아니한 것은 여행자가 부담합니다.

제17조(여행의 시작과 종료) 여행의 시작은 탑승수속(선박인 경우 승선수속)을 마친 시점으로 하며, 여행의 종료는 여행자가 입국장 보세구역을 벗어나는 시점으로 합니다. 단, 계약내용상 국내이동이 있을 경우에는 최초 출발지에서 이용하는 운송수단의 출발시각과 도착시각으로 합니다.

제18조(설명의무) 여행업자는 계약서에 정하여져 있는 중요한 내용 및 그 변경사항을 여행자가 이해할 수 있도록 설명하여야 합니다.

제19조(보험가입 등) 여행업자는 이 여행과 관련하여 여행자에게 손해가 발생한 경우 여행자에게 보험금을 지불하기 위한 보험 또는 공제에 가입하거나 영업보증금을 예치하여야 합니다.

제20조(기타사항)

① 이 계약에 명시되지 아니한 사항 또는 이 계약의 해석에 관하여 다툼이 있는 경우에는 여행업자 또는 여행자가 합의하여 결정하되, 합의가 이루어지지 아니한 경우에는 관계법령 및 일반관례에 따릅니다.

② 특수지역에의 여행으로서 정당한 사유가 있는 경우에는 이 표준약관의 내용과 달리 정할 수 있습니다.

출처 : 공정거래위원회 표준약관 제 10021호; http://www.ftc.go.kr/info/bizinfo/

3. 관광통역안내 표준약관

관광통역안내 표준약관	자료	발표	표준약관	관광통역안내사 자격제도 도입
	공정거래위원회 (위원장 노대래)	2013.12.03	총 13개 조항	1962년

주요내용

여행사와 관광통역안내사간 거래기준 제시 및 관광안내 거래관행 개선 기대

■ 공정거래위원회(위원장 노대래)는 여행사와 관광통역안내사* 간 관광통역안내 위탁 계약과 관련하여 구두 계약관행을 개선하고 공정한 거래질서를 확립하기 위하여 표준약관을 제정·보급함

* 관광통역안내사는 관광진흥법상 전문 자격사로 외국인 관광객의 국내여행을 위한 안내를 하는 자를 말함

** 관광통역안내 표준약관은 한국여행업협회가 심사청구(2013.4.2.)한 안을 토대로, 한국관광통역안내사협회, 문화체육관광부, 한국소비자원 및 소비자단체의 의견수렴을 거쳐 한국여행업협회와 한국관광통역안내사협회간 합의, 약관심사자문위원회 자문 및 공정거래위원회 의결(2013.11.8.)을 거쳐 제정되었음

■ 표준약관은 총 13개 조항* 으로 이루어짐

* 13개의 약관조항은 목적, 계약기간, 관광통역안내 위탁 업무 범위 및 업무 활동 시간, 당사자의 의무, 대가 지불, 수익분배, 금지행위, 외국인 관광객 불만과 책임 소재, 계약해지, 지연이자, 교육훈련, 관할법원, 계약서 작성임

1. 추진 배경

■ 1962년 관광통역안내사 자격제도 도입 후 여행사와 관광통역안내사간 서면계약 미체결 등의 거래관행으로 관련 분쟁 지속

- 여행사는 관광통역안내사에 대하여 외국인 관광객에 대한 쇼핑을 강요하거나, 관광통역안내사는 업무 중 이탈 등으로 상호간 분쟁 발생
- 아울러, 구두 계약 관행으로 대가 지불 기준, 쇼핑 상품 수수료 등에 대한 수익분배와 관련하여 분쟁이 지속적으로 발생

■ 한편, 당사자간 거래 질서가 확립되지 않아 우리나라를 관광하는 외국인 관광객에 대한 피해가 발생하고 이는 대외 이미지 악화를 초래하여 거래 기준을 마련할 필요성 대두

2. 주요 내용

가. 여행사와 관광통역안내사의 의무를 명시 (제4조)

주요내용	■ 관광통역안내 업무 중 상해시 치료비 지불의무 등 명시 • (여행사 의무)관광통역안내 업무 중 본인의 고의·과실없이 상해발생시 치료비 지불, 관광통역안내 업무 활동에 수반되는 교통비·숙박비 등 실비 지불 및 관광일정표 등 관련 정보제공 등 • (관광통역안내사 의무)관광통역안내 업무 종료후 경비 정산을 신속히 하도록 하고, 계약기간 중 타 여행사와 계약 체결시 여행사와 사전 협의하도록 함 **나. 대가 지불, 행사진행비*와 관련한 규정을 구체적으로 정함 (제5조)** ■ 대가는 부속합의서로 정하고, 대가 결정시 관광통역안내 업무시간(반일, 전일 등), 시간대(야간, 휴일 등), 경력 등을 감안하도록 하고, 일간·주간·월간 등 단위로 책정하여 원화로 지불토록 함 ■ 여행사가 관광통역안내사에게 지불하는 행사 진행비*는 관광통역안내 업무 활동이 시작되기 전에 지불함을 원칙으로 정함 * 행사진행비는 외국인 관광객에 대한 관광안내와 관련하여 소요되는 비용으로 관광 시설 입장료, 주차료 및 식비 등을 말하며, 이를 지불하지 않고 관광통역안내사가 먼저 부담하고 사후정산하는 경우도 있다고 함 ■ 대가 지불시기를 관광통역안내 업무 활동 종료일부터 30일 내로 정하고, 일회성 거래의 경우 정산과 동시에 지불하도록 함 **라. 구두 내지 암묵적으로 정해 온 수익 분배 내용을 제도화함 (제6조)** ■ 당사자간 거래관계에서 암묵적으로 이루어져 왔던 수익분배에 관한 사항을 제도화함으로써 수익분배를 둘러싼 분쟁을 사전에 방지함 • 대가 이외에 외국인 관광객으로부터 발생되는 수익을 쇼핑상품* 및 옵션상품* 판매 수수료, 팁 및 기타 수수료로 구분하고 수익 유형별로 거래 당사자간 수익 분배 비율을 상호 합의하여 명시하도록 함 * 쇼핑상품은 관광일정상 이미 정해진 쇼핑관련 상품을 말하고, 옵션상품은 외국인 관광객이 관광 중 여행사(관광통역안내사)와 협의하여 구매하게 되는 관광 상품을 말함 **마. 금지행위를 명시하여 불공정거래 등을 사전에 예방함 (제8조)** ■ 여행사와 관광통역안내사간 거래에서 현실적으로 발생되고 있는 사항을 중심으로 금지행위를 정함 • 여행사가 관광통역안내사로 하여금 외국인 관광객에 대한 쇼핑 및 옵션 상품 판매를 강요하는 행위 등을 금지함 • 관광통역안내사가 임의로 관광일정을 중단하는 행위나 관광일정에 포함되지 않은 관광상품 판매점과 임의 거래하여 수익을 창출하는 행위 등을 금지함

주요내용

3. 의의 및 향후계획

■ <의의> 표준약관 보급으로 당사자간 분쟁 예방은 물론 외국인 관광객의 불만·피해가 감소하는 등 관광산업의 건전한 발전에 일조할 것으로 기대됨

• 특히, 양 협회가 표준약관 제정과정에 적극적으로 참여하여 상호 협의를 거쳐 합의안을 마련함으로써 표준약관이 관광안내분야의 공정거래질서 정착에 실질적으로 기여할 것으로 전망됨

■ <향후계획> 공정위는 해당 사업자단체 및 문화체육관광부와 협조하여 표준약관이 관광안내분야의 거래기준의 하나로 실질적으로 작동될 수 있도록 표준약관 사용권장 활동 등 필요한 조치를 지속적으로 취해 나갈 계획임

관광통역안내 표준약관

〈관광통역안내 표준약관(전문)〉

관광통역안내 표준약관

표준약관 제10072호

공정거래위원회

(2013.11.8. 제정)

1. 계약기간 : ______년 ______월 ______일 ______시부터
   ______년 ______월 ______일 ______시까지
   (______년 ______개월 또는 ______회)
2. 대가지불 : 금　　　　　　원 또는 부속합의서로 정하기로 함
3. 지불시기 : 관광통역안내 업무 활동 종료일로부터 30일 이내
   다만, 다수의 관광통역안내 업무 활동(위탁)을 전제로 하지 아니 하고 단발성 관광통역안내의 경우 정산과 동시에 지불하기로 함
4. 수익분배(필요시 부속합의서)

쇼핑상품 및 옵션상품 판매수수료	팁	기타 수수료

※ 해당사항이 없는 경우 '해당없음'으로 기재

5. 행사진행비 : 금　　　　　　원 또는 부속합의서로 정하기로 함

아래 여행사와 관광통역안내사는 합의에 따라 이 계약을 체결하고, 신의에 따라 성실히 계약상의 의무를 이행할 것을 확약하며, 이 계약의 증거로 계약서를 2통 작성하여 서명.날인 후 각 1부씩 보관한다.

붙임서류 : 1. 관광통역안내 표준약관 전문. 1부.
　　　　　2. 부속합의서. 1부
　　　　　3. 관광통역안내사 자격증 사본. 1부.

년　　　월　　　일

관광통역안내 표준약관

여행사
상 호 : 사업자등록번호 :
대표자 : (인)
주 소 :
관광통역안내사
주민등록번호 :
성 명 : (인)
주 소 :

제1조 (목적)

이 약관(이하 '계약'이라 한다.)은 여행사와 관광통역안내사 사이의 권리·의무 등 제반사항을 정함으로써 외국인 관광객에 대한 여행 및 관광통역안내 서비스를 제고하고 당사자간 상호 이익을 도모함에 그 목적이 있다.

제2조 (계약기간)

① 이 계약의 계약기간은
______년 ______월 ______일 ______시부터
______년 ______월 ______일 ______시까지
(______년 ______개월 또는 ______회)로 한다.

② 여행사와 관광통역안내사는 계약기간 만료 최소 10일전에 상대방에 대하여 계약의 종료일과 갱신여부를 통지하여야 하며, 계약의 종료일과 갱신여부의 통지없이 계약기간이 경과된 때에는 계약은 전과 같은 조건으로 갱신된 것으로 본다.

제3조 (관광통역안내 위탁 업무의 범위 및 업무 활동 시간)

① 이 계약에 따른 여행사의 관광통역안내사에 대한 위탁 업무의 범위는 다음 각 호와 같다.
1. 외국인 관광객을 대상으로 한 관광안내
2. 외국인 관광객의 숙박, 식사, 쇼핑 및 편의 제공에 관한 업무
3. 기타 행사조건서에 명시된 업무로서 관광통역안내에 부수하는 업무

② 관광통역안내사의 관광통역안내 업무 활동은, 관광일정표 등이 포함된 행사조건서를 전달받은 때부터 시작되며, 관광 일정 중에 사용한 경비 정산 보고서 제출 등 후속조치가 완료되는 시점에 종료한다.

③ 여행사와 관광통역안내사는 행사 조건 내용에 대하여 이견이 있는 경우 상호 협의하여 조정할 수 있다.

제4조 (당사자의 의무)

① 여행사는 관광통역안내사에 대하여 다음 각 호의 의무를 부담한다.
1. 여행사는 관광통역안내사의 관광통역안내에 관한 업무 배정을 공정하고 성실하게 하여야 한다.

관광통역안내 표준약관

2. 여행사는 관광통역안내사의 관광통역안내 업무 배정을 위한 일정 관리, 관련 정보(관광일정표, 행사조건서 및 안전관리 등) 등 제반사항을 제공하여야 한다.
3. 여행사는 관광통역안내사의 관광통역안내 업무 활동에 수반되는 숙박비, 교통비 등을 실비로 지불하여야 한다.
4. 여행사는 관광통역안내사가 관광통역안내 업무 활동 중에 본인의 고의, 과실 없이 상해가 발생하였을 경우 치료 실비를 지불하여야 한다.

② 관광통역안내사는 여행사에 대하여 다음 각 호의 의무를 부담한다.

1. 관광통역안내사는 여행사로부터 위탁받은 관광통역안내 업무를 성실하게 이행하여야 하며, 여행사로부터 제공받은 관광일정을 외국인 관광객에게 공지하여야 한다.
2. 관광통역안내사는 관광통역안내 업무시 욕설을 하거나 역사적인 사실을 잘못 전달하는 등 불성실·태만하거나 여행사의 신용을 훼손하는 행위를 하여서는 아니된다.
3. 관광통역안내사는 계약기간 중 이 계약의 이행에 중요한 영향을 미치는 관광통역안내 서비스 계약을 다른 사업자와 체결하고자 하는 경우 여행사와 사전에 협의하여야 한다.
4. 관광통역안내사는 외국인 관광객의 정당한 요구나 불만이 있을 경우 여행사와 합의하에 시정 등 적절한 조치를 취하고 불만의 재발 방지를 위하여 필요한 조치를 취해야 하며, 안전사고 방지에 관한 사항을 수시로 공지하고 긴급상황 발생시에는 사전 조치후 여행사에게 통보하고 사후 협의하여야 한다.
5. 관광통역안내사는 여행사로부터 위탁받은 관광통역안내 업무 활동을 종료한 이후, 현장에서 발생한 경비에 대한 사후정산을 신속하고 성실하게 하여야 한다.

제5조 (대가 등 지불)

① 관광통역안내 업무에 대한 대가와 이의 지불에 대한 사항은 다음 각 호의 규정에 따라 부속합의서로 정한다.

1. 여행사는 관광통역안내사의 관광통역안내 업무에 대하여 시간 (반 일, 전 일 등), 시간대 (야 간, 휴일 등), 경력 등을 감안하여 적정한 대가를 지불한다.
2. 관광통역안내 업무에 대한 대가는 원화를 기준으로 하며, 일간·주간·월간 등 단위로 책정한다.

② 행사 진행비는 관광통역안내 업무 활동이 시작되기 전에 사전 지불함을 원칙으로 한다. 다만, 상호 협의하여 정할 수 있다.

③ 여행사는 관광통역안내사에게 원칙적으로 업무 활동 종료일로부터 30일 이내에 관광통역안내 업무에 대한 대가를 지불하여야 한다. 다만, 다수의 관광통역안내 업무 활동(위탁)을 전제로 하지 아니하고 단발성 관광통역 안내 업무 활동(위탁)을 위한 계약의 경우는 정산과 동시에 지불한다.

관광통역안내 표준약관

제6조 (수익의 분배)

① 이 계약을 통하여 발생한 수익은 다음 각호에 따라 공정하게 분배・계산한다.

1. 관광 일정에 포함된 쇼핑상품 및 옵션상품 판매수수료에 대한 수익은 여행사와 관광통역안내사가 첨부될 부속합의서에서 정하는 비율로 분배한다.
2. 관광 상품에 책정된 팁은 다음과 같이 계산한다.
   ______________________________(상세하게 설명)
3. 관광통역안내사에게 지불되는 기타 수수료에 대한 수익은 다음과 같이 계산한다.
   ______________________________(상세하게 설명)

② 여행사와 관광통역안내사는 각자의 소득에 대한 세금을 각자 부담한다.

제7조 (금지 행위)

① 여행사는 관광통역안내사에 대하여 다음의 각 호에 해당하는 행위를 하여서는 아니된다.

1. 쇼핑 및 옵션 상품 판매를 강요하는 행위
2. 관광버스 기사 또는 현지에서 동행하는 인력에게 지불되는 일당 및 팁 등 부대비용을 지불하도록 강요하는 행위
3. 관광 일정 중 관광버스 기사 또는 현지에서 동행하는 인솔자의 성별을 구분하지 아니하고 숙소를 배정하는 행위
4. 관광통역안내 업무를 배정하는 과정에서 대가를 수수하는 행위

② 관광통역안내사는 여행사에 대하여 다음의 각 호에 해당하는 행위를 하여서는 아니된다.

1. 관광통역안내 업무 활동 중에 외국인 관광객과 문제가 발생하는 경우 여행사와 사전 협의없이 임의로 업무를 중단하는 행위
2. 여행사가 지정한 쇼핑점, 음식점 등 이외에 다른 상점과 거래관계를 형성하여 개인적인 수익을 창출하는 행위
3. 관광일정을 여행사와 사전 협의 없이 임의로 조정 및 변경하는 행위
4. 이 계약에 따라 알게 된 여행사의 회의비밀, 영업정보 및 기술정보 등을 유출하는 행위

제8조 (외국인 관광객의 불만과 책임 소재)

① 다음 각 호의 경우 외국인 관광객의 불만은 여행사가 책임을 부담한다.

1. 관광일정과 관련하여 외국인 관광객의 불만이 발생한 경우
2. 관광일정표에 포함된 장소 또는 시설에서 제공되는 서비스와 관련하여 외국인 관광객의 불만이 발생한 경우

② 다음 각 호의 경우 외국인 관광객의 불만은 관광통역안내사가 책임을 부담한다.

관광통역안내 표준약관

1. 관광통역안내 업무와 관련하여 역사적인 사실을 잘못 전달하거나 욕설 등을 하여 국가 이미지 실추, 서비스 마인드 부족 및 불친절한 태도가 문제가 되어 외국인 관광객의 불만이 발생한 경우
2. 임의로 외국인 관광객에게 쇼핑 및 옵션 상품 판매를 강요한 경우
3. 사전협의없이 임의로 관광통역안내 업무를 중단하여 추가적인 비용이 발생하는 경우

제9조 (계약의 해지)

① 여행사 또는 관광통역안내사가 이 계약상의 의무를 위반하는 경우 상당 기간을 정하여 이행 또는 시정을 최고하고 그 이행 또는 시정이 이루어지지 아니하는 경우에는 계약을 해지할 수 있다. 다만, 이 계약의 당사자가 계약의 중요한 의무를 위반하여 더 이상 이 계약을 유지하기가 어려운 경우에는 최고없이 계약을 즉시 해지할 수 있다.
② 계약 해지일을 기준으로 이미 발생한 계약 당사자들의 권리 및 의무에 관한 사항은 이 계약의 해지로 인하여 영향을 받지 않는다.
③ 여행사와 관광통역안내사는 상호 합의하여 계약을 해지할 수 있다.
④ 여행사와 관광통역안내사는 자신의 귀책사유로 인하여 이 계약이 해제, 해지됨으로써 발생한 상대방의 손해 또는 이 계약을 위반하여 발생하는 상대방의 손해를 배상하여야 한다.

제10조 (지연이자)

제5조 제3항에 의하여 대가 지불기간이 경과하는 경우 미지불액에 대하여 지불기간 경과일의 다음날부터 지불하는 날까지 상사법정이율에 따른 지연이자를 지불한다.

제11조 (교육훈련)

여행사와 관광통역안내사는 관광통역안내에 필요한 능력의 습득 및 향상을 위한 교육훈련과 관련된 기회제공 및 참여에 최선을 다한다.

제12조 (관할 법원 등)
① 이 계약에 관한 소송은 민사소송법상의 관할법원에 제기한다.
② 이 계약에서 부속합의서로 정하기로 한 사항, 이 계약의 내용을 보충하거나 이 계약에서 정하지 아니한 사항과 이 계약의 해석에 관하여는 당사자간 합의하여 정하되, 합의가 이루어지지 않은 경우에는 관계법령 및 거래관행에 따른다.

제13조 (계약서 작성)

이 계약의 성립 및 내용을 증명하기 위하여 계약서 2부를 작성하고, 여행사와 관광통역안내사가 서명 날인 후 각 1부씩 보관한다.

4. 관광불편 신고기관 및 확인사항

여행을 하면서 즐겁고 문제없이 일정이 진행되면 다행이지만 여행사를 통해 계약하여 여행을 떠난 후 진행과정에서 문제가 발생하면 해결방법이 모색되어야 한다. 만약 여행객과 여행사간에 문제 처리에 대한 해결방안이 나오지 않으면 관광불편 신고기관을 통해 해결책이 찾아질 수 있다. 관광불편 신고기관으로는 한국관광공사 관광불편신고센터, 한국일반여행업협회 여행불편신고처리센터, 한국소비자보호원이 있어서 역할을 하고 있다. 각 기관별로 살펴보면 다음과 같다.

1) 한국관광공사 관광불편신고센터

관광산업의 국제경쟁력 제고와 관광객 수용태세 개선을 통해 국내·외 관광객이 더욱 편리하고 쾌적하게 여행할 수 있는 기반을 조성하도록 1977년 6월 최초로 설치되었다. 현재는 한국관광공사를 포함 전국 23개 시·도·군에 관광불편신고센터를 설치 운영 중이다. 2008년의 경우 약 550건을 접수하고 처리하였다.

2) 한국일반여행업협회 여행불편신고처리센터

여행업체와 관련된 불편사항이나 문제의 경우 한국일반여행업협회의 여행불편신고처리센터로 접수할 수 있다. 여행업 등록업체로부터 발생된 관광과 관련한 각종 불편, 계약불이행 등의 신고접수내용은 해당여행사에게 사실 확인을 통해 우선적으로 당사자 간 합의를 권고하며, 양당사자간의 합의가 이루어지지 않는 경우에는 여행불편처리위원회에 상정하여 심의·결정하게 되고, 이에 이의가 있을 시에는 심의결정 후 1개월 이내에 등록관청에 이의를 신청할 수 있다. 여행불편처리위원회는 위원장 1인을 포함한 9인 이내로 변호사 2인, 소비자

단체 2인, 여행업전문가 2인, 여행관련 언론인 1인, 관광학회 1인, 협회(KATA) 부회장으로 구성되어 있다(www. kata.or.kr).

3) 한국소비자보호원

소비생활과 관련된 불만이나 피해가 있을 경우에 전화·팩스·우편·인터넷·방문 등을 통해 한국소비자보호원에 접수하여 처리한다. 평일 09시부터 18시까지 전화상담을 받고 방문상담은 평일 09시부터 17시30분까지이다. 우편상담은 소비자상담팀에서 담당한다(www.kca.go.kr).

4) 여행계약시 확인사항

여행사를 선택함에 있어서 부주의하게 선택함으로써 소비자의 피해가 자주 발생한다. 피해란 구체적으로 금전적인 손실로 나타난다. 출발 전 여행사 담당자가 도주해 버린다거나 현지에서 제대로 된 서비스를 받지 못한다던가 등의 결과로 나타날 수 있다. 이러한 문제를 사전에 예방하기 위해 필요한 사항을 살펴보면 다음과 같다.

❶ 여행업자가 등록번호와 협회 등에 정식으로 가입되어 있는 지의 여부
❷ 여행일정에 나타난 선택관광 실시 여부 및 해당 비용
❸ 여행일정에 나와 있는 일정을 준수하는지와 소화가능 여부
❹ 현지 숙박시설의 등급 및 투숙 조건(실별 인원 및 현지호텔 시설 등)
❺ 여행사 보증보험 가입 및 여행자보험 가입과 보험 혜택
❻ 여행지에서의 식사 제공 내용 및 등급
❼ 여행행사 인원의 적정성 파악 : 너무 많아도 문제이며 최저인원 미달일 경우 행사진행 어려움과 비용 증가
❽ 여행 출발 및 도착 시간 확인
❾ 여행인솔자 및 현지안내원 여부 : 자격증 여부 및 경력과 경험 파악
❿ 여행경비 입금시 유효한 납부 방법 확인 : 계약금을 포함한 여행경비 잔금

등은 여행사에서 공식적으로 인정하는 대표자나 회사명의로 된 통장을 이용하여 납부토록 함. 영수증, 지로 또는 은행계좌 입금의 경우만 유효한 점 인식해야 함.

5) 여행사의 계약불이행 사항

여행사에서 소비자인 여행참가자들을 대상으로 계약을 지키지 않아 문제가 발생하는 내용을 다음과 같은 것이다. 살펴보도록 한다.

❶ 성수기 또는 항공시즌에 여행사에서 여행자의 항공권을 확보하지 못한 상황
❷ 여행일정표에 표기되어 있는 대로 진행하지 않고 여행자의 동의를 얻지 못한 상황에서 일정을 변경하거나 생략하는 경우
❸ 원래 일정표에 기재된 숙박시설의 등급이 다른 경우
❹ 일정표에 표기된 식사가 제공되지 않거나 저급한 식사로 임의적으로 변경되었을 경우
❺ 가이드가 동행하여야 하는 일정상황에서 가이드가 여행에 동행하지 않는 경우
❻ 여행사에서 계약시 제공하기로 한 사은품 등을 제공하지 않은 경우
❼ 여행일정을 진행하면서 주요한 일정을 임의로 제외시키고 진행하는 경우
❽ 고객으로 하여금 여행사에서 귀국항공권 미확약으로 인해 항공권을 추가로 구입하게 하는 경우
❾ 여행사에 의뢰한 여권이나 비자가 발급이 지연되거나 의뢰내용과 다르게 발급되어 문제가 발생하는 경우

6) 부당요금

여행사에서 소비자인 고객에게 정해진 요금 외에 추가적으로 부담시키는 부당요금의 종류에 대해 살펴보기로 한다.

❶ 여행일정상 기본적으로 포함되어 있는 여정을 선택관광이라고 속이며 추가요금을 요구하는 경우
❷ 소비자피해보상규정상의 위약금보다 고객에게서 과다징수하거나 여행사에서 반대로 규정보다 과소로 배상하는 경우
❸ 여행자가 본인 질병으로 위약금을 지불하지 않아도 되는 면제요건임에도 불구하고 여행자 취소시 위약금을 공제하는 경우
❹ 여행계약시 팁이 없는 조건으로 계약을 하였음에도 불구하고 여행 중 여행종사자가 별도로 팁을 요구하여 징수하는 경우

7) 안내서비스 불량

여행에 있어서 안내부문은 가장 중요한 내용임에도 불구하고 양호하지 않음으로 인해 문제가 발생한다. 구체적인 사례는 다음과 같다.

❶ 여행일정상의 나와 있는 관광지에 관련한 행사나 경관 관람이 연중 불가하고 특정시기에만 참여할 수 있거나 관람할 수 있는데도 항시 가능한 것처럼 안내하는 경우
❷ 여행에 필요한 여권 및 비자의 유효성에 대한 안내가 잘못되어 여행일정이 변경되거나 여행을 할 수 없게 되는 경우
❸ 관광안내서비스자, 즉 관광종사자가 구체적인 관광방법에 대한 사전 안내 소홀로 여행자의 불만이 발생하는 경우이다. 구체적으로 예를 들면 차량에서 관광지를 보는 것인지 직접 관광지내로 입장해서 관람하는 것인지 사전 안내를 해야 문제가 발생하지 않는다.

자료 : 부숙진 · 윤지현 · 고종원, 신광광법규해설, 대왕사, 2009.

5. 여행준비물 체크리스트

체크항목	체크	준비물 내용
여권		해외여행의 필수품. 분실사고에 대비해 사진이 있는 1면은 복사해서 여권과 다른 곳에 보관한다.
항공권		출국, 귀국 날짜, 여정, 유효기간을 반드시 확인하고, 분실사고에 대비해 복사본을 보관한다.
한국돈		공항 간 이동시 교통비, 공항세 지불 등에 필요한 돈
현지돈		팁, 쇼핑, 선택 관광, 기타 개인적인 경비 등에 필요한 돈
신용카드		해외에서 사용가능한 카드(마스터, 비자)로 만일의 경우에 대비해 1장 정도 준비한다.
여행자수표		반드시 서명을 하고, 현금과의 비율은 7 : 3 정도로 환전한다.
여행자보험증		단체여행의 경우 준비하지 않아도 되며, 개별여행인 경우에는 사고를 대비해 준비해 가는 게 좋다.
예비용 사진		여권 분실의 사고에 대비해 2~3장 정도 준비한다.
소형 계산기		환율계산이나 쇼핑, 예산 산출 등에 편리하게 사용할 수 있다.
전화카드		한국으로 전화걸 일이 많은 분들은 구입해서 준비하는 것이 좋다.
작은 가방		큰 가방과 분리해서 휴대할 수 있는 작은 가방이 있으면 편리하다.
필기도구 / 수첩		여권번호, 여행자수표번호, 신용카드번호, 현지 주요기관 등의 번호를 메모해 두고, 현지에서 얻은 유용한 정보를 메모할 수 있는 필기도구를 가져간다.
카메라와 필름		여행에 있어 카메라는 필수품, 필름은 세계적으로 한국이 가장 저렴하므로, 한국에서 구입해 가는 것이 좋다. 디지털카메라도 좋다.
칫솔과 치약		해외에는 없는 경우가 대부분이므로 준비해 가는 것이 좋다.
수건과 비누		호텔에서 숙박하는 경우에는 필요 없으며, 그렇지 않은 경우 여행용으로 간단하게 준비해 간다.
모자 / 선글라스		여름이나 열대기후 여행시에는 필수품
수영복		열대기후나 수영장, 해변이 있는 여행지에서는 필수품
자외선 차단크림		여름이나 열대기후 여행시에는 필수품

체크항목	체크	준비물내용
편한 신발		여행에는 걷는 시간이 많으므로 편한 신발이나 운동화를 준비하는 것이 좋다.
비치샌들		열대기후나 해변이 있는 여행지에서는 운동화보다 낫다.
휴대용 우산		비가 올 경우나, 우기인 국가를 여행할 경우 휴대가 편리한 접이식 우산이 좋다.
화장품		여행용이나 소포장을 가져가는 것이 좋다.
빗 / 드라이어		호텔에 없는 경우도 있으므로 가져가는 것이 좋으며, 전압과 플러그를 확인하고 가져간다. 플러그는 호텔에서 대여해 주는 경우가 많다.
면도기		호텔에 1회용이 비치되어 있는 경우도 있지만, 그래도 준비해 가는 것이 좋다. 전압과 플러그를 꼭 확인한다.
셔츠 / 바지		편한 것으로 여행기간에 맞게 준비하며, 되도록 적게 가져가는 것이 좋다.
재킷 / 카디건		냉방차, 비행기, 비올 때, 밤에는 기온차가 생기므로 가벼운 것으로 준비하는 것이 좋다.
속옷		호텔 등에서 세탁을 할 수도 있으므로, 여행기간에 맞게 준비한다.
생리용품		현지에서 구입하기가 쉽지 않고, 비싼 경우가 많으므로 미리 준비해 가는 것이 좋다.
비상약		평소에 복용하는 약, 지사제, 소화제, 신경안정제, 진통제, 멀미약, 감기약, 피로회복제, 1회용 밴드 등
비닐봉투		빨래할 옷, 젖은 옷, 잡동사니를 넣기에 편리하다.
물통		휴대용으로 준비하거나, 생수는 현지에서 쉽게 구입할 수 있다.
선물		현지에 친지가 있는 경우나, 우리의 문화를 알리는 작은 답례품을 가져가는 것이 좋다.
손톱깎이 / 귀이개 다용도 칼		휴대용으로 작은 것을 가져가면 요긴하게 쓰이는 경우가 많다. 귀이개는 수영장이나 해변이 있는 경우 요긴하게 쓰인다.
알람손목시계		바쁜 일정 중에 스케줄 관리에 편리하다.
사전과 회화집		개별여행자에게는 필수품. 휴대하기 편한 정도의 것을 준비한다.
한국음식		이국음식에 잘 적응하지 못하는 분들은 튜브포장된 고추장 정도를 가져가면 좋다.

자료 : 대도관광 해외여행부.

6. 여행계약서 양식

여 행 계 약 서

당사("갑")와 여행자("을")는 아래와 같이 (☐ 기획, ☐ 희망)여행 계약을 체결하고 계약서와 여행약관(계약서 이면 첨부) · 여행일정표(또는 여행설명서)를 교부한다.

※ 해당란에 기록하거나 ☑로 표기. ( )는 선택입니다.

<table>
<tr><td>여행상품명</td><td colspan="3"></td><td>여행
기간</td><td colspan="3">. . . ~ . . . (박 일)
(기내 숙박 일 포함)</td></tr>
<tr><td>보험가입 등</td><td colspan="7">☐ 영업보증 ☐ 공제 ☐ 예치금, 계약금액 만원, 보험기간 ~ , 피보험자 :</td></tr>
<tr><td>여행자 보험</td><td colspan="7">보험 가입(☐ 여 ☐ 부), 보험회사 계약금액 만원, 보험기간 ~ , 피보험자 :</td></tr>
<tr><td>여행인원</td><td>명</td><td>행사인원</td><td>최저 명, 최대 명</td><td>여행지역</td><td colspan="3">* 여행 일정표 참조</td></tr>
<tr><td rowspan="2">여행요금</td><td colspan="2">1인당 : 원
총 액 : 원</td><td colspan="2">계약금 : 원
* 계약과 동시 납부</td><td colspan="3">잔액 완납일 . . .
잔액 : 원</td></tr>
<tr><td colspan="7">계좌번호 : , 서울항공여행사
※ 영수증, 지로용지, 은행계좌 등의 가입자는 여행사명이나 대표자일 때만 유효함</td></tr>
<tr><td>출발(도착)
일 · 시 및 장소</td><td colspan="3">출발 . . 시 분, 에서
도착 . . 시 분, 에서</td><td>교통수단</td><td colspan="3">항공기(등석), 기차(등석)
선박(등실), 기타 :</td></tr>
<tr><td>숙박시설</td><td colspan="7">☐ 관광호텔 등급 ☐ 일반호텔 ☐ 여관 ☐ 여인숙 ☐ 기타, 1실 투숙인원 명</td></tr>
<tr><td>식사횟수</td><td colspan="7">☐ 일정표에 표시 / 조식( )회, 중식( )회, 석식( )회 * 기내식 포함</td></tr>
<tr><td>여행인솔자</td><td colspan="3">☐ 유 ☐ 무</td><td>현지 안내원</td><td colspan="3">☐ 유 ☐무 * 일정표 참조</td></tr>
<tr><td>현지교통</td><td colspan="3">☐ 버스( )인승 ☐ 승용차 ☐ 기타</td><td>현지 여행사</td><td colspan="3">☐ 유 ☐무 * 일정표 참조</td></tr>
<tr><td rowspan="2">여행요금
포함사항</td><td colspan="4">필수항목</td><td colspan="3">기타 선택항목</td></tr>
<tr><td colspan="4">☐ 항공기 · 선박 · 철도 등 운임
☐ 숙박 · 식사료 ☐ 안내자 경비
☐ 국내외 공항 · 항만세 ☐ 관광진흥개발기금
☐ 제세금 ☐ 일정표내 관광지 입장료
※ 희망여행인 경우 해당란에 ☑로 표기</td><td colspan="3">☐ 여권발급비 ☐ 비자발급비 ☐ 봉사료
☐ 포터비 ☐여행보험료(최고한도액 원)
☐ 쇼핑 ☐ 선택관광(※ 선택관광은 강요될 수 없으며 전적으로 여행자의 의사에 따름)
☐ 기타( )</td></tr>
<tr><td rowspan="2">기타사항</td><td colspan="4"></td><td>여권발급비</td><td colspan="2">원</td></tr>
<tr><td colspan="4"></td><td>비자발급비</td><td colspan="2">원</td></tr>
</table>

당사("갑")와 여행자("을")는 위 계약내용과 약관을 상호 성실히 이행 및 준수할 것을 확인하며 아래와 같이 서명 · 날인한다.

※ 본 계약과 관련한 다툼이 있을 경우 문화체육관광부고시에 의거 운영되는 관광불편신고처리위원회(전화 02.779.6957) 또는 여행사 본사 소재 시 · 도청(시 · 군 · 구 포함) 문화관광과로 중재를 요청할 수 있음

작성일 . . .

"갑" 여행사	상 호 : 주 소 : 대 표 자 : (인) 등록번호 :	전 화 : 담당자 :	(인)
"정" 대리판매 여행사	상 호 : 주 소 : 대 표 자 : (인) 등록번호 :	전 화 : 담당자 :	(인)
"을" 여행자	이 름 : 주 소 : (서명)	전 화 : (H · P) :	

7. 해외여행자보험 보상한도 및 제출서류

1) 보험금의 종류별 최고 보상한도(최고 보상한도 1억원인 경우)

- 상해로 인한 사망, 휴유장애 1억원(사고로 인한 상해 사망시 최고 보상한도)
- 상해 치료실비 300만원(사고로 인한 상해 발생시 실제로 지불한 비용 보상)
- 질병에 의한 사망 1,000만원(질병으로 인한 사망시 보상 최고한도)
- 질병시 치료실비 100만원(질병 발생시 실제로 지불한 비용보상)
- 배상책임(1사고당 1만원 공제) 100만원 : 타인의 신체장애나 재산 피해에 대한 법률상의 손해배상
- 휴대품(1건당 1만원 공제) 50만원 : 도난, 파손 등으로 인한 휴대품 손해보상
- 특별비용 100만원(사망 또는 상해나 질병을 직접 원인으로 14일 이상 입원한 경우 등으로 지출된 부대경비)

 * 각 항목별 최고 보상한도액은 보험회사별, 계약별로 차이가 있음.

2) 여행자 보험금 청구시 제출서류

- 상해 또는 질병의 경우 : 치료비명세서, 치료비영수증, 보험증권, 보험청구서(직접수령시 신분증 지참, 통장으로 수령시 해당인의 이름으로 개설된 통장사본 제출), 치료비는 현지에서 여행자 본인이 자비로 지출하고 귀국 후 청구, 수령하는 것이 일반적이다.
- 휴대품 도난의 경우 : 현지 경찰확인서(Police report)-신고는 본인이 직접 하며, 여권 또는 기타 신분증 제출, 도난품목의 영수증 또는 보증서, 보험증권, 보험청구서

3) 보험 보상금이 지불되지 않는 경우

- 기왕증(심장병, 당뇨병, 간염 등 지병인 경우)으로 인해 현지 여행 중 치료를 받

는 경우

- 위험한 스포츠 활동으로 발생한 상해(전문 등반, 스쿠버다이빙, 행글라이딩, 래프팅 및 기타 해양스포츠 등)
- 현금·수표 등 통화, 유가증권, 인지, 우표, 신용카드, 항공권의 도난 등

출처 : 처브보험그룹페더럴보험(주); www.chubbkorea.co.kr

8. 배낭여행예산 계획

일반여행상품과는 다르게 예산과 정산을 해야 한다. 배낭여행자도 예산을 일반상품과는 다르게 세우고 집행하여야 한다. 여행사입장에서는 왕복항공권, 철도패스, 여행자보험, 호텔예약 대행관련 수수료 등 수익, 관광지입장권 등의 판매 등을 통한 수수료 및 이익금 가산이 수익원이 된다. 배낭여행은 출발 전 행사예산보고서와 여행종료 후 행사보고서와 거의 차이가 없다. 현지에서 쇼핑이나 선택 관광 등의 판매로 인한 수익창출이 거의 발생하지 않기 때문이다. 다음 표는 배낭여행자들이 자신에 맞는 예산을 세우는 항목 비용이다.

표 1 배낭예산 항목

예산계획 세우는 항목
• 전체 배낭여행비용 : 왕복항공권, 철도패스, 비상금, 일일체재비(체재일수를 고려해야함), 여권발급비용, 여행자보험, 출국세, 현지국경세 및 비자발급비용, 국제학생증발급비, 복대 등임 • 일일 체재비용 : 숙박비, 식비, 시내교통비, 관광지 및 박물관 · 미술관 입장료, 야간열차 예약비, 간식비 등 필요하다. 일일 보통 5~8만원 정도 소요된다.
• 현지비용은 사전에 한국에서 환전해 가는 것이 좋다. 바뀌간 화폐를 다시 재환전하면 환차손해를 받는다. 특히 유럽은 최근에 유로화가 주로 통용되므로 이점을 기억하자. 유로화가 통용되는 나라는 다음과 같다. 프랑스, 독일, 네덜란드, 룩셈부르크, 오스트리아, 벨기에, 핀란드, 스페인, 포루투갈, 그리스, 아일랜드, 이탈리아 이상 12개국이다.

자료 : 고종원, 투어오퍼레이터업무론, 현학사, 2005, p. 463.

9. 유럽에서의 주요 교통수단

교통수단	특 징
유로스타 (EUROSTAR)	영국과 프랑스 및 벨기에를 도버해협의 해저터널을 약 30분간 통과하여 항공기를 이용하는 것보다 편리한 초고속철도이다. 런던의 중심가인 워털루역에서 출발하여 파리의 북역 그리고 벨기에 브뤼셀의 중앙역에 도착하는 이 철도는 시내 중심가에서 중심가로 연결되므로 매우 편리하다. 런던-파리는 약 2시간 30분, 런던-브뤼셀은 3시간만에 주파함으로써 3국 수도의 중심지를 최단시간에 연결하고 최대시속 300km까지 달릴 수 있다. 유로스타의 객차는 프랑스에서 생산된 T.G.V.로서 같은 T.G.V라도 유럽 내부의 5개국을 잇는 고속철도는 탈리스(Thalys)로 불리운다(http://www.eurostar.com).
T.G.V (Train a Grane Vitesse)	매우 빠른 열차라는 뜻이다. 프랑스 파리에서 스위스의 주요 도시를 연결하는 T.G.V.는 유럽 최초의 고속철도 라인으로서 파리에서 제네바, 로잔, 베른, 취리히 등지로 운행된다. 최대시속 300km까지 달린다.
전용버스	유럽에서의 주요한 교통수단이다. 보통 2~6시간 동안 이동하는 구간이 많은 서유럽에서는 전용버스의 상태가 매우 중요하다. 대형버스는 50인승이 기준이 된다. 그러나 이탈리아 로마는 문화재관리법상 대형버스 통행이 금지되어 25인승 이하 중소형버스를 이용해야 한다. 유럽의 전용버스는 쾌적한 편이며 승차감과 청결도 양호한 편이다.
산악열차	유럽에서도 스위스에서 자주 이용하게 되는 교통수단이다. 스위스의 융플라우(4,158m), 필라투스 등을 등정하는 데는 산악열차가 이용된다. 산악열차는 철로 가운데 톱니모양의 철로가 하나 더 있어서 산 위로 오르면서 미끄러지는 것을 방지하고 있다. 융플라우 등정열차를 탑승하면 알프스의 아름다운 호수, 살레, 초원, 계곡, 영봉, 눈, 빙하를 약 5시간 동안 감상하게 된다. 여기서는 열차 내 방송에서 한국어 안내방송도 들을 수 있다.

자료 : www.eurostar.com; www.lottetours.com; 고종원, 투어오퍼레이터업무론, 현학사, 2005, p. 430.

저자소개

■ 고종원(高鍾源) kojw12@naver.com

인하대학교 불어불문학과(문학사)
경희대학교 관광경영학 전공(경영학 석사)
경희대학교 국제경영학 전공(경영학 박사)
세종대학교 관광대학원 CHA과정 수료
천지항공여행사 과장, 계명여행사 부서장
이스라엘 Ophir Tours 서울사무소장
유럽랜드 유로코투어 소장, 오네뜨투어 대표
한국능률협회 강사 및 등록전문위원
연세대학교 사회교육원 문화관광정책과정 강사
한양대학교 사회교육원 국제회의전문가과정 강사
경희대학교 TC 과정 · 장안대학교 관광과 강사
세명대학교 · 국제대학교 관광경영과 겸임교수
대원대학교 여행정보서비스학과 학과장
한국호텔경영학회 상임이사
현, 연성대학교 관광학부 호텔관광과 교수
국제지역학회 상임이사
국제관광무역학회 수석부회장
한국관광정보학회 여행항공분과위원장
한국관광서비스학회 부회장
한국여행발전연구회 회장

〈주요저서〉
- 해외여행항공업무의 이해(2012, 대왕사, 공저)
- 여행사경영론(2010, 백산출판사, 공저)
- 세계관광(2006, 대왕사)
- 투어오퍼레이터업무론(2005, 현학사)
- 국외여행인솔자업무론(2002, 대왕사, 공저) 외

■ 류기환(柳基煥) allryu@kw.ac.kr

경희대학교 관광경영학 전공(경영학 석사)
경희대학교 국제경영학 전공(경영학 박사)
여행신문 취재부장
㈜세계여행신문사 대표이사 겸 발행인
㈜크루즈씨씨케이 대표이사
현, 광운대학교 정보과학교육원 국제관광학부 교수
의정부시 행정혁신위원(교육문화분과)
지속가능한 사회적기업 네트워크 자문위원
한기범 희망재단 기획홍보 이사
MBC Economy 편집위원
한국관광신문 논설위원
한국관광무역학회 회장
한국컨벤션학회 이사
국제통상정보학회 정회원

〈주요저서〉
- 크루즈여행(2012, 북샘터)
- 관광자원론(2012, 대왕사, 공저)
- 관광학개론(2012, 백산출판사, 공저)
- 크루즈여행실무론(2010, 백산출판사)
- 관광사업론(2006, 백산출판사) 외

여행사경영론 -여행업무를 중심으로-

2010년 8월 30일 초　판 1쇄 발행
2014년 3월 15일 개정신판 1쇄 발행

저　자　고 종 원·류 기 환

발행인　진 욱 상·진 성 원
발행처　백산출판사
서울시 성북구 정릉로 157(백산빌딩 4층)
등록 : 1974. 1. 9. 제 1-72호
전화 : 914-1621, 917-6240
FAX : 912-4438
http://www.ibaeksan.kr
editbsp@naver.com

값 20,000원
ISBN 978-89-6183-902-0